《名师工程》

系列丛书

大師谈儿童能力培养

大师讲坛系列

名师工程
大师讲坛系列

新课程·新理念·新教学

丛书编委会主任：马立　宋乃庆

张启福◎主编

西南师范大学出版社
SOUTHWEST CHINA NORMAL UNIVERSITY PRESS

编者的话

当前，以人为本的教育理念正在逐步深化，素质教育以及基础教育课程改革不断推进。在这场深刻又艰苦的教育改革中，涌现了无数甘为人梯、乐于奉献的优秀教师。他们积极探索、更新观念、敢于创新、善于改革，在实践中创造性地发展、总结了很多先进的教育思想、教育理念；创造性地开发了很多新的教学模式、教学内容和教学方法。这些新思想、新模式、新方法在实践中极大地提高了教学质量，是教育改革实践中的新内涵和宝贵财富。这些优秀教师就是我们的名师，这些新内涵就是名师的核心教育力。整理、总结、发展、推广这些教育新内涵，是深化教育改革、完善教育体制、提高教育质量、提升教师水平的一件大事。

教育，是民族振兴的基石；教师，是教育发展的根基。

胡锦涛总书记在全国优秀教师代表座谈会上指出："教师是人类文明的传承者。推动教育事业又好又快发展，培养高素质人才，教师是关键。没有高水平的教师队伍，就没有高质量的教育。"十七大报告又进一步强调了必须加强教师队伍建设，不断提高教师的素质。当今世界，社会进步一日千里，科技发展日新月异，知识更新的周期越来越短。教师作为"文明的传承者"更要与时俱进、刻苦钻研、奋发进取，尽快提升自身素质和能力，为推动教育事业的健康发展贡献自己的力量。

基于以上，西南师范大学出版社策划、组织出版了大型系列教育丛书——《名师工程》。希望通过总结名师的创新经验、先进理念，宣传名师的核心教育力，为广大教师职业生涯提供精神源泉和实践动力，在教育实践层面切实推动从教者职业素养的提升。通过《名师工程》，实现"打造名师的工程"。

丛书在策划、创作过程中力求实现以下特色：

一、理念创新，体现教育的人本精神

教师角色在以人为本的教育理念下发生了重大的变化，教师的素质和能力也面临更高的要求。如何弘扬、培植学生的主体性、增强学生的主体意识、发展学生的主体能力、塑造学生的主体人格等问题成为教师在目前教育中亟待解决的难题。丛书以教育管理者和教师为主要读者对象，通过教师综合素质的提高而将人本教育的思想落实到教育实践中，真正实现教育培养人、塑造人、发展人的本质要求。

二、全面构建，系统提升教师的教育能力

丛书选题的最大特点就是系统、全面地针对教师教育能力的提升而展开。施教者的能力决定教育的效果，教育改革的落实、教育效果的提高无不体现在教师身上。丛书针对不同教育能力、不同教学要求、不同教育对象，有针对性地设置选题。棘手学生、课堂切入、引导艺术、班主任的教导力、互动艺术、课堂效率、心灵教育等等，这些鲜明的主题从教育的细节出发，从教育实际情况出发，有针对性地解决问题，让教师在阅读中学有所指、读有所获。

三、科学权威，体现教育的时代前沿性

丛书邀请全国各地著名的教育工作者执笔，汇集在教育改革与实践中涌现的先进理念、成果和方法，经过专家认真遴选、评点总结而成，代表了目前教育实践中先进的教育生产力，具有时代前沿性，是广大一线教师学习、借鉴的好素材。

四、注重实践，突出施教的实用价值

丛书采用了通俗的创作方法，把死板的道理鲜活化，把教条的写法改变为以案例为主，分析、评点为辅，把最先进的教育理念和方法融入有趣的情境中。经典的案例，情境式的叙述，流畅的语言，充满感情的评述，发人深省的剖析，娓娓道来、深入浅出，让教师更充分地领会先进、有效的教育方法。

在诸多教育、出版界同仁的支持与努力下，《名师工程》陆续推出了《名师讲述系列》《教学提升系列》《教学新突破系列》《高中新课程系列》《教师成长系列》《大师讲坛系列》等系列，四十余品种，后续图书也将陆续出版。

丛书在出版创作过程中得到各地、各级教育部门与教育工作者的大力支持与帮助，在此一并表示感谢！

教育事业是全社会共同的事业，本丛书的出版一方面希望能对广大教育工作者有所帮助，共飨先进成果；另一方面也是抛砖引玉，希望更多的教育工作者参与到出版创作中来，百家争鸣、百花齐放，为促进教育事业的发展共同努力！

亲近大师，亲近真理

肖　川

我去过很多地方的中小学，发现绝大多数教师的办公桌上放的都是教参教辅类的书；我也去过很多地方的书店，发现绝大多数书架上摆的都是实用和畅销类的书。这反映了在今天这样一个由效率和技术主宰的时代，阅读者和出版者都变得十分“精明”，他们非常注重看得见的“实惠”，摸得着的“用处”和立竿见影的“效果”。

确实，有不少书能让读者马上“按图索骥”“依葫芦画瓢”，获得想要的“东西”。如教学指南类的书能让教师完成一篇教案，考试参考类的书能让学生通过一场考试，健康手册类的书能让家长学会一些烹饪技法等。然而，还有一些书，它们的作用是间接的、潜在的，它们看似对读者没有什么实用价值，却能在无形中给人启迪、发人深省、怡人性情。

古今中外大师们的经典著作就属于那些看起来没有什么“实用价值”的书。阅读它们，不会让我们立即掌握一项技术、学会一门语言、通过一次测试、获得一种资格认证。但是，它们能慢慢地丰富我们的心灵、提升我们的气质、滋养我们的生命。如果说实用的书是“速效感冒药”，能顷刻解决问题，那么，大师著作就是“名贵中草药”，在不知不觉中强健我们的体魄；如果说实用的书是“地图”，能让我们找到抵达某个地方的路径，那么，大师著作就是“山水画”，能让我们看到云蒸霞蔚的风景，产生魅力无穷的遐想，让我们的心灵丰富和丰满起来。

是的，走进大师的著作，就如同驶入一片大海，我们会感受它的博大与雄浑；走进大师的著作，就如同走进一片大森林，越往里走，我们越能领略到其中的丰富、深邃和神奇。对于我们每个人来说，阅读大师、亲近大师是提升自我、获得成长的良好方式，对于教师来说，尤其如此。因为教育的道理，其实都是些大道理、朴素的道理、显而易见的道理，譬如说要启发诱导、要因材施教、要长善救失、要循序渐进等，这些道理早就存在于各行各业的大师经典著作中，它们经过了岁月的淘洗和一代又一代人社会历史实践的检验，颠扑不破，历久弥新，如同一棵棵扎根深土的老柳树，只要有读者的春风，就会吐出新芽，绿意盎然。教师们所要做的，就是亲近这些古老的道理，而不是追求时髦；就是坚守这些古老的道理，而不是买椟还珠；就是将这些古老的道理转化为自己的信念、智慧和实际行动，而不是将它们尘封于书本和阁楼。只有这样，我们所有的教育教学创新才会有扎实的底蕴和根基。

这套“大师讲坛”丛书，按照教育类别从浩瀚的大师创作中遴选出经典的教育篇章，将大师们的教育思想和智慧系统、集中、分类地呈现给广大读者，为读者亲近大师提供了一条比较便捷的途径。依我看来，这套书有三个突出的特点：一是主题鲜明，丛书共有10个主题，如《大师谈启蒙教育》《大师谈教育沟通》《大师谈教育激励》《大师谈儿童习惯培养》等，这些主题不论是过去还是现在甚或是将来，都是大家最为关心的教育话题，也是教育中最为重要的话题；二是内容经典，丛书所选取的文章是在以人为本的教育前提下，从众多的大师著作中选出的经典教育美文，都有一定的高度，融故事性和哲理性于一体；三是大师众多，丛书所选大师以教育家为主，囊括了古今中外的思想家、哲学家、文学家、历史学家、政治家和科学家等，既有先辈，也有就在我们身边的智者。

丛书的选文时空跨度大，观点和主张精彩纷呈，在遴选过程中未受某种体系限制，在一个主题下尽量让多种观点并存，以期给读者多元的思考及吸收之用。

阅读这套丛书，读者会沐浴在教育智慧的光芒之中，享受心智的快乐，从而多一份教育的眼光，多一份教育的思维，多一份教育的感悟和启迪。当然，这些收获不是囫囵吞枣就能获得，也不是一朝一夕就能形成，它需要反复的咀嚼、不断地玩味，需要“虚心涵泳、切己体察”的功夫，做到“学、问、思、辨、行”的有机结合，才能从微言中晓其大义，才能从平凡处见其神奇，才能真正体会教育的真谛，发现教育的乐趣。

是为序！

目　录

第三篇　按照成长的需求锻造孩子的能力

第四篇　培养儿童的独立能力

第五篇 多角度地培养孩子

第一篇

教育者应具备的智慧

哪里有智慧，哪里就有道路。

教育是一种对受教育者心灵的唤醒。儿童在不停地成长，这其中凝结了他们心灵中真、善、美的种子发芽、生长、开花、结果的过程。这一过程是十分复杂和神秘的，其中蕴含着巨大的规律和学问。在什么时候开始对儿童进行教育？不同年龄段的儿童接受的教育有何区别？儿童智力发展的规律如何？教育儿童应该具备什么样的心态？这都是本篇要回答的问题。

知识本位的教育不是真正的教育，真正的教育应建立于知识并最终“酿造”出人生的智慧。智慧的教育呼唤教育的智慧，智慧教育一旦在真正意义上实现回归，教育便是在真正意义上找准了它的位置，而智慧的教育则需要教育者的智慧。

从某种角度来说，教育者的队伍正如从事雕刻者的人群一样，存在着大师和庸者之别。造成这些差别的原因，教师的智慧是一个永远都不能忽视的主题。

记忆、思维和学习能力①

〔苏〕B. A. 苏霍姆林斯基

教学是从基本的科学原理——基本知识开始的，缺乏基本知识不可能掌握知识的顶峰。牢固地、自觉地掌握基本的科学原理是进行完备的智能教育的最重要的条件。

孩子们在低年级掌握了起码的书写知识（牢记单字的正确写法），掌握了算术概念、规则和公式。少年期仍然要目的明确地继续进行这项工作。如果在记忆中没有牢固地保存最基本的科学原理，就谈不上自学。

在准备给五至七年级上课时，我们每个教师都明确哪些内容是应当牢记的；哪些内容只要理解，不用识记。我们制订了学习乌克兰文、俄文、法文的最基本的书写知识的 3 年计划。我们认为，少年的思想应当为创造性的智能工作作准备，这项创造性的智能工作要求对事实和现象进行思考、探索。多年的经验使我相信，持续不断的死记硬背是学生智能劳动中的反常现象，它会造成只注意熟记的人可能记了很多东西，但是如果需要他从记忆中找出最基本的原理，他脑袋中就一片糊涂，他面对基本的智能题目束手无策。如果一个人不会选择去记最需要的东西，他也不会思考。

假如说，1 个少年在写作文时，他要考虑怎样写每一个单字，而在

---

① 选自《公民的诞生》，〔苏〕B. A. 苏霍姆林斯基著，黄之瑞、张佩珍等译，教育科学出版社，2002 年 4 月。

解题时，他要冥思苦想简化乘法的公式，这样他是什么也想不出来的。学生对许多东西不需要考虑，在智力工作中应当运用自如。正如熟练的钳工拿工具时不需细看一样，因为它熟悉自己工具的每个特征。同样的道理，智能工作熟练的学生从自己记忆的库房中去取出最基本的原理也用不着紧张的集中思想。

这对少年来说具有特殊的意义。抽象思维的蓬勃发展使少年对必须牢记的基本原理产生独特的轻视心理。（既然世界在时间空间上都是无限的，为什么去记某一个公式?）但是进行抽象思维不可能没有对具体事实和具体事物的了解。如果一个人的记忆中没有“随手可取的”基本原理，他在少年时期就会思想表达不清楚——因为他的思想很乱，而这对整个智力生活有着深刻的影响。

我们很重视引导学生对最基本的原理进行有意识记和无意识记。“思想教育室”中放着直观教具和仪器，专门用来做自我测验和训练记忆（例如，数学电笔）。每个少年都有一本笔记本“供自我测验”用，学生在笔记本上记着，什么是需要永远保存在记忆中的：代数公式，物理公式，化学方程式。在有关心理素养的座谈会上我教少年们把时间分成几段，每隔一段时间检查一下记住教材的情况。

在低年级我们把很大的注意力放在学会阅读、书写、议论、观察和表达思想上。如果到了少年期这些能力得不到加强和提高，少年学习起来就很困难。

我们每个教师都十分重视提高学生快速阅读的能力。少年期最重要的是训练默读。六七年级学生应当会抓住长句各个部分的完整意思。不具备这种能力少年的思维就迟钝，思想仿佛停留在无数死胡同面前。如果抓不住长句中各个完整的、逻辑上独立部分的意思，不能猜出句子某一部分的内容，甚至一个句子读不到底——这一切不仅会影响当时学生的成绩，而且影响他大脑中的生理解剖过程。不会阅读的情况压抑了最细的联想纤维的可塑性，而这些纤维是保障思维器官中枢之间的联系的。谁不会阅读，谁就不会思维。

所有这些事物都不是无足轻重的，其间潜伏着智能上局限、智力生活贫乏的可怕危险。不仅在低年级需要进行训练。对少年进行这种训练要求所有教师具备很高的教育素养。我们每个教师都做到了在五六年级

继续训练表情朗读。训练表情朗读是必要的。没有表情朗读不可能培养既用眼睛又从意思上抓住长句中的逻辑完整部分的能力，培养理解并及时转到阅读下面部分的能力。换句话说，需要教少年在阅读的同时进行思考。这种能力所形成的心理上的难度是激起大脑内部力量的外部动因。

教会少年阅读！为什么有的学生在童年期思想灵敏、接受力强、好钻研，到了少年期都变得智能平平，对知识冷漠、怠惰呢？因为他不会阅读。人脑——这是一个复杂的整体：如果某一部分不够发达，整体的工作就停滞。脑半球的皮层上有管理阅读的部位，它们是同大脑的最积极的、最有创造力的部分联系着的。如果在管理阅读的部位有了死角，皮层所有部分的解剖生理发展就停滞。还有一种危险性：脑半球皮层上完成的过程是不可逆转的。如果一个人在少年期没有学会既用眼睛又从意思上抓住句子的逻辑完整部分和整个句子，那么他将永远也不会有这种能力了。

我们思考一下这种情况：个别少年很少做家庭作业，却仍然成绩不差。这不一定能用他们有非凡的才能来解释，这往往是由于他们善于阅读。善于阅读本身发展了他们的智力。

我们也注意使书写运用自如。每个教师都有自己的一套书面练习体系，少年们每门课程所规定的单字和词组练习书写。我们教少年分头注意听和写的训练。谁在课堂上完成不了这个工作，就要做补充练习。

在语文课上发展观察力和正确表达思想的能力。去思想和语言的源泉旅行已纳入自我教育的范畴。

如果我当教师[①]

叶圣陶

我现在不当教师。如果我当教师的话，在“教师节”的今日，我想把以下的话告诉自己，策励自己，这无非“以后种种譬如今日生”的意思。以前种种是过去了，追不回来了；惭愧是徒然，悔恨也无补于事；让它过去吧，像一个不愉快的噩梦一个样。

我如果当小学教师，决不将投到学校里来的儿童认作讨厌的小家伙，惹人心烦的小魔王；无论聪明的、愚蠢的、干净的、肮脏的，我都要称他们为“小朋友”。那不是假意殷勤，仅仅浮在嘴唇边，油腔滑调地喊一声；而是出于忠诚，真心认他们做朋友，真心要他们做朋友的亲切表示。小朋友的成长和进步是我的欢快；小朋友的羸弱和拙钝是我的忧虑。有了欢快，我将永远保持它；有了忧虑，我将设法消除它。对朋友的忠诚，本该如此；不然，我就够不上做他们的朋友，我只好辞职。

我将特别注意，养成小朋友的好习惯。我想“教育”这个词儿，往精深的方面说，一些专家可以写成巨大的著作，可是就粗浅方面说，“养成好习惯”一句话也就说明了它的含义。无论怎样好的行为，如果只表演一两回，而不能终身以之，那是扮戏；无论怎样有价值的知识，如果只挂在口头说说，而不能彻底消化，举一反三，那是语言的游戏；都必须化为习惯，才可以一辈子受用。养成小朋友的好习惯，我将从最细微最切近的事物入手；但硬是要养成，决不马虎了事。譬如门窗的开

① 选自《叶圣陶教育名篇》，叶圣陶著，教育科学出版社，2007年。

关，我要教他们轻轻的，“砰”的一声固然要不得，足以扰动人家的心思的“咿呀”声也不宜发出；直到他们随时随地开关门窗总是轻轻的，才认为一种好习惯养成了。又如菜蔬的种植，我要教他们经心着意地做，根入土要多少深，两本之间的距离要多少宽，灌溉该怎样调节，害虫该怎样防治，这些都得由知识化为实践；直到他们随时随地种植植物，总是这样经心着意，才认为又养成了一种好习惯。这样的好习惯不仅对于某事物本身是好习惯，更可以推到其他事物方面去。对于开门关窗那样细微的事，尚且不愿意扰动人家的心思，还肯作奸犯科，干那些扰动社会安宁的事吗？对于种植蔬菜那样切近的事，既因功夫到家，收到成效，对于其他切近生活的事，抽象的如自然原理的认识，具体的如社会现象的剖析，还肯节省工夫，贪图省事，让它马虎过去吗？

我当然要教小朋友识字读书，可是我不把教识字教读书认作终极的目的。我要从这方面养成小朋友语言的好习惯，有一派心理学者说，思想是不出声的语言；所以语言的好习惯也就是思想的好习惯。一个词儿，不但使他们知道怎么念、怎么写，更要使他们知道它的含义和限度，该怎样使用它才得当。一句句子，不但使他们知道怎么说、怎么讲，更要使他们知道它的语气和情调，该用在什么场合才合适。一篇故事，不但使他们明白说的什么，更要借此发展他们的意识。一首诗歌，不但使他们明白咏的什么，更要借此培养他们的情绪。教识字教读书只是手段，养成他们语言的好习惯，也就是思想的好习惯，才是终极的目的。

我决不教小朋友像和尚念经一样，把各科课文齐声合唱。这样唱的时候，完全失掉语言之自然，只成为发声部分的机械运动，与理解和感受很少关系。既然与理解和感受很少关系，那么，随口唱熟一些文句又有什么意义？

现当抗战时期，课本的供给很成问题，也许临到开学买不到一本课本，可是我决不说“没有课本，怎么能开学呢！”我相信课本是一种工具或凭借，但不是唯一的工具或凭借。许多功课都是不一定要利用课本的，也可以说，文字的课本以外还有非文字的课本，非文字的课本罗列在我们周围，随时可以取来利用，利用得适当，比利用文字的课本更为有效，因为其间省略了一条文字的桥梁。公民、社会、自然、劳作，这些功课的非文字的课本，真是取之不尽，用之不竭；书铺子里没有课本卖，又有什么要紧？只有国语，是非有课本不可的；然而我有黑板和粉笔，小朋友还买得到纸和笔，也就没有什么关系。

小朋友顽皮的时候，或者做功课显得很愚笨的时候，我决不举起手来，在他们的身体上打一下。打了一下，那痛的感觉至多几分钟就消失了；就是打重了，使他们身体上起了红肿，隔一两天也就没有痕迹；这似乎没有多大关系。然而这一下不只是打了他们的身体，同时也打了他们的自尊心；身体上的痛或红肿，固然不久就会消失，而自尊心所受的损伤，却是永远不会磨灭的。我有什么权利损伤他们的自尊心呢？并且，当我打他们的时候，我的面目一定显得很难看，我的举动一定显得很粗暴，如果有一面镜子在前面，也许自己看了也会显得可厌。我是一个好好的人，又怎么能对着他们有这种可厌的表现呢？一有这种可厌的表现，以前的努力不是根本白费了吗？以后的努力不将不产生效果吗？这样想的时候，我的手再也举不起来了。他们的顽皮和愚笨，总有一个或多个的缘由；我根据我的经验，从观察和剖析找出缘由，加以对症的治疗，那还会有一个顽皮的愚笨的小朋友在我周围吗？这样想的时候，我即使感情冲动到怒不可遏的程度，也会立刻转到心平气和，再不想用打一下的手段来出气了。

我还要做小朋友家属的朋友，对他们的亲切和忠诚和对小朋友一般无二。小朋友在家庭里的时间，比在学校里来得多；我要养成他们的好习惯，必须与他们的家属取得一致才行。我要他们往东，家属却要他们往西，我教他们这样，家属却教他们不要这样，他们便将徘徊歧途，而我的心力也就白费。做家属的亲切忠诚的朋友，我想并不难；拿出真心来，从行为、语言、态度上表现我要小朋友好，也就是要他们的子女弟妹好。谁不爱自己的子女弟妹，还肯故意与我不一致？

我如果当中学教师，决不将我的行业叫做“教书”，犹如我决不将学生入学校的事情叫做“读书”一个样。书中积蓄着古人和今人的经验，固然是学生所需要的；但是就学生方面说，重要的在于消化那些经验成为自身的经验，说成“读书”，便把这个意思抹杀了，好像入学校只须做一些书本上的工夫。因此，说成“教书”，也便把我当教师的意义抹杀了，好像我与从前书房里的老先生并没有什么分别。我与从前书房里的老先生其实是大有分别的：他们只须教学生把书读通，能够去应考试、取功名，此外没有他们的事儿；而我呢，却要使学生能做人、能做事，成为健全的公民。这里我不敢用一个“教”字。因为用了“教”字，便表示我有这么一套本领，双手授予学生的意思；而我的做人做事的本领，能够说已经完整无缺了吗？我能够肯定地说我就是一个标准的健全的公民吗？我比学生，不过年纪长一点儿，经验多一点儿罢了。他们要得到他们所需要的经验，我就凭年纪长一点儿、经验多一点儿的份儿，指示给他们一些方法，提供给他们一些实例，以免他们在迷茫之中摸索，或是走了许多冤枉道路才达到目的——不过如此而已。所以，若有人问我干什么，我的回答将是“帮助学生得到做人做事的经验”；我决不说“教书”。

我不想把“忠”“孝”“仁”“爱”等抽象德目向学生的头脑里死灌。我认为这种办法毫无用处，与教授“蛋白质”“脂肪”等名词不会使身体得到营养一个样。忠于国家忠于朋友忠于自己的人，他只是顺着习惯之自然，存于内心，发于外面，无不恰如分寸；他决不想到德目中有个“忠”字，才这样存心，这样表现。进一步说，想到了“忠”字而行“忠”，那不一定是“至忠”；因为那是“有所为”，并不是听从良心的第一个命令。为了使学生存心和表现切合着某种德目，而且切合得纯任自然，毫不勉强，我的办法是在一件一件事情上，使学生养成好习惯。譬如举行扫除或筹备什么会之类，我自己奋力参加，同时使学生也要奋力参加；当社会上发生了什么问题的时候，我自己看做切身的事，竭尽全力的图谋最好的解决，同时使学生也要看做切身的事，竭知尽力的图谋最好的解决：在诸如此类的事情上，养成学生的好习惯，综合起来，他们便实做了“忠”字。为什么我要和他们一样的做呢？第一，我听从良心的第一个命令，本应当“忠”；第二，这样做才算是指示方法，提供实例，对于学生尽了帮助他们的责任。

我认为自己是与学生同样的人，我所过的是与学生同样的生活；凡希望学生去实践的，我自己一定实践；凡劝诫学生不要做的，我自己一定不做。譬如，我希望学生整洁、勤快，我一定把自己的仪容、服装、办事室、寝室弄得十分整洁，我处理各种公事私事一定做得十分勤快；我希望学生出言必信、待人以诚，我每说一句话一定算一句话，我对学生和同事一定掬诚相示，毫不掩饰；我劝诫学生不要抽烟卷，我一定不抽烟卷，决不说“你们抽不得，到了我们的年纪才不妨抽”的话；我劝戒学生不要破坏秩序，我一定不破坏秩序，决不做那营私结派摩擦倾轧的勾当。为什么要如此？无非实做两句老话，叫做“有诸己而后求诸人，无诸己而后非诸人”。必须“有诸己”“无诸己”，表示出愿望来，吐露出话语来，才有真气，才有力量；大家也易于受感动。如果不能“有诸己”“无诸己”，表示和吐露的时候，自己先就赧赧然了，哪里有什么真气？哪里还有力量？人家看穿了你的矛盾，至多报答你一个会心的微笑罢了，哪里会受你的感动？无论学校里行不行导师制，无论我当不当导师，我都准备如此，因为我的名义是教师，凡负教师的名义的人，谁都有帮助学生的责任。

我不想教学生做有名无实的事情。设立学生自治会了，组织学艺研究社了，通过了章程，推举了职员，以后就别无下文，与没有那些会和社的时候一个样：这便是有名无实。创办图书馆了，经营种植园了，一阵高兴之后，图书馆里只有七零八落的几本书，一天工夫没有一两个读者，种植园里蔓草丛生，蛛网处处，找不到一棵像样的蔬菜，看不见一朵有茎的花朵：这便是有名无实。做这种有名无实的事比不做还要糟糕；如果学生习惯了，终其一生，无论做什么事总是这样有名无实，种种实际事务还有逐渐推进和圆满成功的希望吗？我说比不做还要糟糕，并不是抱着多一事不如少一事的心思，主张不要成立那些会和社，不要有图书馆种植园之类的设备。我只是说干那些事都必须认真去干，必须名副其实。自治会硬是要“自治”，研究社硬是要“研究”。项目不妨简单，作业不妨浅易，但凡是提了出来的，必须样样实做，一毫也不放松；有了图书馆硬是要去阅读和参考，有了种植园硬是要去管理和灌溉，规模不妨狭小，门类不妨稀少，但是既然有了这种设备，必须切实利用，每一个机会都不放过。而且，那决不是一时乘兴的事，既然已经干了起来，便须一直干下去，与学校同其寿命。如果这学期干得起劲，下学期却烟消云散了，今年名副其实，明年却徒有其名了，这从整段的过程说起来，还是个有名无实，还是不足以养成学生的好习惯。

我无论担任哪一门功课，自然要认清那门功课的目标，如国文科在训练思维，养成语言文字的好习惯，理化科在懂得自然，进而操纵自然

之类；同时我不忘记各种功课有个总目标，那就是“教育”——造成健全的公民。每一种功课犹如车轮上的一根“辐”，许多的辐必须集中在“教育”的“轴”上，才能成为把国家民族推向前进的整个“轮子”。这个观念虽然近乎抽象，可是很关重要。有了这个观念，我才不会贪图省事，把功课教得太松太浅，或者过分要好，把功课教得太紧太深。做人做事原是不分科目的；譬如，一个学生是世代做庄稼的，他帮同父兄做庄稼，你说该属于公民科、生物科，还是数学科？又如，一个学生出外旅行，他接触了许多的人，访问了许多的古迹，游历了许多的山川城镇，你说该属于史地科、体育科，还是艺术科？学校里分科是由于不得已；要会开方小数，不能不懂得加减乘除；知道了唐朝，不能不知道唐朝的前后是什么朝代；由于这种不得已，才有分科教学的办法。可是，学生现在和将来做人做事，还是与前面所举的帮做庄稼和出外旅行一个样，是综合而不可分的；那么，我能只顾分科而不顾综合，只认清自己那门功课的目标而忘记了造成健全的公民这个总的目标吗？

我无论担任哪一门功课，决不专做讲解工作，从跑进教室始，直到下课铃响，只是念一句讲一句。我想，就是国文课，也得让学生自己试读试讲，求知文章的意义，揣摩文章的法则；因为他们一辈子要读书看报，必须单枪匹马、无所依傍才行，国文教师决不能一辈子伴着他们，给他们讲解书报。国文教师的工作只是待他们自己尝试之后，领导他们共同讨论：他们如有错误，给他们纠正；他们如有遗漏，给他们补充；他们不能分析或综合，替他们分析或综合。这样，他们才像学步的幼孩一样，渐渐的能够自己走路，不需要人搀扶；国文课尚且如此，其他功课可想而知。教师捧着理化课本或史地课本，学生对着理化课本或史地课本，一边是念一句讲一句，一边是看一句听一句；这种情景，如果仔细想一想的话，多么滑稽又多么残酷啊！怎么说滑稽？因为这样之后，任何功课都变为国文课了，而且是教学不得其法的国文课。怎么说残酷？因为学生除了听讲以外再没有别的工作，这样听讲要连续到四五个钟头，实在是一种难受的刑罚，我说刑罚决非夸张，试想我们在什么会场里听人演讲，演讲者的话如果无多意义，很少趣味，如果延长到两三个钟头，我们也要移动椅子，拖擦鞋底，作希望离座的表示；这由于听讲到底是被动的事情，被动的事情做得太久了，便不免有受刑罚似的感觉。在听得厌倦了而还是不能不听的时候，最自然的倾向是外貌表示在那里听，而心里并不在听；这当儿也许游心外骛，一心以为有鸿鹄将至，也许什么都不想，像老僧入了禅定。教学生一味听讲，实际上无异于要他们游心外骛或者什么都不想，无异于摧残他们的心思活动的机能，岂不是残酷？

我不怕多费学生的心力，我要他们试读、试讲、试作探讨、试作实习，做许多的工作，比仅仅听讲多得多，我要教他们处于主动的地位。他们没有尝试过的事物，我决不滔滔汩汩地一口气讲给他们听，他们尝试过了，我才讲，可是我并不逐句逐句地讲书，我只给他们纠正，给他们补充，替他们分析和综合。

我如果当大学教师，还是不将我的行业叫做“教书”。依理说，大学生该比中学生更能够自己看书了；我或者自己编了讲义发给他们，或是采用商务印书馆的《大学丛书》或别的书给他们作课本，他们都可以逐章逐节地看下去，不待我教。如果我跑进教室去，按照讲义上课本上所说的复述一遍，直到下课铃响又跑出来，那在我是徒费口舌，在他们是徒费时间，太无聊了；我不想干那样无聊的勾当。我开一门课程，对于那门课程的整个系统或研究方法，至少要有一点儿是我自己的东西，依通常的说法就是所谓“心得”，我才敢于跑进教室去，向学生口讲手画，我不但把我的一点儿给予他们，还要诱导他们帮助他们各自得到他们的一点儿；唯有如此，文化的总和才会越积越多，文化的质地才会今胜于古，明日超过今日。这就不是“教书”了。若有人问这叫什么，我的回答将是：“帮助学生为学。”

十　四岁前的课程[①]

〔英〕伯特兰·罗素

应当教什么和怎样教，这是两个密切相关的问题，因为如果教法得当，学生就能学得更多。如果学生渴望学习，而不是厌恶学习，那么情况将尤其如此。关于教法，我已谈过一些见解，后面我还要进一步讨论。现在，暂且假定所采用的教法是最好的，所以我要谈谈应当教什么的问题。

说到成人所应知道的事情，我们很快就会认识到，有些事情是人人都应知道的，而有些事情则是少数人应当知道的，其他人并无知道的必要。有些人必须精通医学，但是对大多数人来说，具备生理学和卫生学的基本知识，已经足够。有些人必须精通高深的数学，但是对那些不喜欢数学的人来说，懂得简单的原理已经足够。有些人应当会吹长号，但是并非每个学生都有练习这种乐器的必要。总的说来，14 岁以前的课程应是每个人都应知道的东西；撇开个别的情形不谈，分专科应是以后的事情。然而，发现学生的特殊才能，以便今后认真培养，应当成为 14 岁前的教育目标之一。因此，每个学生都应学习各科的基础知识，凡成绩不佳者，就不必进一步深造了。

在决定了每个成人所应知道的东西之后，我们还需要决定应教学科的先后次序；这里，我们自然应以相对的难易程度为标准，先教最简单的学科。这两项原则可以在很大程度上决定小学的课程。

---

① 选自《教育论》，〔英〕伯特兰·罗素著，靳建国译，东方出版社，1990 年 8 月。

我要假定5岁的孩子已会读和写。这是蒙台梭利教学法，或其他今后也许更为先进的教学法所应办到的事情。这些孩子也已具有准确的感性知觉和绘画、唱歌、跳舞的基础，以及在若干孩子中专心于某种教育科目的能力。当然，5岁的孩子不可能在这些方面做得十分完善，并且各个方面都要继续学习若干年。我并不认为孩子在7岁以前就应学习很费脑力的东西，但是足够的技能可以极大地减少困难。数学是让孩子望而生畏的学科——我记得我曾因记不住乘法表而大哭一场——但是如果能循序渐进地认真施教，比如利用蒙台梭利教具，就不会因其深奥而使孩子灰心丧气了。然而，若要学得纯熟，最终非要下气力将大量规则牢牢记住不可。这是本应有趣的小学课程中最为棘手的问题；尽管如此，为了实际应用，某种程度的精通是必要的。另外，数学也是培养准确性的自然工具：答案要么对，要么错，决不会是“有趣的”或“启发的”。撇开数学的实际用途不谈，这就能使它成为早期教育的重要组成。但是，数学上的困难应当认真分类，由浅入深，循序渐进；每次用于研究数学难题的时间也不应过长。

当我小的时候，地理和历史在各学科中学得最差。我最怕地理课，如果说我对历史课还能忍受，那也只是因为我素来酷爱历史。这两门课能使极小的孩子着迷。我儿子虽然从未上过地理课，但他的地理知识要远多于他的保姆。他所以具有这方面的知识，是由于他喜爱火车和轮船的缘故，而这两样东西是所有男孩子都会喜欢的。他想知道他想象中的轮船所要走的航线，当我告诉他去中国所需经过的各段路程时，他听得最为仔细。如果他想看图片，我就把沿路各国的图片拿给他看。有时他坚持拿出大地图册，在地图上查找所要经过的地点。他每年两次乘火车往返于伦敦和康沃尔，这条路线使他产生浓厚的兴趣，沿路各站和有车厢滑脱的地方，他都知道。南极和北极引起他的极大兴趣，而没有东极和西极则使他大惑不解。他知道法国、西班牙和美国的方向，并且知道在这些国家所能见到的许多东西。所有这些都不是教会的，而完全是好奇心所致。地理一旦与旅行发生关系，几乎每个孩子都会产生兴趣。我认为，教地理应当通过图片和旅行的故事，但主要还是通过电影，要映出旅行者沿途所见到的景致。知道地理上的事实很有用，但是没有内在的思想价值；然而，当地理因图片而变得逼真时，它便能提供想象的材料。应当知道有炎热的国家和寒冷的国家，有平坦的国家和多山的国家，有黑人、黄人、棕色人、红人和白人。这种知识能减少熟悉的环境对想象力的约束，能使人们以后感到确有远方国家的存在，否则非经旅行是很难感受到的。由于这些原因，地理应在幼儿教育中占重要的位置，如果孩子对地理不感兴趣，那该是令人吃惊的。以后应当给孩子一些配有照片、地图和各地概况的书籍，并让他们把有关各国特色的短文汇编成册。

适用于地理的这些做法更适用于历史，但孩子的年龄要稍大些，因为孩子的时间感起初很弱。我认为，孩子 5 岁开始学历史就能有益，起初先用大量图片讲述名人的趣事。我 5 岁时曾有一本介绍英国历史的图画书。马蒂尔达女王在阿宾顿从冰上通过泰晤士河的故事给我留下极为深刻的印象，以至我在 18 岁那年过泰晤士河时仍感紧张，总觉得斯蒂芬王就在身后追赶。我很难相信五岁的男孩子会对亚历山大的故事不感兴趣。哥伦布的故事也许更偏于地理；我能证明两岁的孩子就会对哥伦布的故事感兴趣，至少对见过大海的孩子是如此，孩子 6 岁时就可以学习世界史大纲，大纲要用类似韦尔斯先生的笔法写，进行必要的简化并配上插图，如果可能，再助以电影。如果住在伦敦，可以到自然博物馆去看那些怪兽；但是在 10 岁以前，不应带他们到大英博物馆去。教历史时必须留意，不要把仅为我们感兴趣的东西强加给尚不能领会的孩子。一开始就能引起孩子兴趣的历史有两类：一是由地质到人类、由野蛮人到文明人的进化过程；二是富有戏剧性的历史事件，内有充满同情心的英雄豪杰。但是我认为，我们应当有一个贯穿始终的指导思想，即进步是逐渐的和曲折的，时常受阻于我们从兽类身上所继承的野蛮性，然而通过知识，我们能够逐渐征服自身和环境。我们应把人类视为一个整体，我们要与外部的混乱和内部的愚昧同时展开斗争，而那微弱的理性之光终将燃成冲天之火，让光明取代黑暗。种族、民族和信仰间的不一致，应当视为愚蠢之举，它分散了我们与混乱和愚昧作斗争的精力，而这种斗争才称得上是真正的人类活动。

我们应当首先提供有关某一题目的图片，然后再说出题目本身。我们应当展示出野人顶着寒风啃野果的情形，我们应当展示出火的发明及其效果。在这方面，普罗米修斯的故事恰到好处。我们应当展示出尼罗河流域的农业起源，以及牛、羊、狗的驯化过程。我们应当展示出船舶由独木舟发展成万吨巨轮的过程，以及城市由穴居人聚居地发展成伦敦和纽约的过程。我们应当展示出文字和数字逐渐发展的情形。我们还应当展示出希腊短暂的一线光明、罗马的雄伟壮丽、嗣后的黑暗和科学的出现。所有这些甚至能够引起很小的孩子的兴趣。我们不应回避战争、迫害和残酷，然而我们也不应对战胜者表示赞许。按照我的历史观，真正的战胜者应当是那些有助于消除内外黑暗的人——佛陀、苏格拉底、阿基米德、伽利略、牛顿，以及一切有助于我们掌握自身和自然的人。我们应当确立人类前程灿烂的观念，如果我们从事战争和其他原始愚行，我们就是反其道而行之，而只有当我们能增加人类的支配权时，我们才是顺应了这一前程。

在校的头几年，应当安排出学习舞蹈的时间，这有益于身体和培养美感，并且能给学生带来极大的欢乐。基本动作学会之后才可学习集体舞，这是孩子易于理解的一种合作方式。这也适用于唱歌，但应开始得略晚一些，因为唱歌不像跳舞那样具有运动上的乐趣，并且唱歌的基本原理更加复杂。多数儿童，虽然不是全部，都会喜欢唱歌，因此在学过儿歌之后，他们还应学习真正优美的歌曲。和成人一样，儿童在音乐方面的才能也是大不相同的，因此较高水平的歌咏队成员应当在大孩子中挑选。在大孩子当中，唱歌应是自愿的，而不是被迫的。

文学作品的教法很容易出错。无论老幼，多了解文学方面的信息，如记住诗人的年代及其作品的名称等，是毫无用处的。凡能纳入手册的东西，全都没有价值。有价值的是熟谙一定数量的范文——这种熟谙不但能影响人们的写作风格，也能影响人们的思维方式。过去，《圣经》曾对英国儿童起过这种作用，对他们的文体则尤其有益；但是现代的儿童很少有熟谙《圣经》的。我认为，文学作品非经背诵便不能充分发挥好的作用。过去人们都主张用这种办法来培养记忆力，但是心理学家业已证明，它在这方面的效果即使有也是非常微弱的。现代教育家越发不提倡背诵的办法。但我认为他们的做法是错误的，这并不是因为背诵于记忆力有何助益，而是因为它能美化口语和书面语。不应着意模仿某人，而应自然而然地表达思想；但是，若要在一个已经丧失了美感的原始冲动的社会里做到这一点，则必须产生一种思维习惯，而这种思维习惯我确信只应通过熟知好的文学作品来产生。我认为，这就是背诵所以重要的原因。

但是，仅仅背诵诸如“仁慈的品质”和“整个世界是舞台”一类词句，似乎会使大多数儿童感到厌烦和做作，从而达不到背诵的目的。背诵若与表演结合起来则要好得多，因为它是实现儿童所爱之事的必要手段。从 3 岁往上，孩子就喜欢扮演角色；他们能够自然而然地扮演，但若教给他们更复杂的方式，他们会欢喜若狂。我曾演过布鲁图与卡修斯发生争执那一幕，我朗诵道：“我宁愿做条狗，向月亮狂吠，也不愿做这样的罗马人。”我至今仍记得我当时是何等的快乐。在《恺撒》或《威尼斯商人》或其他好剧目中扮演角色的孩子，将不仅了解他们自己的角色，而且也将了解其他许多角色。整个剧情将在他们思想中停留很久，给他们以欢乐。好的文学作品应能给人以乐趣，如果孩子不能从中获得乐趣，他们也就不大可能从中获益。因此我认为，幼儿时期的文学课应当仅限于学习扮演角色。再就是应当让孩子去校图书馆自选爱读的故事书。现在人们总是给孩子写一些无聊和感伤的东西，这是对孩子的不尊重。请比较一下《鲁滨孙漂流记》的认真态度。对待孩子和对待其他事情一样，感伤是戏剧性同情的失败。孩子都不喜欢被当做孩子对待；他们都想尽快学会大人的举止。因此，儿童书籍决不应以儿戏的方式表现出一种屈尊俯就的欢愉。许多现代的儿童书籍矫揉造作得令人作呕。这种书籍要么使孩子烦恼，要么搞乱他们对思想发展的冲动。因此，最好的儿童书籍乃是那些为成人而作，但又碰巧适于孩子的书籍。那些为孩子而作，但也能取悦于成人的书籍，如利尔和刘易斯·卡罗尔的作品，只是一种例外。

现代语言的问题是一个不易解决的问题。在幼儿期能够学会说一种流利的现代语，但是到成年时则是不可能的；因此在幼儿期学习语言的理由很充足。有人担心外语学得太早会影响母语的掌握，我对此不以为然。托尔斯泰和屠格涅夫的俄语水平极高，但他们早在幼儿时代就掌握了英语、法语和德语。吉本用法语写作与用英语写作一样轻松，但这并未损害他的英语风格。在整个 18 世纪，所有的英国贵族照例都要在幼儿期学习法语，许多人还学习意大利语；但是他们的英语水平要比他们的现代后裔高得多。只要孩子对不同的人说话，他们那种戏剧性的本能便会防止他们将各种语言混淆。我当年学德语是和英语同时学的，并且在 10 岁前只和保姆与家庭女教师说德语；后来我又学法语，并且也只和家庭教师说法语。这两种语言从未和英语混淆，因为我有不同的谈话对象。我认为，现代语应由以那种语言为母语的人来教授，这不仅是因为能教得更好，而且是因为孩子与外国人说外语会比与本国人说外语更感自然。因此，我认为每所小学都应有法国女教师，如果可能，也应有德国女教师，她们起初不应正式教语言，而应和孩子一起游戏，与他们交谈，并且让游戏的胜利取决于他们对语言的理解。开始可以做简单的游戏，逐渐过渡到较为复杂的游戏。以这种方式学语言既无精神上的疲劳，又有游戏中的快乐，而且学习效果会远优于以后的任何时期，并能节省宝贵的教育时间。

数学和科学只能到本章所讨论的最后几年，比如 12 岁，才开始教授。当然，我假定算术已经学过，并且关于天文、地质、史前动物、著名探险家，以及诸如此类有趣的事情，也有过通俗的介绍。但我现在指的是正式教授几何、代数、物理和化学。有些学生喜欢几何和代数，但是绝大多数学生并不喜欢。我很怀疑这是否应完全归咎于教授不得法。数学才能和音乐感一样，主要是一种天赋，我相信有这种天赋的人是殊为罕见的，甚至有中等天赋的人也不多见。然而，每个学生都应尝试一下数学，以便发现那些确有数学才能的人。另外，即使是那些所学不多的人，也能受益于对这一学科的了解。只要教法得当，几乎所有的学生都能理解几何的原理。代数则不然；它比几何抽象，那些思维离不开具体物的人很难理解。如果教授得法，喜欢物理和化学的人也许会比喜欢数学的人多，虽然在青年当中也只是少数。对 12 岁到 14 岁的学生来说，学习数学和科学应当只是为了弄清他们是否具有这方面的才能。当然，这不是一下就能弄清楚的。我起初讨厌代数，但后来还是在代数方面表现出一些才能。有些孩子直到 14 岁还无法确定是否有才能。在这种情况下还应继续试验一段时间。但是多数学生到 14 岁便可定论。有些孩子喜欢这些学科，并且能够学好，有些孩子则不喜欢这些学科，并且也不能学好。聪明的学生不喜欢这些学科，或不聪明的学生喜欢这些学科的现象是殊为罕见的。

关于数学和科学所说的话也同样适用于古典文学。凡 12 岁至 14 岁之间的孩子都应学习适量的拉丁语，以能证明哪些孩子喜欢这一科目并有所擅长为准。我认为，到 14 岁就应当根据学生的爱好和特长进行大体上的专业分类。14 岁以前的那几年学习，应当是为了查明以后所要学的最佳科目。

在整个小学期间，应当不断进行室外教育。对富家子弟来说，这事可以由父母去做，但对其他孩子来说，学校则必须承担一部分义务。我所说的室外教育，指的并不是游戏。当然，游戏的重要性已经得到公认；但我所指的是其他东西：农业知识、动植物知识、园艺知识、在乡间观察的习惯，等等。我吃惊地发现，城里人竟很少知道指南针上的方向、太阳的走向、房屋的背风面，以及其他连牛羊都具备的知识。这是专在城里生活的结果。如果我说这是工党不能赢得农村选民的一个原因，人们也许会认为我荒唐；但这确实是城里人完全脱离各种原始的和根本的事物的原因。这使得他们对于人生的态度变得轻浮和浅薄——当然不是人人如此，但却非常普遍。季节、气候、耕种、收割、庄稼、牛羊都与人类有着重要关系，如果人们不能与土地完全分离，这些东西都应熟悉。所有这些知识都能在那些极有益于健康的活动中为孩子所获得，就是仅出于健康原因，这些活动也是值得搞的。城里的孩子在农村颇感快乐，这表明他们的需要得到了极大满足。如果他们的需要得不到满足，我们的教育制度就是不完备的。

智能是什么[①]

〔美〕霍华德·加德纳

智能最恰当的定义到底是什么？这是读者向我们提出最多的问题。的确，正是在智能的定义上，多元智能理论与传统的观点开始分道扬镳。按照传统的测量心理学观点，智能最具可操作性的定义，就是解答智力测验考试题目的能力。运用统计的方法，对不同年龄接受测试者的答案加以比较，可以从测验分数推断出他们的能力。不同年龄接受测试者在不同的测验中，所得到的成绩具有明显的相关性。这证明了人类的一般智能[②]，随年龄、学历、经历的变化不大，是每个人与生俱来的属性或能力。

另一方面，多元智能理论比传统的智能观念要复杂一些。我们认为，智能是一种计算能力——处理特定信息的能力，这种能力源自人类生物的和心理的本能。尽管老鼠、鸟类和计算机也具有这种能力，但是人类具有的智能，是一种解决问题或创造产品的能力。这些问题的解决和产品的创造，为特定文化背景下的社会团体所需要。解决问题的能力，就是能够针对某一特定的目标，找到通向并实现这一目标正确路线的能力。文化产品的创造，则需要获取知识、传播知识，并表达自己的结论、信仰或感情。从构思一部小说的结尾，到下棋时预料每走一步棋

---

① 选自《多元智能新视野》，〔美〕霍华德·加德纳著，沈致隆译，中国人民大学出版社，2008年3月。

② 一般智能（general faculty of intelligence）缩写为英文字母“g”。也被译为“通用智能”，指能够解决任何领域的问题普遍适用的智能。——译者注

的后果，甚至修补一床棉被，都是需要解决的问题。科学理论、音乐作品甚至成功的政治竞选，都是上文所说的创造文化产品。

多元智能理论本身，就是按照生物在解决每一个问题时本能的技巧构建而成的。但我们所探讨的，只是人类普遍拥有的技能（再说一遍，我们与老鼠、鸟类、计算机不同）。即使如此，实际解决某种特定形式的问题时，生物的本能还必须与这个领域的文化教育相结合。如语言是人类共同拥有的技能，但在一种文化背景下可能以写作的方式出现，在另一种文化中可能以演讲的形式出现，在第三种文化背景下说不定就是颠倒字母的文字游戏。

究竟怎样识别一种智能呢？我们认为，选中作为一种智能必须注意的是，既要有生物学的依据，又要考虑根据一个或多个文化背景来进行评价。在列出以下智能种类之前，我们曾参考了几个不同来源的证据：如有关正常儿童和超常儿童心理发展的研究信息；脑损伤条件下认知能力受损的情况；对特殊群体如超常儿童或神童、白痴天才、患孤僻症儿童的研究成果；过去几千年人类认知进化的研究资料；文化交叉背景下认知的研究；心理测量学的研究，包括不同测试方法和手段结果相关性的研究；心理训练的研究，特别是不同学习能力的转化和普遍化的研究，制定了如下智能的判断标准，或者叫做“智能的判据”。候选智能中，只有那些满足全部或大多数判据的，才被选中作为一种智能。以上全部智能判据的每一种，以及我们最初所提出的七种智能，在《智能的结构》一书中，特别是在第 4 章中，都有详尽的讨论。在那本奠基之作中，我也考虑到多元智能理论可能会遭到反对，所以将它和与之对立的智能理论加以比较。与此问题有关的进一步的讨论，出现在我的《重构多元智能》一书中以及本书的后续章节中。

除了满足上述判据以外，每一种智能都必须具有一种可以辨别的核心运作方式，或具有一组运作方式。就像以神经系统为模式设计的电脑系统一样，如果通过内部或外部特定信息的作用，人类的每一种智能都应该能够被活化或激发。例如音乐智能的基本能力特征，就是对于音高的敏感性；而语言智能的基本能力特征，就是对于发音和声韵的敏感性。

智能对于特定文化创造出来的符号系统，应该是敏感的。这个符号系统是捕捉、表达、传播信息的重要形式。语言、图画、数学就是三个几乎在全世界范围内使用的符号系统，它们对于人类的生产和生活是不可缺少的。能够被选做智能的，必然和人类所应用的符号系统有一定的联系。事实上，人类每一种核心计算能力（处理特定信息的能力）的存在，必定伴随着现行的或潜在的符号系统的产生。而此符号系统对于使用发展那种能力，有很重要的意义。虽然有时可能某种智能无法用任何符号表示，但人类智能的基本特征也是能够具体化的。

最初的七种智能

简略地介绍了智能的特征和判据后，我现在分别讨论对每一种智能的思考，那些智能是我在 20 世纪 80 年代初期提出来的。我在讨论每种智能时，首先摘录了在那种智能上表现突出的人物传记的一部分。这些被引用的传记中的描写，揭示了人物的某些能力。这些能力对于传记中人物自如地运用某种智能，起了决定性的作用。虽然每一篇被引用的小传只说明一种特定的智能，但我们并不希望这暗示成人的智能运作是孤立的。事实上除了非正常的人，智能总是以组合的方式运作。任何有经验的成年人在解决问题时，都会运用多种智能的组合。在每一篇小传之后，我们还要评述不同的数据和资料，以支持每一种被挑出来的候选智能。

音乐智能（Musical intelligence）

耶胡迪·梅纽因（Yehudi Menuhin）3 岁时，被父母带去欣赏旧金山交响乐团的音乐会。音乐会上路易斯·帕辛格（Louis Persinger）美妙绝伦的小提琴演奏，深深地打动了小梅纽因，以至于他向父母要一把小提琴作为自己生日的礼物，并且非要帕辛格做他的老师不可。他的这两个愿望都实现了。10 岁时，梅纽因已经成为世界知名的小提琴家。

小提琴家梅纽因身上的音乐智能，甚至在他还没有接触小提琴、尚未接受任何音乐训练的时候，就表现出来了。他对那种特殊声音的强烈

反应，以及他在小提琴演奏技术上的飞速进步，表明他从生理上具备发展音乐智能的先天条件。从此类超常儿童得出的证据，使我们认为特定的智能有其生物学上的或先天的渊源，梅纽因就是一个例子。其他特定的群体，如患孤僻症的儿童，他们中有些人也能熟练地演奏乐器，却无法与其他人沟通，这同样证明音乐智能是可以独立存在的。

下面再对有关证据作简单的分析，以进一步证明音乐技艺是一种智能。例如，虽然音乐技能不像语言技能一样，精确地定位于大脑的某一特定区域，但大脑的一部分，大约位于右半球，在对音乐的感知和创作上，的确起着重要的作用。虽然人的音乐才能受脑损伤影响的程度，与其所受音乐训练的程度和人与人的差异有关，但有证据表明，脑损伤的确会造成人的“失歌症”[①] 或一定音乐能力的消失。

在旧石器时代的社会里，音乐明显地起着重要的协调和统一的作用，连鸟儿的歌唱都具有与同伴联系的功能。从多种文化得到的证据表明，音乐是人类的一种普遍的本能。婴儿智能发展的研究认为，在幼儿阶段确实有一种与生俱来的计算音高的能力。最后，我们说音符本身实际上就是一种清晰易懂的符号系统。简而言之，音乐才能是一种智能的概念，得到了不同来源证据的支持。虽然音乐技能不像数学一样被当做典型的智力技能，但它符合我们的智能的判据。不但根据智能的定义，而且从资料和研究结果中也得到了充分的证明。

身体-动觉[②]智能（Bodily-Kinesthetic Intelligence）

15 岁的贝比·鲁斯[③]在一场比赛中担任接球手。因本队的投手表现不佳，贝比的棒球队面临败局，于是他嘲笑这名投手并大声指责他。他们的教练布拉斯·马塞尔斯（Brother Mathias）大声喊道：“既然这样，你来投球吧！”贝比听后十分吃惊，非常紧张，回答：“我从来没有投过球，我干不了！”但此时正是他一生的转折点。后来鲁斯在自己的传记

① 失歌症（amusia）：失去唱歌和辨别音乐的能力。——译者注

② 动觉（Kinesthetic）是“运动觉”的简称，指辨别身体各部分运动和姿势的感觉，由身体运动和姿势作用于肌肉、筋腱、韧带和关节，产生兴奋，传入大脑皮层而引起。——译者注

③ 贝比·鲁斯（George Herman “Babe” Ruth），20 世纪 20 年代美国棒球界的传奇人物，他是全垒打王，也是上垒次数与强打纪录的保持者。——译者注

中回忆道："当我站到投球手位置的那一刻，感到在我和踏板之间，存在着奇妙的联系。我有点感到莫名其妙，似乎我就出生在那个地方，那块踏板是我的另外一个家。"正像体育运动史记载的那样，他后来真的成了大联盟的投球手（当然，他还是一个传说中的击球手）。

就像梅纽因一样，贝比·鲁斯也是一个超常儿童。第一次见到他的"乐器"时，他立刻就认出来了。请注意，这种识别发生在他接受任何的正规训练之前。

我们知道，身体的运动由大脑运动神经皮层来控制。大脑的每一个半球，都控制或支配相对的另外一半身体的运动。对于一个惯用右手的人，运动的支配部位通常在大脑的左半球。即使对于一个能够灵活自如地运动的人，在他不情愿的时候，命令他做同样的动作，其身体运动的能力也会减弱。这种特殊的运动失调症的存在，是身体-动觉智能的证明。

特定的身体运动，明显地有利于物种的进化。对于人类来说，这种进化就延伸到工具的使用。身体运动清楚地表明了儿童发育的时间表，不同的文化对此没有异议。因此，以上身体运动的知识符合判定一种智能的标准。

认为身体运动的知识是解决问题的能力也即智能，不那么好理解。的确，表演一个哑剧或打网球不同于解数学方程式，但使用自己的身体表达一种感情（在跳舞时）、从事一种游戏（在运动场上）或创造一种产品（设计发明），都是运用身体或身体认知的例证。解决某种需要身体运动的特殊问题，如击中一个网球，究竟需要哪些特定的基本能力，蒂姆·盖勒威（Tim Gallway）总结如下：

> "球离开发球者球拍的一刹那，大脑就得在几分之一秒的时间里计算出：球大约在哪里着地和球拍应在哪里回击。这种计算包括判断球的初速度、使球减速的因素、风的作用和球的反弹等。同一时刻，大脑还要对肌肉下达动作的命令。不仅仅下一次命令，而是需要时时根据最新信息加以修正。肌肉必须配合，脚一移动，就得将拍向后拉。且拍的正面必须保持一个特定的角度。精确的击球点的位置取决于发出的命令，是要回

击到对方球场的底线，还是让球刚好过网。大脑必须在几分之一秒的时间里分析对手的移动和平衡状况，作出回球的决断。为了接一个发球，你大概只有一秒钟的时间做以上这一切事情。要每次都能击中球，似乎很不容易，但一般人往往都可以做到。这是因为每个人的身体本身都具有非凡的创造性。”

逻辑-数学智能（Logical-Mathematical Intelligence）

由于在微生物学研究方面的杰出成就，芭芭拉·麦克林托克[1] 1983年获得了诺贝尔医学与生理学奖。她在观察和推理方面的智力，表现出一种以逻辑-数学为形式的智能，这种智能通常被人们称为科学思维（scientific thinking）。她经历的一件偶然事件特别能说明问题。19世纪20年代，麦克林托克在康奈尔大学从事研究工作时，曾遇到一个问题：虽然理论上预测有50％的玉米不结果，但她的研究助手在试验田里，却发现只有25％～30％的玉米植株不结果。这一不小的差异使她很困惑，因此而离开玉米地回到办公室，坐下来想了半小时：

“我突然跳了起来，跑回玉米试验田。刚到玉米田的地头（其他人在玉米田的深处），我就大喊着：“我发现了！我知道答案了！我知道30％玉米不结果的原因了！”他们要我证明自己的结论。我于是坐了下来，拿出纸和铅笔飞快地写出草稿，而这些计算工作我刚才在实验室里一点也没有做。当时这项演算工作是如此之快，好像一下子就完成了，答案如泉水般喷涌而出。我一步一步地进行着复杂的推理和计算工作，最后得到了同样的结果。同事们看着计算结果，发现和我刚才说的完全相同。有了结论之后，我却感到非常纳闷：为什么我还没在纸上计算时就知道了结果？为何我对这个结果如此确信？”

---

① 芭芭拉·麦克林托克（Barbara McClintock，1902—1992），美国著名女遗传学家，1944年成为美国国家科学院的院士，并在当年担任美国遗传学会会长之职。1945年起，她开始了著名的基因转座（gene transposition）的研究，30多年后，科学界才给了她应得的荣誉，1983年，她独获诺贝尔医学和生理学奖。——译者注

这件趣闻表明了逻辑-数学智能的两个基本点：第一，天资优异的人在解决问题时的速度常常快得惊人。如成功的科学家往往在同一时刻处理许多变量，或提出大量的假说，然后一一加以评价并决定接受还是放弃。

这一趣闻还表明了智能的非语言性：一个问题的答案在用语言表达之前，就已经得出了。事实上，这个解题的过程甚至对解题者本人，也可能是看不见的，有点像我们所熟悉的，在“啊!”一声惊呼后恍然大悟。但这并非暗示此种现象是神秘的，或只能凭直觉而不可预期。恰恰相反，这种情况发生在某些人（如诺贝尔奖获得者）身上不是偶然的。我们将这种现象解释为逻辑-数学智能的作用。

逻辑-数学智能和语言智能加在一起，是智商测试的主要基础。传统心理学家对这两种形式的智能，已经进行了大量的调查与研究，认为它们是“原始智能”，可以跨越不同领域或专业解决问题。但具有讽刺意味的是：对于麦克林托克所描述的，她获得有关逻辑-数学问题答案过程的准确机理，至今仍没有人能给出一个令人信服的恰当解释。

这种智能同样可用我们的经验判据证明。大脑的特定部位与其他部位比较起来，在数学计算方面有更加重要的作用。近来脑科学的研究表明，位于额骨颞颥叶[①]的语言区域，对于逻辑推理更重要。而位于顶骨前叶的视觉空间区域，则掌管数字计算的功能（Houdé & Tzourio-Mazyer，2003）。一些白痴天才在其他很多领域里表现了可悲的无能，但在数学计算上却有可能十分出色。儿童中数学天才的例子是很多的，多年以来，让·皮亚杰[②]和许多心理学家已经认真地研究和总结了儿童在这种智能上的发展。

语言智能（Linguistic Intelligence）

10 岁的时候，托马斯·艾略特[③]创办了一份杂志名为《壁

---

① 人头部两侧靠近耳朵上方的部位，俗称太阳穴。——译者注

② 让·皮亚杰（Jean Piaget，1896—1980），瑞士心理学家，20 世纪世界最著名的儿童心理学家，发生认识论的创始人。——译者注

③ 托马斯·艾略特（Thomas Steams Eliot，1888—1965），诗人、文学评论家、剧作家，祖籍英国，生于美国，哈佛大学毕业后，1914 年起定居英国。1922 年发表的长诗《荒原》（*The Waste Land*）获 1948 年诺贝尔文学奖，其创作和评论对 20 世纪西方文学影响很大。——译者注

> 炉旁》，他是这本杂志的唯一撰稿人。寒假中，他在三天时间里出了 8 期。每一期杂志里都有诗歌、探险小说、随笔和幽默故事，其中一些流传至今，展示了诗人的特殊天才。

和逻辑一数学智能一样，把语言技巧称为智能，合乎传统心理学的观点。语言智能的存在，也通过了我们的经验判据的检验。例如大脑的一个特定区域，通常称为“布罗卡区”（Broca），负责产生合乎语法的句子。这个区域受到损伤的人，能够很好地理解单词和句子，但除了最简单的句子以外，他们不能将单词组合成句。与此同时，这些人的思维过程可能完全不会受到影响。

天生具有语言能力，对于人类是共同的。令人吃惊的是，儿童语言能力的进展，在各种文化和社会中都是一致的。即使是没有接受过哑语训练的聋哑儿童，也会发明他们自己的手语并悄悄地使用。我们因此可以看出，这种智能是独立的，与特殊的学习方式或传播渠道无关。

空间智能（Spatial Intelligence）

> 南海卡罗林群岛（Carolin Islands）的土著居民，在航海时不用仪器。他们除了依靠星座和视线中出现的岛屿确定船舶的位置以外，气候的特点、海水的颜色都是他们判断地理方位的依据。每一次航行都被分解成多个较短的旅程，而航海者清楚在每个航程中星座的方位。在实际航行中通过每一个岛屿时，航海者的脑中就出现一幅地图，并在图上计算已经走完了多少旅程，还剩下多少旅程，方向还要做哪些修正。航海者在旅途中可能无法真正看到这些岛屿，但脑中必须有它们的位置。

解决空间位置的问题，如航海和使用有标记的地图，都需要空间智能。其他与空间位置有关的问题，如下棋和想象从不同的角度看到的物体的形状，也是如此。视觉艺术同样是空间智能的一种运用。

从大脑研究所得出的证据非常明确，很有说服力。经过长期的进化，正如大脑的左半叶掌管习惯使用右手的人的语言功能一样，这些人大脑的右半叶掌管空间位置的判断。大脑右后部位受伤的病人，会失去辨别方向的能力，易于迷路，其辨认面孔和关注细节的能力明显减弱。

大脑右半叶特定部位受伤的病人，总是试图用语言技巧来弥补空间智能的缺陷。他们尽力大声辩解，主动提问，甚至拼凑答案，但这些非空间的策略，很难成功地解决有关空间的问题。

以盲人为例可以说明空间智能和视觉能力的区别。一个盲人能够通过间接的方法来判断物体的形状：他们用手沿着一个物体的边缘以固定的速度摸过去，根据所用时间的长短，计算出物体的大小。盲人的触觉系统，相当于普通人的视觉系统。盲人的空间智能与聋哑人的语言智能极具相似性，值得我们注意。

视觉艺术的各个领域很少出现超常儿童，但也有如娜迪娅[①]那样的白痴天才。尽管患有十分严重的孤独症，这个学龄前儿童却能画出极精确、细致的图画来。

人际智能（Interpersonal Intelligence）

基本上没有受过正规的特殊教育、几乎是盲人的安妮·莎莉文（Anne Sullivan），开始承担起一项艰巨的任务，就是教育既聋又盲的7岁女孩海伦·凯勒[②]。由于海伦对外部世界感情上的对抗，安妮试图和海伦交流的努力很难奏效。以下是她们第一次一起进餐的情景：

> 安妮不允许海伦将手伸进自己的盘子里去取她想要的食物，而海伦和她的家人在一起时，已经习惯了这样做。因此与安妮的第一次进餐成了意志的较量：海伦的手一伸进盘子里，

① 娜迪娅（Enter Nadia），1967年出生于英国，1岁起患严重孤独症，无法与人通过语言、手势交流，但从3岁半起在绘画上就表现出惊人的天分。本书作者在1982年出版的《艺术·心理·大脑》一书的第16章中，对此作出了详细的介绍。——译者注

② 海伦·凯勒（Helen Adams Keller，1880—1968），美国女作家、社会工作者和教育家，出生19个月因病失去听力和视力，后又变哑，7岁时受教于安妮·莎莉文，奇迹般地学会说话、读书、写字，1904年毕业于哈佛大学拉德克利夫学院，掌握几门外语。周游世界演讲，毕生致力于残疾人的教育事业。——译者注

就被安妮坚决地推开。海伦的家人为此很不高兴，离开了餐厅。安妮把房门锁上，继续用餐。海伦干脆在地板上又踢又闹，推拉安妮的椅子。半小时以后，海伦绕着桌子找她的父母，却发现没有人在那儿，这使她感到迷惑。最后，她只好坐下来开始吃早餐，但却用手。安妮给她一把勺子，却被哗啦一声扔到地上，于是意志的较量又重新开始。

安妮·莎莉文对海伦行为的反应很敏锐。她在给家人的信里说：

我必须解决的问题是，既要规范和控制她的行为，又不能伤害她的心灵。我起初只能非常缓慢地、一点一点地进行，并试图赢得她的爱。

两周以后，第一个奇迹发生了。安妮将海伦带到家庭住所附近的一个小木屋里，以便两人可以单独生活在一起。经过 7 天的相处，海伦的性格发生了意义深远的变化，治疗生效了。安妮写道：

今天早上我的心在快乐地歌唱，奇迹发生了！两星期前那个粗暴的小生命，已经变成了温顺的小女孩。

仅仅又过了两星期，海伦首次突破了语言障碍，开始学说话，她的进步神速。产生奇迹的关键，是安妮具有看穿或洞悉海伦内心世界的眼光。

人际智能的核心能力，是留意与他人之间差异的能力，特别是观察他人的情绪、性格、动机、意向的能力。按照更高的要求，就是能够看到他人有意隐藏的意向和期望。我们可以在宗教和政治领袖、教师、心理咨询专家和孩子家长的身上，观察到复杂微妙的人际智能的高级形式。海伦·凯勒和安妮·莎莉文的故事，说明这种智能不依赖于语言。

大脑研究报告一致指出，大脑前叶在人际关系的知识方面起主要作用。这一区域的损伤，虽然不会影响解决其他问题的能力，但会引起性格的很大变化。这一区域受伤以后，人们会认为伤者已经变成另外一个人。

阿尔茨海默症（Alzheimer 's disease）是一种早年呆痴症，表现为后脑部位受到伤害以后，患者的空间辨认、逻辑推理、语言运算能力大大减弱。但患阿尔茨海默症的病人能经常保持良好的风度和举止，并会为他们所做的错事频频道歉。与此相反，皮克症（Pick 's disease）是由于大脑前叶受损而出现的另外一种早年呆痴症，患者会失去彬彬有礼的风度。

人际智能还有另外两个被人引用的生物学例证，均为人类所独有。一是灵长类动物有较长的婴儿期，对母亲有强烈的依附。在早期发育阶段失去母亲的个体，正常的人际智能发育将受阻，这是很危险的。二是对于人类来说，社会交往很重要。在史前社会里，狩猎、陷阱、宰杀动物都需要许多人的参与、合作，团体的凝聚、领导和组织，都很自然地遵循这一原则。

自我认知智能（Intrapersonal Intelligence）

弗吉尼亚·伍尔夫[①]以日记的形式写过一篇文章，题为《往日随想》，专门谈到“生活的花絮”，即生活中所发生的琐碎事情。在这些事情中，有三件很特别，给她的童年以深刻印象：和弟弟打了一架、在花园里看到一朵奇怪的花、听到一位过去的来访者自杀的消息。

> 这三个难忘的时刻即使我不想到它们，也会悄然浮现在我的脑海里。现在我第一次把它们记录下来，产生了从未有过的体会。其中两件事的结尾令人绝望，另一件的结果还算让我满意。
>
> 听到那个人自杀的消息，恐怖的感觉使我浑身软弱无力。但是看到花的那一次，我发现了一个战胜敏感和怯懦的方法，我不再感到软弱了。
>
> 虽然惊吓产生的震撼在我身上仍然存在，但现在我对此已

① 弗吉尼亚·伍尔夫（Virginia Woolf，1882—1941），英国女作家。其作品摒弃传统的小说结构，采用“意识流”手法，注重心理描写，对现代西方小说影响很大。——译者注

能欣然接受。在一次受到惊吓之后，我总是觉得这种经历特别宝贵。我因而猜测正是这种承受惊吓的能力，使我成了作家。我大胆地对此作出这样的解释：因为我受到惊吓之后，立刻有将一切记录下来的欲望。我感到好像受了打击，但事实上没有。我像小孩子一样，想象这打击来自藏在日常生活琐事后边的对立面，它就是，或将是某一哲理的闪现，是生活表面现象后面某些真实事物的标记。于是我将其组成句子，写出它的本质。

以上引文生动地说明了自我认知智能——就是有关人对自己内心世界的认知：了解自己的感情生活和情绪变化，有效地辨别这些感情，最后加以标识，成为理解自己和指导自己行为准则的能力。具有较好自我认知智能的人，脑中有关于自己的一个积极的、可行的、有效的行为模式。因为这种智能的隐私性，如果观察者想探测的话，就需要有来自语言、音乐或其他显性智能的证据。在以上引用的短文中，语言智能就用来表现自我认知智能，它使智能之间的相互作用具体化了。这是一个普遍的现象，我们后面还要讨论。

我们已经熟悉了判断智能的 8 项标准，也同样适用于对自我认知智能的确认。大脑前叶对于每个人性格的变化和自我认知智能，也像对于人际智能一样，起着重要的作用。脑前叶的下部区域受到伤害，很可能造成性格的易激动、易烦躁或欣快症[①]。脑前叶上部区域受到伤害，则可能形成冷淡、散漫、迟钝、漠然等沮丧人格的特征。此时，脑前叶受伤者的其他认知能力大都保持不变。可失语症患者就不同。有些失语症病人后来恢复到能够诉说他们的经历时，我们发现了十分相同的结果：虽然这些病人的敏感程度有所降低并对此感到沮丧，但绝不认为自己已经变成另外一个人。他们知道自己的需求和愿望，竭尽全力想得到它。

患有孤独症的儿童，是自我认知智能受损的典型例子。这些儿童有时虽然无法自我表达，却多半在音乐、计算、空间判断或机械工程等领域里，表现出不同凡响的才能。

---

① 欣快症（apathy），莫名其妙地容易高兴的症状。——译者注

自我认知智能很难找到生物进化方面的证据。我们推测可能因为它是一种超越了生存本能的智能。但对于今日已不必时刻为生存担忧的人类来说，这种智能却越来越为人们所需要。

总而言之，与人际智能和自我认知智能有关的能力，都已通过了确认智能的判据的检验。这两种智能所拥有的解决问题的能力，对个人和集体都很重要。人际智能使人能够了解他人、更好地与他人一起工作。自我认知智能则可以使人更好地认识自己，处理自己个人的问题。在个体的自我意识中，人可以感到人际智能和自我认知智能的融合。的确，自我感觉和认识是人类最神奇的发明，是所有与个人有关信息的象征，也是使所有人自我完善的发明。

智育[1]

〔英〕斯宾塞

同死记硬背的教法一道，与它接近的先讲规则的教法也在逐渐废弃。新方法是先教特殊再到一般。照巴特西师范学校的报告中说，这方法虽然是“和通常采用的、先给学生规则的方法相反”，可是经验证明是个正确方法。现在大家都指责教规则的做法，认为那办法只给予经验的知识，只产生一个理解的外表而无实质。都看到只拿出研究所得的最后结果，而不提取得结果的那个研究，是既没有力量也没有效果的。普遍真理，要有适当的和永久的用处，必须是费力得来的。“得来容易去得也容易”，是一句在知识上和在财富上同样可以应用的话。青年孤立地记忆的规则，不同它们所产生的其他内容联系在一起，常常都会忘掉；而这些规则零碎地表达的那些原理，一旦被青年理解了，就会永远归他所有。一个只学习了些规则的青年，超出规则之外就不知所措；一个学习了原理的青年，解决新问题同解决旧问题一样容易。记住规则的心智和掌握原理的心智之间的差异，就像一个是一堆杂乱的材料，而另一个是把同一材料组成了整体，各部分都连接在一起。在这两种之间，后一种的优点不只在于各个组成部分能够保持较好；更大的优点还在于它形成了一个有效手段去进行研究、独立思考和发现，而前一种完全无法达到这个目的。这还不能单纯看成是个比方！这是实际的真理。把事

① 选自《斯宾塞教育论著选》，〔英〕斯宾塞著，胡毅、王承绪译，人民教育出版社，2005年1月。

实统一成为概括就是知识的组织，无论是把知识看成客观的还是主观的现象；而心智掌握事实的能力就可从这种组织进行的程度来衡量。

由于用原理代替规则，以及同时在方法上必然把抽象的东西等到儿童心里已经熟悉了它所由来的那些事实以后才教，结果就把一些一度很早开始教的东西放到以后去教。取消儿童学语法那个极端愚笨的习俗就是例子。正如马谢尔先生①所说：“可以毫不迟疑地肯定，语法不是一个踏脚石而是一个修饰加工的工具。”就像维士先生②所论争的：“语法和句法是一些规律规则的汇集。规则从实践中得来：它们是我们经过长期观察和比较事实归纳得到的结果。一句话，那是语言的科学和哲学。按照自然的过程，个人和国家都不是先得到科学。在谁也没有想到语法或诗律之前。语言已经说了许多年，诗歌也写了许多年。人们也不是等亚里士多德建立了他的逻辑才开始推理。”简单地说，语法既在语言之后产生，就应该放在语言之后去教。所有认识种族演化和个人演化中间的关系的人都可看出这个推论是不可避免的。

在旧办法不适用时所产生的新办法中，最重要的是系统地培养观察力。在长期盲目摸索以后，人们最后看到了儿童观察能力的自发活动具有意义和用途。一度被看成是单纯无目的的动作或游戏或顽皮，现在被认为是一个获得知识、为日后知识打基础的过程。因此就有了那些原意不坏可是做得不好的实物教学制度。培根所说物理学是科学之母，这句话已经在教育中有它的意义。事物中可以看见、可以触及的特性认识得不准确，我们的概念必然不对，推论必然错误，所做也决不成功。“忽略了感官的教育，以后的教育都少不了会使人困倦、模糊、觉得不够用，而无可挽救。”③ 的确，如果我们考虑一下，就会看出仔细观察是一切伟大成就的一个因素。不只艺术家、博物学家、科学家需要它；不只医生靠它才能诊断正确；不只对于工程师是那么重要，以致要规定他到工厂实习几年；我们还可看到哲学家的根本特点就在能观察到别人所忽

---

① 马谢尔（Claude mancel，1793—1876），法国驻爱尔兰科克领事。见所著《语言作为智育和国际交往的工具》两卷本，第一卷第 404 页，伦敦，1853 年。——译者注

② 维士（Sir Thomas Wyse，1791—1862），爱尔兰作家。见所著《教育改革》第 112 页，伦敦，1836 年。——译者注

③ 参见维士：《教育改革》，第 76 页。——译者注

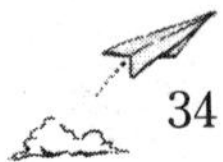

略的事物关系：而诗人才能够见到众人事先不注意的、而点出来都公认的那些自然界美妙事实。没有任何事比明晰完整的印象是最关重要这一点更需要强调。用破烂的原料是没办法织造出坚实的智慧织物的。

逐渐废弃了抽象地表述真理的老办法，相应地就采用了从具体来表述真理的新办法。精确科学的基本事实现在是从直觉中学习，像学习物件的结构、味道、颜色一样。在起始教算术时用球架计数器就是一例。德摩根[①]教授说明小数标记的方法也是个好例子。马谢尔先生正确地推翻了用列表的老法来教度量衡，而采用实在的码和呎，磅和两，加仑和夸特，用实验的方法去发现它们的关系。[②] 运用地理模型和几何模型来开始地理和几何的教学，也是这一类的事实。这些办法的一个共同特点，显然就在它们引导儿童心智去通过一个像人类心智所经历的那种过程。关于数目、形式、位置关系的真理当初都是从实物中得来；而用具体的东西向儿童表述这些真理，就是让他像人类学习它们一样来学。逐渐地，或许也会看出他不可能用任何别的办法来学；因为如果硬叫他把它们作为抽象的东西来重述，在他发觉它们都不过是叙述他从直觉中看到的东西以前，这些抽象的东西对他一直是毫无意义的。

但是在所发生的一切变革中，最值得注意的是人们逐渐有个愿望，想把获得知识当成一件愉快而不是苦恼的事情。那愿望是由于多少认清了儿童在每个不同年龄所喜欢的智慧活动是对他有益的，不喜欢的就是对他有害的。大家逐渐都公认儿童爱好某种知识，就意味着在开展的心智已经能够吸收它，也需要它去促进发育；反过来，讨厌任何一种知识，就标志着那知识是提出得过早或者照那个形式是不能消化的。因此有人就努力要早年教育使人愉快，要一切教育带有乐趣。因此就有人谈论游戏的价值。因此就有人拥护儿歌和神话。我们的计划一天比一天更符合儿童的意见。我们经常问：儿童是喜欢这种还是那种教法？他能接受吗？马谢尔先生说："应该满足他那喜好变化的愿望，而满足他的好奇心应该同他的提高相结合。"他又说："在儿童表现出疲倦的症状以前，功课就应该停止。"在日后的教育中也是一样。从课间休息、郊外

① 德摩根（De Morgan，Augustus，1806—1871），英国数学家。——译者注

② 参见马谢尔：《语言作为智育和国际交往的工具》第一卷，第259页。——译者注

旅行、有兴味的演讲、合唱和其他的特点中都可以看出这个变革。禁欲主义在教育中同在生活中一样逐渐消失；而通常检验政治立法的标准——是否趋向于促进幸福——也渐渐在很大程度上成为检验学校和育儿室立法的标准。

那么，这些变革的共同点在哪里呢？不是在越来越多地符合自然的方法里吗？废除那种在早年强迫儿童的违反自然的办法，改为在最初几年训练儿童的四肢和感觉，就表示这点。不用死记硬背的办法而用讲授和实验的方式教课，像在田野和游戏场中上课，也表示这点。不照规则讲而从原理讲，就是在有了特殊事例做基础之后再作概括，也表示这点。实物教学法也表示这点。从具体而不从抽象来教科学的基本知识也表示这点。最重要的是，变革的倾向表现在各方面都努力用引人入胜的方式来介绍知识，使获得知识成为愉快的事。既然在一切生物中，自然的安排是使它在做一件需要做的事情时所得到的满足本身成为使它去做那件事的刺激；既然在幼儿的自我教育中，咬珊瑚块和拆开玩具的乐趣就推动他去了解物质的特性；那么在选择一系列最能引起学生兴趣的学科和教法中，我们也在照着自然的意图办事，按照生活的规律来调整我们的做法。

这样我们就走上了导向裴斯泰洛齐（Pestalozzi，J. H.）早就提出的主张的那条大道。他主张在次序上和方法上，教育必须适合心智演化的自然过程；能力的自然发展有一定次序，而在发展中每个能力需要一定种类的知识；我们应该找出这个次序和供给这个知识。前面所提到的一切改进都在部分地应用这个一般原理。教师中现在已经普遍对这个原理有个模糊的理解，教育著作也日益强调这点。马谢尔先生说："自然的方法是一切方法的最初模型。"[1] 维士先生说："教学工作中最重要的原则是使学生能正确地教自己。"科学越使我们熟悉事物的构成，我们就越看出它们本身就是自足的。我们的知识越高，就越使我们少去干预生活的过程。正如在医疗中老的"恶治法"已让位给和缓的治法，甚至时常除了正常的生活制度外不加什么治疗；正如我们懂得不必把婴儿用印第安人的办法或用其他办法包扎来形成他的身体；正如在监狱中也逐

① 参见马谢尔：《语言作为智育和国际交往的工具》第一卷，第216页。

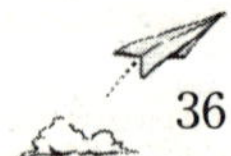

渐发觉任何想得奇妙的纪律在改造方面都不及使犯人用生产劳动养活自己那个自然的纪律更为有效：在教育中我们也逐渐看出要获得成功，只有使我们的办法为一切心智在成熟进程中都经过的那个自然发展服务。

当然，这个施教的根本原理——内容和方法的安排必须配合能力的演化次序和活动方式——这个显然正确、一说就明白的原理，从来也没有被完全忽视。教师们不可避免地已经使学校功课多少与它配合；因为只有那样，教育才可能进行。男孩们在未学加法之前从不学比例，未做过抄写练习也不学写；欧几里得几何学一定放在圆锥曲线之前来学。但是一些老方法的错误在于没有在细节中承认他们在总的方面已经勉强承认的东西。而这个原理是在哪里都适用的。如果儿童从他能看出两件事物在位置上有关系的时候起，必须经过多年才能形成关于地球的正确概念：地球是一个有陆地和海洋的圆球，上面有山岭、森林、河流、城市，在自己的轴上旋转，又绕着太阳转；如果他需要逐步地从一个概念达到另一个概念；如果他形成的那些中介的概念是逐个地变得较大和较复杂；那么还不显然这中间有一个一般的次序而他非经过不行吗？每一个较大的概念是由一些较小的概念组合而成并以较小概念为先决条件的；在儿童还没掌握那些组成部分之前，先给他任何复合概念，那荒谬程度不是仅次于把一个概念系列中的最终概念放在最初概念之前吗？掌握每门学科必须通过一条从简单观念逐渐到复杂观念的道路。通过逐步吸收这些观念就形成了一些相应的能力；这些观念要真正能被吸收，就非按照正常次序注入心智不可。不照这个次序，结果学生在接受的时候，不是漠不关心，就是感到厌恶；除非学生非常聪明，能最后把所缺少的东西自己加以补充，否则这些观念在他的记忆中就都是死的事实，很少有用处或全无用处。

有人会问："为什么要自找麻烦去订什么课程？如果心智同身体一样都有个预定的演化程序，如果它是自然显示出来的，如果在需要这种或那种知识的滋养的时候，自然会依次序产生对它们的欲望，如果在适当的时候适当的活动本身已经有了推动，那又何必去干预？为什么不把儿童完全交给自然去训练？为什么不消极放任，让他们去自己求得知识？为什么前后不一致？"这个问题看起来很棘手。照这样似乎可以引申，说一个完全放任的制度是前面一些主张的逻辑结果。好像用归谬法[①]就可以否定上述主张似的。实际上，如果理解得正确，这些主张并不使我们站不住脚。把事实作一下类比就可以很清楚地说明这点。一切生命的普遍规律是：所要产生的机体越复杂，它依靠母体供给食物和保护的时期也就越长。拿微小的、很快形成的、自己能动的丝藻类孢子，同既有多层皮膜、又有为了萌芽的早期发育而准备了多量营养物质的发育缓慢的树木种子来作一比较，就说明了这一规律在植物界的运用。在动物中，我们可以从一系列的对比中加以追溯。单细胞生物自然分裂的两半一分开就同原来整体一样完全自足；人的后代就不只要经过漫长的妊娠期和随后要长期靠母乳维持生命，并且在那以后还要喂东西给他吃；在他自己能饮食以后，还需要继续供给他衣食住，而在生后十五到二十年以前还不能完全自己维持生活。这规律在心智方面也同在身体方面一样。每个高等动物，尤其是人，在精神食粮上开始是靠成人帮助的。婴儿没有走动的能力，他在获得材料使他的知觉得到练习方面，差不多同他在获得营养物充饥方面一样的没有办法。他不能给自己准备食物，也同样不能把许多种知识变成他能够吸收的形式。他要通过语言才能取得一切较高的真理，而语言全要从他四周的人得来。我们可以从阿韦龙[②]野孩子的例子看出发育的停顿是由于缺乏家长和母亲的帮助。所以在逐日供给用正确方法整理的、正确种类的事实和在恰当时间给以应有的分量这些方面，积极地去照顾儿童心智，就和照顾他的身体一样大有事情可做。在两方面，家长的主要职责都在设法保证生长的各项必要条件。正如在供给衣食住方面他们可以尽这个职责而完全不会在次序或方法上干扰肢体内脏的自然发展一样，他们也很可以供给声音让他模仿，供给事物给他检查，供给书籍让他阅读，提出问题让他解答；而如果他们不采用直接间接的强迫办法，就不至于对心智演化的正常过程有任何扰乱，反而很可以对那过程大有帮助。所以承认上面所提出的一些主张，并不像有些人所争辩的，意味着放弃教学；而是给积极的、仔细的培养以广阔的活动范围。

---

① 归谬法（拉丁语 reductio ad absurdum）亦称间接还原法，论理学名词，指一种从结论的荒谬来证明命题错误的推论法，有时可用这种方法证明某一命题的反对之伪而证明该命题之真。——译者注

② 阿韦龙（Aveyron），法国西南部一河流名。——译者注

盯住你孩子的强势智力[①]

〔美〕哈德曼

能力决定成功。但很多人恰恰因为不能真切了解自己的能力而招致失败。

自孩子呱呱坠地那一天起，父母对孩子的期望随之诞生。他们期望他们的孩子能实现他们未经的梦想，期望他们的孩子比他们更幸福、更有成就；有的人甚至为孩子规划了未来，期望孩子能成为这样或那样的杰出人才。但命运却总要捉弄他们中间绝大多数的人，让他们在苦苦的期望中等来失望与沮丧，以至抱怨孩子无能。我相信，为人父母，除去不能给孩子幸福快乐的生活，没有比看到孩子没有成功的希望更令他们痛苦不堪的了。因为我首先相信望子成龙是父母的天性。

但是，当你缜密审视那些没有成功希望的孩子时，你会发现，他们绝非是没有能力，只是把能力用错了方向。要知道，一个音乐天赋表现低下的孩子，即使他再努力，到头来他也只不过是个音乐爱好者，而永远都不会成为一名杰出的音乐家。而那些正在失望与沮丧的父母，错就错在于没有把孩子适时引向能发挥孩子能力的道路。

一个人的强势智力就是他的最高能力，它意味着一个人将取得何等成就。所以，我要告诉你，成功的父母是发现者，知道如何去探究孩子的强势智力；成功的父母是伯乐，知道引导孩子选择成功概率高的学习

① 选自《创造成功孩子的22种力量》，〔美〕哈德曼著，李天然译，中国工人出版社，2002年10月。

方向。

事实上，每个孩子所具有的天生特质都表现在他的兴趣与行为上，只要父母能仔细观察，就能很快发现他兴趣与行为的信号，并捕捉到它。现在，我将就孩子所表现出的不同兴趣与行为，对各种智力类型进行具体描述，帮助你发现你孩子的强势智力，为你为孩子设计未来提供有价值的参考。

一、语言智力

潜藏语言智力的孩子，有着很强的听觉技能，并喜欢用语音做游戏。他们往往用语言来思维。他们常常埋头读书或勤于写作，即便不喜欢读、写，他们也是讲故事的天才。他们经常玩文字游戏，而且记忆诗歌、散文与琐事的能力也很强。他们可能希望成为作家、秘书、编辑、政治家、社会学家或人文学教师。潜藏语言智力的孩子通常：

①喜欢写作，其能力也高于同龄的孩子。

②善于杜撰难以置信的故事，或善于讲故事和笑话。

③有很强的记忆名字、地点、日期或琐碎事情的能力。

④喜欢在空余时间读书。

⑤喜欢做纵横字谜游戏与拼写游戏。

⑥能轻松而准确地书写文字。

⑦喜欢听口述语言。

⑧与同龄孩子相比词汇丰富。

⑨与人交流时，善用语言。

⑩喜欢顺口溜、绕口令、双关语等语言游戏。

二、逻辑思维与数学智力

潜藏逻辑思维智力的孩子，用概念来思考问题。有很强逻辑思维能力的孩子，在进入青春期以前就通过主动驾驭环境和事物，来探索式样、范畴与关系。十多岁时，他们就已经能够用非常抽象的形式进行逻辑思维，并总是不断地怀疑、思考自然界所发生的事情。他们喜欢玩电脑或物理、化学实验仪器，尽力解答疑难问题。他们往往喜欢一些需要推理能力的活动，比如脑筋急转弯的难题，逻辑推理的难题，和棋类运动。他们希望长大后能成为科学家、数学家、工程师、计算机程序员、会计师或哲学家。逻辑数学能力很强的孩子通常：

①能迅速地心算。

②喜欢数学课；学前儿童喜欢与数字有关的事物。

③喜欢使用电脑。

④喜欢问一些诸如“宇宙的尽头在哪里?”“时间是什么时候开始的?”“人死后会怎么样?”之类的问题。

⑤喜欢下棋或玩其他战略性游戏，并总能获胜。

⑥能根据逻辑进行清晰的推理。

⑦设计实验弄清他们不明白的事情。

⑧喜欢花大量时间解决一些逻辑思考难题。

⑨思考方式比同龄人更抽象化、概念化。

⑩比同龄人对因果关系更有概念。

三、空间智力

潜藏空间智力的孩子，似乎知道每一样东西在房间所处的位置。他们用意象与图画来进行思维。他们总能找到丢失或误放的东西，如果父母重新布置了房间，他会对变化高度敏感，并表现出高兴或不安的情绪。他们喜欢玩迷宫与拼图游戏。他们喜欢在空余时间绘画、设计或做白日梦。他们当中的许多人会迷上机器和精美的装置，有时甚至自己去发明。他们可能希望成为建筑师、艺术家、机械师、工程师或城市设计师。空间智力强的孩子通常：

①喜欢空余时间从事艺术活动。

②能轻松地阅读地图、图标和图表。

③能准确地给人物或事物画像。

④喜欢看电影、幻灯片或相片。

⑤喜欢做智力拼图或迷宫游戏。

⑥比同龄人更喜欢做白日梦。

⑦能制作有趣的立体模型。

⑧爱在书本、纸张或其他东西上涂画。

⑨阅读时从图画中而不是文字中获得更多信息。

⑩当想到某件事情时，能说出它详细的视觉图形。

四、音乐智力

潜藏音乐智力的孩子，经常哼唱或轻轻地有节奏地吹口哨。放上一段曲子，他们就会很快扭动并哼唱起来，甚至拿起乐器或齐声合唱。当然，也有一些孩子会通过音乐欣赏来表现他们的音乐才能，他们会对音响播放的音乐发表自己鲜明的看法。他们在全家出游时带头领唱。他们对周围一些非人类的声音特别敏感。他们会听到家庭其他成员所听不到的声音。他们可能希望将来能成为音乐家、词曲作家或歌手。音乐智力很强的孩子通常：

①喜欢演奏乐器。

②能轻松记住歌曲的旋律。

③告诉你某个调子跑调了。

④他会说他需要听一段音乐才能学习。

⑤喜欢收集录音带或音乐光盘。

⑥喜欢自唱自乐。

⑦说话或做动作时喜欢保持音乐般的节奏感。

⑧他们当中有些人嗓音很好。

⑨对外界噪音很敏感。

⑩无意识地自己哼唱。

五、身体运动智力

潜藏运动智力的孩子，通过身体的感觉来整理知识。他们当中的一些人，有自然的运动天赋或舞蹈家、表演家、喜剧家的才华，例如他们特别擅长模仿他人最好和最糟糕的地方。另外一些人则特别善于打字、绘画、修理物品、手工艺及相关活动。这些孩子能有效地用手势或其他的身体语言来同他人进行交流。有时候，他们在学校或家里就会被当做有好动症的人。他们通过运动或表演来展示自己的人生力量。他们可能希望成为优秀的运动员、舞蹈家或演员。潜藏运动天赋的孩子通常：

①在竞技场上表现出色。

②长时间坐在一处会不停地扭动、敲打或烦躁不安。

③善于模仿他人的动作和言谈举止。

④喜欢体育运动。

⑤喜欢拆解、再组装物品。

⑥与人交谈时喜欢与他人接触。

⑦喜欢冒险刺激的运动游戏，比如驾车。

⑧展现手工艺技巧。

⑨戏剧性地表达自己。

⑩思考或学习时传达出不同的肢体感觉。

六、人际交往智力

潜藏人际交往智力的孩子，善解人意。他们通常是周围同伴或学校班级里的头。他们组织活动或与人交往时，能轻松处理出现的各种情况。他们了解周围每个人的动态，知道谁喜欢他们，谁与谁过不去，谁与谁放学后会打架，等等。这些孩子非常善于调节同伴的纠纷，因为他们有一种能随时发觉他人情感与意图的能力。他们可以希望成为顾问、商人、活动组织者。有很强人际交往智力的孩子通常：

①爱与同伴交流，有许多朋友。

②似乎是天生的领袖。

③在学校或周围广泛开展社交活动。

④能给有问题的朋友建议。

⑤在校外似乎很聪明。

⑥喜欢参与课后组织活动。

⑦当出现纠纷时，充当“家庭调节员”的角色。

⑧喜欢与其他孩子一起玩小组游戏。

⑨非常理解他人的感情。

⑩喜欢非正式地教导其他孩子。

七、内省智力

同那些有很强交际能力的孩子一样，内省或说自我认识能力很强的孩子也有很强的个性。但不足的是，他们许多人因为害羞而远离组织活动，宁愿独自思考或行动。他们非常了解自己内心的情感、梦想和思想。他们可能坚持写日记，或有半隐秘性质的持续活动或嗜好。他们有某种内在的智慧、直觉能力或一种伴随他们终生的精神特质。深深的自我意识，使他们与他人保持距离，并朝着只有他们自己才能知道的目标而独自努力奋斗。他们可能希望成为作家、经营创意企业的老总，或从事宗教活动。潜藏内省智力的孩子通常：

①表现出独立或很强的意志力。

②喜欢独自进行一些属于个人兴趣、嗜好的事情或学习。

③在讨论有争议的话题时，敢于表现自己的意见，或完全不发言。

④似乎生活在他们个人的内部世界。

⑤生活和学习的方式与众不同。

⑥不喜欢谈自己的兴趣爱好。

⑦有很强的自信心和高度的自尊。

⑧自我目标明确，能从生活的失败或成功中学习。

⑨自己激励自己，去从事独立的钻研任务。

在你阅读上述 7 种智力类型的特征之后，你也许开始理解为什么有人会发出这样的感叹：“其实我最适合干那种工作，如果当初那样做了的话，我也许就……”每当面对那些用自己弱势智力去与他人强势智力相比拼，最终却又干不出名堂的人，我就很难控制我的悲悯之情。我在他们那种失败者的慨叹声中，仿佛听到了他们对重新选择的渴望，与选错职业方向的悔恨。但是，人生无法修正，更无法重新再来。

脱离能力的梦想，终究将以破灭收场。成功的父母，所要做的最重要的一件事，就是引导孩子智力能力向成功的方向发展。一个人能力的高低可以从他的智力表现中得到评估，我希望你能从这 7 种智力类型的描述中，发现你孩子具有何种能力，他最突出的能力表现在哪里，为他实现成功找到最真实且又最强劲的力量。

但我要提醒你，在你对孩子 7 种智力进行评估时，切记不可生搬硬套我向你提供的评估条目，你应该根据对孩子学习和日常活动的发现做适当增删。同时你更不能武断地把你的孩子划归到某一智力类型中去，你的孩子可能远比那些描述复杂，你应该到各种智力类型中去发现你的孩子。从某种意义上说，对于孩子不扼杀他的能力，就是让他发展，所以，一个多元化的智力空间就是很重要的了。

事实上，没有哪一个人会表现出某种单一的智力行为，所有的人都是多种智力行为的复合体。当我们在帮助孩子判定自己具有哪方面的天才时，我们也是在帮助孩子建立自信。他们会因为知道自己拥有某种天才，而深受鼓舞，感觉到自己的重要性，并能获得强大的动力。自信心充分的孩子更易于发展他们的天才和潜能。

谈人的潜力[①]

钱学森

一、开展人工智能基础理论研究

刚才，听报告人讲了智能接口方面的问题，使我们学到了不少东西。这个问题正如报告人讲的，很重要，是已经逼到我们头上来的一个问题。我们要把电子计算机纳入到人-机系统中去，这是一个必须解决的问题。

作点历史回顾，这就有点像航空技术在 20 世纪 20 年代时的情况。第一次世界大战后，航空就上马了，到了 20 年代，就要求大力发展。但是，当时的航空理论基础还没有很好地建立起来。所以，20 年代的航空完全是硬干起来的没有多少理论作指导。道理很简单，就是技术要求的迫切性走到了科学发展的前面。30 年代、40 年代航空理论的大发展促进了航空技术的发展。当然，航空技术的发展又给航空理论提出了新的课题。我有这么个感觉，就是人工智能也是现实压得我们必须解决的一个问题。但是，现在的理论基础还很差。比如，今天介绍的情况，现在使用的工具很零碎。像语音这个问题，它涉及语义，还有图形和图像等问题，同时也涉及人的思维。但是，迄今对人的思维还没有完全搞

---

① 选自《集大成得智慧：钱学森谈教育》，钱学森著，陈华新主编，上海交通大学出版社，2007 年 1 月。

本文是 1986 年 12 月 29 日钱学森同志在程虎作“智能接口及有关问题”报告后的讲话。

清楚。搞清楚的只有一种，就是抽象思维，或者叫逻辑思维。现在用的也只是这种思维工具。但是我们知道，这只是思维的一部分；还有更重要的一部分，就是形象直感思维，还远没有搞清楚，没有办法用。这就是目前的基本情况。

我在多种场合下呼吁，人工智能这方面的工作非常重要，但是千万不要忘了，还要同时去大力发展理论工作。不然，最后恐怕难以深入下去。我相信，理论发展了，一定会促进人工智能，促进接口这些实际问题的解决。这方面的先例已经有过，那就是 20 年代和 30 年代航空技术发展的情况。从大道理上看，马克思早已讲过了，理论和实践是互相促进的，不能只搞一方面的东西。这就是我听了这个报告之后的一点感想。

二、发展教育科学，进行教学改革

今天是 12 月 29 日，是我们今年最后一次学术活动。我们都是科技人员，得想想今年走过的路以及 1987 年和以后要走的路。

今天，我想从更大的方面讲讲，这就是人的潜在能力。

首先，从教育、培养大学生、硕士、博士这个问题讲起。我不是搞教育的，没有研究过教育学，只是实践过。但是，我这个门外汉感觉到教育科学还不够科学，可以说还不存在教育科学。虽然在北京有个教育科学研究院，但是教育并不科学，主要是经验性的东西，形不成一门科学，恐怕还没有理论。所以，两年前我写过一篇文章。我从自己的经验出发来讲这个问题，我没有什么理论。我说：我 6 岁入小学，上了 6 年小学，6 年中学，是规规矩矩地按年龄入学。高中毕业是 18 岁。现在想来，我的中学实在好，就是现在和平门外的师大附中。那个时候，这个中学的学风非常好，学生是求知，而不是死背书。到高中时选课很多，例如伦理学、数学的非欧几里得几何都可以学。高中分一部和二部，我在二部，属理工科。那时我学的东西很多：大代数、解析几何、微积分都学过。后来我进了上海交通大学时，第一年就没什么新东西可学，第二年大部分时间也没有什么新东西可学，等于放了一年半“羊”。到了大学三年级才有新的课。四年级要毕业了，又放羊了，放了半年。在旧中国，学生快毕业了，教授和教师还蛮客气的，要求不高，好像要把师生关系搞得好一点。所以，我在交通大学真正花力气学习只有两年。

因此，我在两年前的文章里认为，6 岁入学，12 年后毕业，即 18 岁毕业时相当于现在大学的二年级学习程度。我认为，在大学学习两年就可成为学士，如果大学学 4 年，就应该是现在的硕士水平。以上这些，并不是我钱学森的个人经验，还包括我同班同学的经验。因此我认为 6 岁入学，18 岁高中毕业，再上 4 年大学，就可以达到现在的硕士水平。这在旧中国能做到的事情，在新中国也一定能做到。但我也考虑到有障碍。我们现在的改革，什么事情都会有障碍的。所以，我也给了点时间，这个宏伟计划是不是在 2000 年实现呢？

大概在一年多以前，我又受到一次教育。中国科学院心理研究所一位研究员，她来找我，说她受到马克思主义哲学，即恩格斯自然辩证法的启发，做过多年的实验，对小学生进行抽象思维教学。她认真去做了，并且发现可行。这个给我很深刻的教育。因为，我从自己的实践认为，恐怕到初中三年级才可以接受抽象思维教育。但这是人的经验主义，因为我是初三开始学几何。在没学几何前，没有抽象思维，学习硬记而已。小孩子只是凭兴趣记住许多东西，对事物之间的关系，还不会推理。所以，我的错误概念是小学生不能进行抽象思维。她打破了我这个观念，她真的到小学做实验了。

她给我举的例子很有意思。比如，一与多的辩证关系。教师在黑板上画一个苹果，问学生这是什么？回答是一个苹果；再画一个，答两个苹果；再画一个，答三个苹果。接着在三个苹果下边画一个盘子，再问学生，有的就愣住了，但有的学生大胆地说，这是一盘苹果。刘教师说对，现在三变成一了，成为一盘苹果。她就用这种方式来启发孩子。后来，她就在小学教中学的数学课，很成功。

孩子们可以独立思考了。对有些课程，一些学生说，教师你不用讲了，我自己看课本就懂了。而且，教其他课的教师就跟她讲，你这个办法好得很哪，你的那些学生在我的课上，表现得特别聪明。我听了这些，心里挺开窍。我承认自己的错误观念。这样，我就觉得应该有个新计划。再加上我在家观察我的第三代，我看应该把过去的制度打破，孩子们 4 岁就可入小学。高中毕业也不需要 12 年，我们的景山学校不就是10年一贯制嘛。听说上海还有9年一贯制的。暂不说9年的，只提10年一贯制，孩子到14岁就可以达到现在大学二年级的水平。照此说法，青年到18岁的时候就可以达到硕士水平。

我这个想法跟上海搞教育改革的人谈过，他们把我的话登出来，题目是《钱学森在上海谈教育改革》。其实，我没到上海，我是在北京跟上海一个调查组谈的，18岁可以达到硕士水平，但做起来可能很难，是不是到21世纪去实现呢？我认为是可以做得到的，因为有事实根据。

最近，还有一件事给了我启发。那天早晨，我刚到办公室，秘书同志跟我讲，说今天上午震寰同志带来个神童，一定要见我。我说见就见吧。这个神童后面跟了一位武汉大学的教师，一问神童的名字叫津津，才6岁，还是武汉大学的大学生！我问他些问题，他说了不少东西，好多事都能说。不仅能看中文的东西，英文的也能看，而且英语说得也不错。可见这孩子脑功能的发育水平至少是初中或高中程度。当然，神童也是带引号的，他也不怎么“神”。后来知道，他的父母在他小的时候就进行教育。据说他母亲在怀孕时就开始注意了。对于他，震寰同志有一大包材料，我还没来得及看。这是个知识分子家庭，孩子一生下来就进行教育。所以，这个孩子是教育起来的，他的大脑是通过教育而发育起来的，仅仅6岁，聪明得让人吃惊，英语讲得很流利，知识很丰富。因此，我觉得18岁达到硕士水平完全可能，看来还可以再高一点。

三、挖掘人的潜力

以上讲的这些，预示着教育是大有可为的。把这些情况总结出来，那么，我们就可以通过教育，使每个人都成为“圣贤”，就是有高度智慧的、有知识的和有素养的人。但我又想，还不能到此为止。因为我们这里还在搞人体科学，搞人体特异功能。现在，我们所已经证明了特异功能这个事实；这不是传说，也不是作假。这里包含许多东西值得探讨。因为大家都知道了，我就不仔细讲了。我再讲一个特异功能者，他能预感地震。这件事说怪也不怪，从前历史上有过许多观察和记载。老鼠、蛇都能预感地震，就是说地震有些信息传出来，使老鼠和蛇感到不安，如蛇要搬家等现象。实际上，我们人也会感受到这些信息。但问题出在我们这些人受教育太多了，主观上把感受到的信息给抹掉了，认为不是自己要考虑的问题。但是，这个人把感觉到的信息处理了，预报出地震，那也不奇怪呀！连老鼠和蛇都能预感地震，作为有健全大脑的人更应该预感准确些。这样一想，特异功能也就不怎么特异了。同志们都知道，特异功能可以诱发。所以，我觉得从前的人说什么“神仙”，无非是人们想象出来的东西。但是，如果把人体科学研究的成果运用到培养人的方面，把人的潜在能力发掘出来，那就又高出一层，不仅是人皆可为圣贤，而是人人皆可为“神仙”了！同志们想想，如果把前边讲的神童这套东西发展了，用到教育系统中去，那么，到21世纪，我们就可以做到人皆“圣贤”。如果能从人体特异功能中找出规律，能够挖掘出人的潜在能力，那就是更高一个层次，人皆可为“神仙”。这是一个推理。因此，我们在做这件事情时应该考虑这些问题，实际上这是人类认识客观世界和改造客观世界的一次大飞跃。

家庭教育的扩展①

〔捷克〕夸美纽斯

1. 当幼苗从种子长大之后，就须把它移植到果园之内，以利于成长和结果。同样，儿童在母亲胸怀中长大，现在他们的身心既有了力量，就应做权宜之计，把他们交托给教师。如此，他们便可以顺利地成长。常见移植过的小树生长得高而在花园里结的果子，其香味远比野果的味道更浓。然而这又须何时和怎样来处理呢？要把儿童在 6 岁以前就从其母亲那里交托给教师，我并不拟做此忠告，这有以下几点理由。

2. 第一，稚龄儿童，是需要更多的监护和照顾的，这远非一位教育许多儿童的教师力所能及的；因此应继续由其母亲教导，倒是较好的办法。

3. 在他开始负担各项劳动之前，对于头脑的成熟和发育来说，也比较稳妥（安全）；婴儿的脑壳尚未紧合，而在 5、6 岁以前，脑还是不凝固的。所以，对于这种年龄的儿童，使其在游戏中自然地、不自觉地来感知事物，也就很够了，对于家庭来说，这也是很方便的。

4. 除此，经由另外一条途径也不会招致什么好处。当幼苗太嫩的时候，就把它移出来栽种，则其生长既孱弱而又缓慢。但是，那比较结实的却生长得茁壮而迅速。使未成熟的小马拖车，只能使它长得更弱；但若给它以充分的成长时间，那它将来就能拖更重的东西。而它所给你

① 选自《夸美纽斯教育论著选》，〔捷克〕夸美纽斯著，任钟印选编，任宝祥等译，人民教育出版社，2005 年 1 月。

的反而比耽搁的时间还要多。

5. 实际上，等到6岁末或7岁初，这并不是很大的拖延，如果按所忠告的那样予以照顾并且头几年中在家庭里又没有什么失败之处的话。如果发现一个孩子按照预定的方法，在家里完成了有关虔敬、优良品德、敬神、顺从、适当尊敬长者、聪慧、行动敏捷迅速以及语词拼音清晰等方面的初步教育，那么，在6岁末进入学校受教育绝不算太晚。

6. 另一方面，我也不愿做此劝告，即6岁以上的儿童还应该关在家里。因为在此期间内，凡是家里要我们按照指示的方式去学应学的任何事情，他们都很容易地完成。6岁以后的儿童，若非把他们立即送入学校受较高一级的教育，他们将会始终如一地变为有害无利的懒散，而最终将变得像一匹“野驴驹”。另外，还会有令人更可担心的事发生，就是从那不注意的懒散中沾染恶习，这会像一种毒草一样，以后是很难连根拔掉的。最好的方法是毫无间断地继续那已经学习过的东西。

7. 然而，这种劝告并不是那样被人正确了解的，好像在6年结束的时候，由于没有适当注意各种情况，是没有什么应该做出的其他调换的办法似的。建设性的界限如半年甚至一年既可以做出而且可以预见的，这是按照儿童的能力和发展进步的情况而言。有些树是在春天结果，有的在夏天，有的在秋天。然而，早开花的反而凋谢得快，而那晚一点的却得到较大的力量和耐久性；照样，早熟的果子只能当天有用，但不能保存，然而晚熟的果子却可以常年保存。

8. 有些儿童的自然能力早在6岁、5岁或者甚至4岁以前就表现出来；但是与其让它发挥远不如加以限制，而更坏的是刺激它。有的父母用异乎寻常的办法，希望在罕有的时机下，尽早地得到哲学博士的学位，但他们经常只能得到文学学士学位，而通常又是一个愚人。最初就过于繁茂而又发出丛密的球状物的葡萄树，毫无疑问地生长得很高，但它的根将被剥夺了力量并且不能耐久。相反地，也有发展较慢的自然能力，就是在7、8岁开始任何有益的事情，其可能性也是很少的。因此，这里可做的劝告，就必须了解是适用于一般能力的儿童们，而其数量通常是较多的。任何人一旦有一个才能优越或低下的儿童的话，他就应该去请教教师或学校的视导员。

9. 据以发现儿童进入公共学校能力的标志，可有以下几点：

（1）这个儿童是否真正获得在母育学校所应学会的东西；

（2）在儿童方面是否发现他对问题有注意和辨别与判断的能力；

（3）一个儿童是否有进一步学习的要求或愿望。

保护的冲突[①]

——过度的保护，带来孩子的无能

卢　勤

一位母亲为他的孩子伤透了心，她不得不去找青少年问题专家。

专家问，孩子第一次系鞋带的时候打了个死结，你是不是不再给他买带鞋带的鞋子？

夫人点了点头，专家又问，孩子第一次洗碗的时候，弄湿了衣服，您是不是不再让他走近洗碗池？夫人称是。

专家接着说，孩子第一次整理自己的床铺，整整用了一小时，你嫌他笨手笨脚，对吗？

这位母亲惊愕地看了专家一眼。专家又说道，孩子大学毕业去找工作，您又动用了自己的关系和权力。这位母亲更惊愕了，从椅子上站起来，凑近专家说：您怎么知道的？

专家说，从那根鞋带知道的。夫人问，以后我该怎么办？专家说，当他生病的时候，你最好带他去医院，他要结婚的时候，你最好给他准备好房子，他没有钱时，你最好给他送钱去。这是你今后最好的选择，别的，我也无能为力。

在孩子成长的道路上，存在着一个非常温柔的陷阱，这是那些过分庇护孩子的父母亲手挖掘的，掉进陷阱里的孩子，由于被剥夺了犯错误和改正错误的机会，从而也失去了长大成人的权利。

一天，我收到北京重点学校一名学生家里保姆写来的信。信中说，

---

① 选自《把孩子培养成财富》，卢勤著，漓江出版社，2006年12月。

我在主人的桌上看到一本你写的《写给年轻妈妈》的书，很受感动，知道过度保护孩子是在害主人家的孩子。我觉得我就是在害孩子。因为有了我，这家10岁的女孩什么都不会干，都上四年级了，拉完屎还让我擦屁股。我想，我要在她家待下去，这孩子就完了。所以我想回家乡去，当一名小学老师，农村的孩子更需要我。

我立刻和她通了电话。在电话里，她听说我就是卢勤，竟然激动得哭了。我劝她不要性急，告诉她，她走并不能解决女孩无能的问题，因为主人还可以再找一个保姆，而这个保姆可能还不如她。接着，我讲了一些帮助女孩自理自立的办法。

城市中，有多少在保姆或"保姆式"保护下长大的孩子，变得如此无能！

其实，今天的孩子对这种"过度的保护"是反感的，对这种"过分的关心"是不满的。他们常常找我来倾诉他们遭受的"爱的烦恼"，他们一次又一次请"知心姐姐"转告父母"少给我们一点爱吧"！

一位初三的学生给"知心姐姐"写来一封信，信中说：

> 妈妈，您为了让我一心一意地学习，平时什么活都不让我干。每到节假日，我总想帮您做点家务活儿，但您却说："不用你干，你只要努力认真学习，就算帮了妈妈的忙了。"一个星期天，您从街上买菜回来，我高兴地想帮您择菜，您却说："你放下吧！下星期测验多考几分就行了。"我心里明白，您这是责怪我单元考试名次没有排在前面。我扔下菜，跑回自己的房里伤心地哭了。
>
> 妈妈，您对女儿学习生活的关心照顾是"无微不至"的。然而，您知道吗？您的女儿多么想求得您对女儿的理解，多么希望您不再像保姆似的"关照"我，"代替"我，而是用您那丰富的生活经验为我指引航向，让我在大千世界的海洋里搏击、奋斗、成长。

这位女孩的肺腑之言，说出了许许多多孩子的心里话。

父母对孩子过度的保护正困扰着孩子们。河北某县一所小学举行

“奔向新世纪”象征性长跑，在路边围观的家长比学生还多。他们不时冲自己的孩子大喊大叫：“别跑，慢慢走好!”“吃得消吗？吃不消趁早退出来!”“别逞强了，走不动爸爸开车捎你!”

从小学生队伍中，传出这样的回答：“谁让你送，快回去!”“烦不烦！都被人家笑死了!”下来他们对记者说：“这样的爱我们真受不了!”

“受不了”的爱天天在发生。

一次，我们带城市孩子去河南信阳鸡公山中国少年儿童“手拉手”营地参加“我爱大自然”夏令营。一位记者妈妈担心四年级的儿子自己洗澡洗不干净，竟冲到男生洗澡的帐篷想为儿子搓澡。正在洗澡的男生个个像惊弓之鸟，吓得躲了起来。她儿子大声喊着：“你给我出去，你讨厌!”记者妈妈很纳闷，在家不都是我给你洗澡吗，有什么大惊小怪的？她不知道自己的行为令儿子在小男子汉面前多没面子。

著名电视节目主持人敬一丹的女儿也参加了夏令营，但她住在营区里，没和妈妈在一起。一天，敬一丹去营区看女儿。她回来对我说：“我遭到了严厉的拒绝！我女儿说，你怎么竟敢在光天化日之下闯进我们的驻地!”

不管我们做父母的多么想保护孩子，他们一旦融入集体生活，就有一种强烈的独立意识，他们会把这种“过分的关心”看成是很没面子的事。

2003年秋季开学，南京大学出现了两位“新闻人物”。一个是叫王奇的男生，独自从宁夏银川市骑单车到几千公里外的学校报到，受到在校学生夹道欢迎。王奇的父亲从小带儿子骑车旅行，这次王奇考上了南京大学，提出自己一个人骑车去报到，父亲开始有些不放心，在王奇固执的坚持下，终于答应放儿子“单飞”。

另一个“新闻人物”是一名女生，她的母亲是某县宣传部长。这位部长妈妈亲自“保驾护航”把女儿送进大学，还带来两个女青年做“高级保姆”。这位妈妈一来便嫌学校的饭不好吃，一日三餐让两个保姆为女儿去餐馆订餐，晚上她去宿舍哄女儿睡觉。宿舍管理人员实在看不过去，不满地说：“这里是大学生宿舍，又不是幼儿园。”这位妈妈离开学校时为女儿留下了三大件：一、手提电脑；二、彩屏手机；三、随身听。母亲对女儿的过度呵护，给女儿带来极坏的影响，加上她本人的娇骄二气，与别人格格不入，入校以后一直闷闷不乐，情绪不振。想象得出，在今后的生活中，这位女孩会遇到多少困难！当她与同学们格格不入时，当她不能自食其力让人瞧不起时，当她处处感到自卑时，她心里恨的不是别人，正是最爱她的母亲！

现在我们的孩子大都是独生子女，“生了男孩怕学坏，生了女孩怕受害”，父母恨不得天天待在孩子身边，可是意想不到的伤害天天都在发生！

这一切给我们敲响了警钟：过度保护下的孩子，更易受到伤害。真正关心孩子的父母，应放手让孩子出去经风雨、见世面，不要把孩子“锁”在身边。

第二篇

发展儿童思考的能力

行成于思，毁于随。

中国人历来都十分重视对孩子的教育。在父母的督促下，中国的学生总是在世界级的自然科学和数学竞赛中获得最高分。但是，就是这个产生了无数竞赛高分得主的国家，在现代社会却基本没有什么属于自己标志性的发明和创造。为什么会出现这种现象呢？多年的反思后，我们逐渐意识到，在科学时代最珍贵的是思考和创造，而我们的下一代已经被超量的课业和考试压得喘不过气来，根本无法进行思考和创造的训练。

爱因斯坦说："如果一个人掌握了他的学科的基础理论，并且学会了独立地思考和工作，他必定会找到他自己的道路。而且，比起那种主要以获得细节知识为其培训内容的人来，他一定会更好地适应进步和变化。"因此，在教学中，我们不能只教给学生知识，更重要的是教会学生思考，教会学生创造。对于学生来说掌握了发现问题，思考解决问题的技能才是教育的本意。

这一篇的选文即是选取了中外名家关于孩子思考能力、科学研究能力、创造力等相关的文章，力求教育者能从中获得智者的经验。

一个“差生”的“思维的觉醒”[①]

〔苏〕苏霍姆林斯基

我永远不会忘记一个叫巴甫里克的学生。对于像他这一类的学生，有些教师抱着善意的同情，另一些教师采取漠不关心的态度，但都一致认为：“看来，这孩子没有能力掌握知识。”我还记得，在刚入学的时候，巴甫里克是一个多么活泼的、好动的、好奇心强的孩子，而过了不久，他就变得沉默寡言，过分地守纪律、听话和胆小了。

在入学后的最初几个星期里，巴甫里克就感到，他和别的孩子有些不同：一年级的同学们能够很容易地把单个的字母拼成音节并且朗读出来，而他不知为什么要费很大的力气才能把这个字母跟另一个字母分辨开来；同学们只要把一首关于美丽的冬天的短诗用心地听两三遍就能记住，可是他无论如何也记不住。女教师专门为他一个人把那首短诗一连读了好多遍，他也用心地记忆，竭力回想那些词句，但是……还是徒劳无功。

女教师愤怒地说：“为什么你不好好学习？像这样，我在放学后还得陪着你补多少课啊？”这孩子全身瑟缩着，愁眉苦脸地站在那里。

在校务委员会的会议上，女教师在介绍自己班级的情况时，给巴甫里克做的鉴定是：“思维迟钝的儿童。”女教师说：“他对待图画和自然现象的态度很消极。很少思考、比较和对比。对他得一遍又一遍地教。一道应用题，或者一个最基本的依存关系，他思考的时间要比别的孩子

① 选自《给教师的建议》，〔苏〕苏霍姆林斯基著，杜殿坤编译，教育科学出版社，1984年6月。

多2、3倍。”女教师认为，既然巴甫里克是一个思维迟钝的孩子，那他就应当花更多的时间来学习。女教师不仅在学校里给巴甫里克尽量补课，也给巴甫里克的母亲提出同样的忠告。

有几次，我有机会带领孩子们到田野里和树林里去。一到这种地方，巴甫里克就变得跟在教室里完全不同了。这个“思维迟钝”的孩子，对我和同学们讲了许多他观察植物和动物的有趣的事情。从他的讲述里，使我惊异的是，这孩子有一种觉察到乍看起来不易察觉的事物和现象之间的相互联系的能力。过后，我对女教师说：“不，巴甫里克不可能成为一个学习落后的学生，我们不要用那些音节和应用题把这孩子的智慧束缚住了。”但是，这位女教师是属于我们教师队伍中幸亏为数不多的这样一种类型的人，这种人认为：学生在课本面前坐得越久，他就会变得越聪明。

常常有人批评我们现在的教育缺乏创造性，不重视学生创造能力的培养。怎样才能培养学生的创造能力？首先要从培养他们积极思维，从学会提出疑问开始。不会提问的学生不能算是好学生。如果他没有疑问，说明他缺乏积极思维，没有用心去比较、分析、综合、归纳所获得的信息；说明他缺乏想象力，没有去联想有关信息；说明他缺乏独立判断的能力，总是人云亦云。总之，说明他缺乏创造能力，没有创造力的人只能是一个平平庸庸的人，不可能希望他将来做出多大成就。

不重视学生提问，不是一个方式问题，而是一种教育观念问题，是学生观的反映。我们传统的旧教育的学生观总喜欢学生唯唯诺诺，听话，不乱说乱动。这是一种保家立业的小农经济思想的反映。现代教育的学生观要求学生能独立思考，敢想敢干，勇于创新。有的留学生比较了中西方家长对孩子学习的态度，曾经说过这样一个现象：在学生放学回家的时候，中国的家长总要问：“今天你考了几分？”而西方的家长则问：“今天你给老师提了几个问题？”如果这是真的话，这是反映了两种不同的教育观念：中国家长只重视孩子学习的结果，西方家长则重视孩子学习的过程；中国家长只重视孩子记住了多少知识，西方家长则重视孩子是否进行了思考，有没有自己的创见。这种现象难道不值得我们思考吗？

巴甫里克面对教科书而苦思苦想的做法继续下去。一月又一月过去

了，一个学季又一个学季过去了，女教师竭尽全力要把巴甫里克“拉到”那个标志着平安无事的救命的分数线上来。巴甫里克为此吃尽了苦头。他几乎没有时间去参加课外活动。只要他跟同学们一起玩耍那么个把小时，女教师就认为他偷懒，不肯用功。而且总的来说，这位女教师本来就以为学生参加课外小组活动，不过是用一点什么事情填补学生的空闲时间的一种手段而已。那么，既然她断然认为巴甫里克不可能也不应当有空闲的时间，还谈得上让他参加什么课外小组吗？她说：“再说，巴甫里克对于别的孩子感兴趣的那些事，本来就没有真正的兴趣。”为了证明自己的看法，女教师讲述了下面的事：

“有一次，我带领全班同学到生物室去参观。孩子们在那里看到多少新鲜有趣的事物啊！大家都那么高兴，问这问那，许多学生还想马上就动手做事。可是巴甫里克呢，闷声不响地站着，心不在焉地朝远处的什么地方望着。他在这儿感到枯燥。他的手连任何东西都不接触，说明他对什么都不感兴趣。”

可是，我心里在想：“这个孩子具有那么精细的观察力去看待自然界，难道可以这样来评价他吗？不，这一次女教师又看错了！”

在放学以后，我走进生物室去。这时发现有谁在朝门里张望。原来就是他，巴甫里克！

“你在这儿干吗？进来吧，让我们一起来看看。”

他进来了。从这孩子怎样观察那些对他来说是新奇的现象来看，以及从他跟我一起回家的路上所说的那些非常激动的话里来判断，我开始明白了女教师说巴甫里克心不在焉究竟指的是什么。在那次参观生物室的时候，巴甫里克面前展开了一个新奇的、从未见过的世界。那些植物对他倒是似曾相识的，但是，这里的每一种植物上却都有些新的、不平常的东西：西红柿的茎不是直长的，而像葡萄藤那样弯弯曲曲的，结的果实也是一串串地悬垂着；洋葱头长得像西瓜那么大；还有黄瓜——真正的大黄瓜，却生长在瓶子里！巴甫里克睁大了双眼，他在想：这一切都是怎样搞出来的呢？他的想象已经不是在这里，在充满阳光的温室里，而是在学校的室外园地上，描绘着奇迹般的图画：要是能在学校园地里培育出十棵这样的西红柿，而且让它们长成一排，结出的果实也像葡萄那样是一串串的，该有多好啊！可是，他的算术考不及格，他能去幻想这些有趣的事情吗？这些幻想怎么能说得出口呢……

当我进行这些观察的时候，女教师还是一分钟也不放这孩子离开她的视线，她仍然认为巴甫里克的智力发展只有读好教科书这一条路可走。说来是很奇怪的，如果这位女教师对巴甫里克不是那么关心，如果她能放手让巴甫里克的发展接受学校生活那种迅猛潮流的影响，那也许还会好一点：这个孩子的发展还不至于弄到这样畸形片面的程度。许多学校里还有这么一批教师，他们善意地爱护学生，让学生尽可能多地去抠书本，但他们的这种关心归根到底却把事情搞坏了。

巴甫里克十分艰难地从四年级（小学）毕业了。让他升入五年级的时候，女教师提了许多附带条件。她事先向五年级的所有教师介绍了给巴甫里克写的教育鉴定，还转交了一份巴甫里克所犯的语法错误登记表，以及一份今后应当让他经常复习的算术规则的清单。

在五年级开始学习后的最初几个星期，读教科书的时间更长，更加使人疲劳了，先后找巴甫里克的母亲谈话的教师共达八位。但是，与此同时，巴甫里克的生活里也出现了一点新的东西：在许多课堂上，已经不像在小学时那样只要求听讲和记忆，而且还要求动手做一些事情。这种课给巴甫里克带来了欢乐。使他最感兴趣的是植物课。那位植物学教师善于安排课堂教学，他不仅要求学生像平常所说的那样“掌握教材”，而且让学生去自己获取知识。他要每一个学生都缝一个布口袋，做几个纸袋，以便装各种各样的“生物材料”，准备上课时使用。学生们从布袋里掏出的东西，有各种枝、叶、根、茎、花和种子。所有这些，都让学生用放大镜仔细观看，加以比较，并且画下来。

直到这时，全体教师才第一次听说，原来巴甫里克是一个非常聪明好学的学生，而他的智慧——用自然学科教师的话来说，是“表现在手指尖上”。一位教师在校务委员会的会议上说：“这个五年级生会做的事，是有经验的园艺工也很少能做成功的。”下面是他向大家介绍的情况。

在一节植物课上，学生们在学习用各种方法把果树嫁接到野生砧木上去。教师注意到，巴甫里克是多么细心地（用园艺家的话说：精确地）切开砧木的树皮，把幼芽跟插条分离开。“这是真正的技艺，”教师一边观察孩子的工作一边这样想。巴甫里克从一棵珍贵品种的苹果树上剪下一根带有两个幼芽的树枝，开始对它仔细地察看起来。

“你在看什么?”教师问。

“能不能不经过嫁接就培育出树苗呢?”巴甫里克反回来问道，“譬如说，能不能剪下一根树枝，把它栽进土里，照料它，使它成活呢?”

“使我惊异的是这孩子说话时的那种口气，”教师后来回忆时说，“它使人感到，巴甫里克对他提问的事是已经思考过，甚至已经尝试过的。我知道，要使剪下来的树枝特别是苹果树枝生根是非常困难的，除非是很高明的能手。于是，我回答说：‘可以的，但这非常困难，只有米丘林式的经验丰富的园艺家才能做得到。’”

“我可以试一试吗?”这孩子问，他的眼里闪烁着欢乐的火花。

放学以后，教师领着巴甫里克到暖房里去，详细地告诉他，应当怎样准备和进行这一场有趣的试验。

在巴甫里克来说，幸福的日子开始了。他用玻璃和塑料盖成一个小小的温室，里面栽着几根剪下来的苹果树枝。他开始每天用温水浇土，注意使温室里经常保持一定的温度和空气的湿度。有半数的树枝成活了：芽苞绽开了，透出了发亮的小树叶，幼小的嫩枝开始生长了。但是，教师看到，巴甫里克心里还有什么不满意的事情。

“那些成活的树枝，是我从树顶上剪下来的，”孩子对教师说，“而这些死掉的树枝，是从树的中部和下部剪来的。这么说，应当从树的顶部去剪取树枝。那样可以多培育出一些树苗啊……”

“当我听到这些话的时候，我真是太激动了，”后来那位生物教师说，“要知道，他是一个真正的试验者，是未来的学者，天才的园艺家!他不单纯是要达到预定的目标，而且是在探索、研究自然界的现象，当然，他用的是自己的方法，还带点稚气。”

关于巴甫里克的试验的消息很快就传遍了全校。许多孩子都想用同样的方法培育树苗，而搞成功的只有 3 人，其中 2 人是女孩子。而生物教师自己，据他本人承认，连一根树枝都没有种活。

从这件事情上开始了巴甫里克的“转变”。对许多教师来说，这件事包含着深刻的启示，它迫使人们去认真地思索教学和教育上那些尖锐的、使人激动不安的问题。我们逐渐地看出，巴甫里克身上那种害怕、拘束、犹豫的表现消失了。现在，当他在课堂上回答问题的时候，他已经不是在竭力回想教科书里的什么地方是怎么说的，而是在出声地思考着，从他所看到和观察过的东西里引出结论来。巴甫里克现在带着那么强烈的求知欲听着教师们讲课，使一些教师感到有些意外。巴甫里克对所学的教材理解得越深刻，他头脑里产生的各式各样的问题就越多。教师们简直找不出时间回答他的所有的问题。个别教师甚至表示有不满情绪：在巴甫里克提出的问题里，经常流露出对教师所讲的东西的不信任的口气。但是，如果仔细地想一想这孩子提出的那些问题的意思，教师就会明白：在儿童思维里对一些事物持批判的态度，这一点正表明他有一种想要真正弄清楚并且深信某一真理的正确性的愿望。

教师们把巴甫里克发展中的这一变化称为“思维的觉醒”。这一点最明显地表现在，知识的最初的源泉（客观、现实、实践、生活）受到了观察、检验和研究。在一些课上，当理论性的概括跟周围生活中的事物和现象之间的联系比较复杂和不太明显时，这孩子的思想就“觉醒”得慢一些。但是，当概念、公式、法则越难理解的时候，巴甫里克就使用越大的意志努力，务求在他以前常常在困难面前退却的地方取得胜利。

毫无疑问，这个孩子的思维的觉醒、迅猛的智力发展、对知识的兴趣的增强，——这一切都是跟那位生物教师善于成功地开发出他的天才和创造性劳动的禀赋有着直接联系的。巴甫里克本人懂得了并且感觉出：植物栽培是他能在其中表现自己能力的活动领域。看得出来，他在努力弥补过去荒疏了的东西。在温室里和生物室里又出现了一些工作角，巴甫里克在那里进行一些有趣的试验。在一块 10 平方米的土地上，这孩子撒下了几种野生果树的种子，把它们培育成野生果树的树苗，然后把人工栽培的果树嫁接到每一种植物上去。这里栽种了一些在温室里用无性繁殖法培育出来的树苗。不论他的劳动得到什么样的最终的物质结果，巴甫里克总是在试验着、研究着：他把几种果树又嫁接到插条上，观察其中的每一种是怎样发育的以及互相有什么影响；他又配制了各种各样的土壤混合物，观察它们对植物发育的影响；他把一棵树移栽好几次，以便使它的根系得到最充分的成长。后来，巴甫里克又逐渐着迷于搞粮食作物的培育试验了。

几年过去了，巴甫里克在植物栽培方面的劳动成为一种真正的创造。他把人工栽培的李树、桃树、柠檬树嫁接到野生的刺花李、梨树和苹果树上去，得到一些抗寒的果树品种，这些品种的宝贵特性是开花稍晚，能躲过霜冻对植物的威胁期。在初中将毕业的时候，巴甫里克学会了给土壤里掺入农家肥料和矿物肥料的混合物，这种土壤能使老的、将死的果树恢复青春而重新结果，能治愈暴风给果树造成的伤害，并且加速汁液在受冻的树枝里的流动。他用双手把一小块含黏土的不能种植的地段变成了肥壤沃土，在那里得到的小麦收成相当于集体农庄大田收成的 10 倍。

巴甫里克在学习上也一年比一年取得更好的成绩。这个青年的知识是牢固的、透彻理解的。他有一种突出的特点，就是想把学到的知识在以后的学习里加以运用，并且使它们在脑力劳动中占有一个确定的地位。中学毕业后，巴甫里克进了农业学院，后来成为农艺师，现在已经在一个国营农场里顺利地工作好几年了。

培养独立工作和独立思考的人[①]

〔美〕爱因斯坦

在纪念的日子里，通常需要回顾一下过去，尤其是要怀念一下那些由于发展文化生活而得到特殊荣誉的人们。这种对于我们先辈的纪念仪式确实是不可少的，尤其是因为这种对过去最美好事物的纪念，必定会鼓励今天善良的人们去勇敢奋斗。但这种怀念应当由从小生长在这个国家并熟悉它的过去的人来做，而不应当把这种任务交给一个像吉卜赛人那样到处流浪并且从各式各样的国家里收集了他的经验的人。

这样，剩下来我能讲的就只能是超乎空间和时间条件的、但同教育事业的过去和将来都始终有关的一些问题。进行这一尝试时，我不能以权威自居，特别是因为各时代的有才智的善良的人们都已讨论过教育这一问题，并且无疑已清楚地反复讲明他们对于这个问题的见解。在教育学领域中，我是个半外行，除了个人经验和个人信念以外，我的意见就没有别的基础。那么我究竟是凭着什么而有胆量来发表这些意见呢？如果这真是一个科学的问题，人们也许就因为这样一些考虑而不想讲话了。

但是对于能动的人类的事务而言，情况就不同了，在这里，单靠真理的知识是不够的；相反，如果要不失掉这种知识，就必须以不断的努力来使它经常更新。它像一座矗立在沙漠里的大理石像，随时都有被流沙掩埋的危险。为了使它永远被照耀在阳光之下，必须勤加拂拭和维

① 选自《百年人文随笔·外国卷》，黎先耀、高莽主编，吉林人民出版社，2003年。

护。我就愿意为这工作而努力。

学校向来是把传统的财富从一代传到一代的最重要机构。同过去相比，在今天就更是这样。由于现代经济生活的发展，家庭作为传统和教育的承担者，已经削弱了。因此比起以前来，人类社会的延续和健全要在更高程度上依靠学校。

有时，人们把学校简单地看做一种工具，靠它来把最大量的知识传授给成长中的一代。但这种看法是不正确的。知识是死的，而学校却要为活人服务。它应当在青年人中发展那些有益于公共福利的品质和才能。但这并不意味着应当消灭个性，使个人变成仅仅是社会的工具，像一只蜜蜂或蚂蚁那样。因为由没有个人独创性和个人志愿的统一规格的人所组成的社会，将是一个没有发展可能的不幸的社会。相反，学校的目标应当是培养独立工作和独立思考的人，这些人把为社会服务看做自己最高的人生问题。就我所能作判断的范围来说，英国学校制度最接近于这种理想的实现。

但是人们应当怎样来努力达到这种理想呢？是不是要用讲道来实现这个目标呢？完全不是。言辞永远是空的，而且通向毁灭的道路总是和侈谈理想联系在一起的。但是人格绝不是靠所听到的和所说出来的言语而是靠劳动和行动来形成的。

因此，最重要的教育方法总是鼓励学生去实际行动。初入学的儿童第一次学写字便是如此，大学毕业写博士论文也是如此，简单地默记一首诗，写一篇作文，解释和翻译一段课文，解一道数学题目，或在体育运动的实践中，也都是如此。

但在每项成绩背后都有一种推动力，它是成绩的基础，而反过来，计划的实现也使它增长和加强。这里有极大的差别，对学校的教育价值关系极大。同样工作的动力，可以是恐怖和强制，追求威信荣誉的好胜心，也可以是对于对象的诚挚兴趣，和追求真理与理解的愿望，因而也可以是每个健康儿童都具有的天赋和好奇心，只是这种好奇心很早就衰退了。同一工作的完成，对于学生教育影响可以有很大差别，这要看推动工作的主因究竟是对苦痛的恐惧，是自私的欲望，还是快乐和满足的追求。没有人会认为学校的管理和教师的态度对塑造学生的心理基础没有影响。

我认为对学校来说最坏的事，是主要靠恐吓、暴力和人为的权威这些办法来进行工作。这种做法伤害了学生的健康的感情、诚实的自信，它制造出的是顺从的人。这样的学校在德国和俄国成为常例；在瑞士，以及差不多在一切民主管理的国家也如此。要使学校不受到这种一切祸害中最坏的祸害的侵袭，那是比较简单的。只允许教师使用尽可能少的强制手段，这样教师的德和才就将成为学生对教师的尊敬的唯一源泉。

第二项动机是好胜心，或者说得婉转些，是期望得到表扬和尊重，它根深蒂固地存在于人的本性之中。没有这种精神刺激，人类合作就完全不可能；一个人希望得到他同类赞许的愿望，肯定是社会对他的最大约束力之一。但在这种复杂感情中，建设性同破坏性的力量密切地交织在一起。要求得到表扬和赞许的愿望，本来是一种健康的动机；但如果要求别人承认自己比同学、伙伴们更高明、更强有力或更有才智，那就容易产生极端自私的心理状态，而这对个人和社会都有害。因此，学校和教师必须注意防止为了引导学生努力工作而使用那种会造成个人好胜心的简单化的方法。

达尔文的生存竞争以及同它有关的选择理论，被很多人引证来作为鼓励竞争精神的根据。有些人还以这样的办法试图伪科学地证明个人之间的这种破坏性经济竞争的必然性。但这是错误的，因为人在生存竞争中的力量全在于他是一个过着社会生活的动物。正像一个蚁穴里蚂蚁之间的交战说不上什么是为生存竞争所必需的，人类社会中成员之间的情况也是这样。

因此，人们必须防止把习惯意义上的成功作为人生目标向青年人宣传。因为一个获得成功的人从他人那里所取得的，总是无可比拟地超过他对他们的贡献。然而看一个人的价值应当是从他的贡献来看，而不应当看他所能取得的多少。

在学校里和生活中，工作的最重要的动机是在工作和工作的结果中的乐趣，以及对这些结果的社会价值的认识。启发并且加强青年人的这些心理力量，我看这该是学校的最重要的任务。只有这样的心理基础，才能引导出一种愉快的愿望，去追求人的最高财富——知识和艺术技能。

要启发这种创造性的心理才能，当然不像使用强力或者唤起个人好

胜心那样容易，但也正因为如此，所以才更有价值。关键在于发展孩子们对游戏的天真爱好和获得他人赞许的天真愿望，引导他们为了社会的需要参与到重要的领域中去。这种教育的主要基础是这样一种愿望，即希望得到有效的活动能力和人们的谢意。如果学校从这样的观点出发胜利完成了任务，它就会受到成长中的一代的高度尊敬，学校规定的课业就会被他们当做礼物来领受。我知道有些儿童就对在学校时间比对假期还要喜爱。

这样一种学校要求教师在他的本行成为一个艺术家。为了能在学校中养成这种精神，我们能够做些什么呢？对于这一点，正像没有什么方法可以使一个人永远健康一样，万应灵丹是不存在的。但是还有某些必要的条件是可以满足的。首先，教师应当在这样的学校成长起来。其次，在选择教材和教学方法上，应当给教师很大的自由。因为强制和外界压力无疑也会扼杀他在安排他的工作时所感到的乐趣。

手和理智[①]

〔苏〕B. A. 苏霍姆林斯基

恩格斯曾经赞颂过人的手，说它是最完美的，它用自己魔力般的力量产生了拉斐尔的绘画、托尔瓦德森的雕刻以及帕格尼尼的音乐[②]。运用自如的手能培养意识，创造理智。遗憾的是对手在智力教育中的作用，尤其是在儿童期和少年早期蓬勃生长的解剖生理过程中的作用，研究得太少了。直到最近还把吸收学生参加劳动这件事解释为克服学校偏重智育的倾向的需要，这一事实使我感到惊讶。手不参加工作似乎会产生智力过多的危险，这是何等的荒谬！

事实上并没有这种情况，也不可能有。一个人闲着还是不动脑筋地拼命干体力活（就是不让他闲着）对少年的智能发展都是同样地极其有害。我在 10 年中观察了 140 名学生（从 8 岁到 16 岁）的智能发展。发现这样的情况：他们每年有几个月时间干着单调、疲乏而又不需要任何技能的体力活。他们的双手与其说是进行创造的工具，还不如说是表现体力的器官。少年在其解剖生理过程加剧时期被迫去干特别使人疲劳、单调和时间拖得很长的体力活。在他们就读的学校里，脑力劳动的面很窄，而且非常单一，不去培养他们智力上的兴趣和需求。特别令人担忧

① 选自《公民的诞生》，〔苏〕B. A. 苏霍姆林斯基著，黄之瑞、张佩珍等译，教育科学出版社，2002 年 4 月。

② 拉斐尔（1483～1520）：文艺复兴时代意大利画家、建筑学家。托尔瓦德森（1768～1844）：丹麦雕刻家，古典主义后期巨匠之一。帕格尼尼（1782～1840）：艺术高超的意大利小提琴家、作曲家。——译者注

的是，这些学生的手在儿童期和少年期没有接触过复杂的东西和细致耐心的智能活动。这对该校许多学生的智力面貌有着深刻的影响：16～18岁的男女青年在同最简单的机器打交道时还表现出无能为力，畏首畏尾的神情。这个学校没有一个学生能考上高等学校。这是总的智力贫乏的可悲结果。在这总的智力贫乏的背景上突出地显示出很低的工作能力。大脑中有一些最积极、最具有创造力的特殊部位，通过抽象思维过程和手的细致而又灵巧的工作的结合，这些部位就会生机勃勃。如果没有这样的结合，大脑中的这些部位就变成死胡同。如果在儿童期和少年期它们不能萌发生机，以后也就再也不会萌发了。

我们从一年级就开始要求学生们用手做一些精确的、有目的的动作。手工课上，孩子们在小组里学习剪纸或者用刀在木头上刻精致的花纹。这个活儿的主要目的是培养美感与和谐感（对称、成比例）。手似乎在指挥脑子遵守纪律：培养自我监督的能力和思想上对精确、细致、美的敏感性。谁学会了用刀，谁书写漂亮，谁就能敏锐地觉察到微小的不整洁，就会丝毫不允许马马虎虎地工作。这种敏感性又传递到思想上。正是手促使思维过程精确、清晰并且有条不紊。

我们尽量让少年们干活的时候使用精巧的工具，这样的工具要求手和手指做复杂的动作。用手工工具对塑料、木头和软金属进行精细的加工对培养少年的智力起着重要的作用。因为学生个体干活，逐渐习惯于自己的工具，感觉到它。劳动课教师阿·伏罗希洛教学生掌握手工工具的时候，同时也在完成着智能教育的重要任务。我们一直在担心：什么时候才能使我们那些智力迟钝学生的手变得灵巧呢？终于在六年级的时候，佩特里克干的活不再是马虎粗糙，而是又美又精细了。这是他在思维积极化的道路上迈出了一大步，我们对此感到高兴。往后佩特里克就消灭了3分（有时4分也没有了），要不是在这些细小的教育工作上下工夫，就不可能有这些成绩。

少年逐步转入了设计工作。工场中有一组为绘制各式简图和装配模型用的木制的和塑料制的零配件，有供拆装实物模型和机器用的零配件。少年分析各种零配件之间的相互关系，思想上形成简图或模型，进行装配。在这个活儿中特别明显地需要手脑协同一致地工作。这里通过两条渠道不断地进行信息对流——从手通向大脑和从大脑通向手。手在思考，就在这个时候大脑的创造性工作区域兴奋起来。这个工作中首先是理解其相互关系和相互作用。思想由整体过渡到局部，由一般过渡到具体，手积极地参与了这个过渡。我们深信，在干这个工作中必须具备观察力和计算的能力，而这些同数学能力的发展直接联系在一起。瓦里娅比任何一个男孩都更快地学会分析实物模型的零配件之间的相互关系，这促进了她思维的觉醒。

连续几年我观察青年工人班的学生是怎样学习的。许多学生虽然没有时间完成家庭作业，很少听课，但他们掌握数学、物理、化学方面的知识比日校的学生深刻得多。激发智能的强大动力是他们的动手能力强。夜校班中数学好的学生都是些有文化修养的、有才干的机务人员，人民把他们称做自学成才者。通过细致琐碎的创造性智力劳动，他们自学成才。我们认识到这种来自实际生活的经验，在劳动课上和其他形式的活动力求用手来激发思维。

“学习”不只是“记诵”[①]

叶圣陶

跟教师们谈话，常听说学生考试作弊的故事。跟青年们谈话，在浑忘尔我、不需警戒的当儿，也常听说考试时候怎样“打 pass”，怎样看夹带的叙述。据我所知，考试作弊跟学校教育同时存在；我小时候，新式学校初办，就听见一些投身学校的“洋学生”谈他们应付考试的“作弊技巧”。其实，在兴办学校教育以前，作弊技巧早就很高明了；我曾见寸把见方的皮纸抄本，真是蝇头细字，抄的是五经经文跟注，预备缝在衣服里，带进试场去应科举的。推想起来，大概有了考试制度就同时发明了作弊技巧。往后想去，考试制度存在一天，也许作弊的事情就一天不会断绝吧。

现在学校里的作弊技巧，最干脆的是把教科书带进试场去，待题目揭出的时候，就把教科书摊在大腿上，翻看与题目相当的书页。此外就是把纲要写在小纸片上，或者用铅笔写在砚台的底面、桌面以及身旁的窗槛上，随题查看，就写上试卷。我知道所有当学生的未必个个都干过这个勾当，但是一个学生在校十多年，一定会见着同学间干过这个勾当。至于当教师的，如果服务年期不太短暂的话，一定会或多或少的见过学生做这种并不愉快的把戏。

处置这种把戏，看教师的脾气跟学校的政策而有不同。有些教师怕麻烦，见了只当没见，落得让试卷好看些，这就一点事儿也没有。有些

① 选自《叶圣陶教育名篇》，叶圣陶著，教育科学出版社，2007 年 11 月。

教师把发现了的“夹带”检出，记下那学生的名字，将来扣分数。教师报告到学校当局，学校当局为惩戒起见，至少得记一个过。有些学校认为这是欺骗，在品德上是不可恕的罪恶，一经发见，立即“悬牌除名”。

学生作弊当然是学生不好。但问题并不这么简单。临考试需要带教科书抄夹带，岂不是表示所谓“学习”，实在只等于“记诵”？因为记诵不了那么多，于是偷偷地准备着，以便临时查看。临时查看而不被发见，实际不曾记诵的居然得以冒充已经记诵，这自然是对教师对学校的欺骗，在品德上是大缺点；可是尤其紧要的却在把“学习”认作“记诵”，这个错误观念牢记在心，学生自身将一辈子学不到什么。那些不需要作弊的学生天君泰然地跑进试场，写完试卷交上去，结果是70分80分，他们在品德上自然一无缺失；可是，他们不过没有冒充已经记诵而已，再露骨一点说，他们不过把教科书之类带在心里头去应试而已，如果考过之后不久就忘掉那些记诵了的，实际还不是跟靠着夹带应试的一样的落空？并且，考过就忘掉确是极普遍的情形。“学过的一些东西都还给老师了”，常常有人说这样的话。读者诸君也可以问问自己，你们的史地成绩理化成绩曾经得到过70分80分，现在你们对于史地对于理化的了解还值得70分80分吗？如果作不来肯定的回答，那就是还给老师了。取了来又还掉，跟自始没有取（指那些临时作弊的人），实际并无两样。为什么取了来又会还掉？这由于取之不以其道，把“学习”认作“记诵”。

我国真正的学者都看不起记诵之学，因为学问是个人分内的事，为己的事，记诵之学却移到外面去了。这并不是说不要多记诵，乃是说记诵不过是个开端，跟着就得把记诵的些东西融化在生活里，成为精神上的血肉，唯其如此，记诵一分就得一分益处；若认记诵为终极的目的，不使他跟生活发生关系，那就记诵虽多，无多益处。学校里的各种科目，学生为什么要学习呢？如果说，“学习了这些东西，记在心头，挂在口头，足以表示我是个有知识的人”，那简直可以不必学习。必须认定一切科目都是所以充实我们的生活的，才会诚心尽力地从事学习。如果到了诚心尽力的地步，那么试卷上做到70分80分还不以为满足，须要生活受用上。也可以到70分80分才有点儿惬意，又哪里肯使用作弊的手段应付考试，以欺骗教师欺骗学校，归根结底却欺骗了自己？

把“学习”认作“记诵”，不是学生自己的不是，乃是历来整个教育方法所造成的结果。各学科常常孤立起来，这科跟那科不相应，这科那科又跟实际生活不相应；这自然使学生觉着入校学习的目的就在记诵这些各自孤立的科目。教学的进行又只限于教科书的范围，教科书上讲到的，得记诵，教科书上没有讲到的，就绝对不去触着它；所谓学习的工作又不出于理解教科书，抄写关于注解教科书的笔记，甚至劳作的科目也还是读教科书，抄笔记，而不必真个动手去劳作；这自然使学生以为书是目的而不是工具，读书是学生命定要做的事而不是关涉实际生活的事。再看考试方法，教科书上说我们中国的面积有若干平方公里，十字军的兴起有若干原因，考试题目就是：“我国面积如何?”“十字军之兴起，原因有几?”学生依照书上说的对答，就是满分；这岂不是明明告诉学生，你们的工作就是死记教科书，死记之外，再没有你们的事了？整个的教育方法如此，学生若不把“学习”认作“记诵”，才是怪事呢。

关心教育的人提出种种意见，指明我国教育在某某方面需要改良。我想最急需改良的是整个教育方法，决不可继续以往的错误，教学生只做记诵之学。方法的改良又有待于认识的转变，要知道现代的学习决不是记诵之学所能了事；记诵之学，好一些可以造就门门都是甲等的“优等生”，坏一些就造就品德有亏的“作弊专家”，可是决不能造就生活充实的国民；而现在这个时期，正在开始建国大业，需要生活充实的国民比任何时期都迫切。从事教育的人如果没有这一点认识，一切劳力都是白费。

受教育的学生也该认识这一点，记诵不过是个开端，跟着就得把记诵的那些东西融化在生活里，成为精神上的血肉。否则，成绩虽好，只是分数单上好看，于自己并无实益；成绩不好，勉强要他好，至于运用作弊技巧，更是极度的自暴自弃。

1943 年 9 月 5 日发表

使思考的力量完善①

〔美〕布鲁纳

我一直全神贯注于右方的知识，很少关心左方的——艺术、诗、历史、戏剧、玄学等。我过去所作的描述中所谈到的一些问题，不仅与人类智力完善化的可能性有关，而且与它的完善化过程有关。让我在结语中评论其中的几个。

谈到智力功能作用的性质、它的演化、它的成长以及经它整理过的产物时，我着重强调人类为了把多种经验转化为既易操纵而又经济的形式而建造的模型或理论的作用。人类在创造工具之前创造理论。人类领会他周围世界的不变性的能量和技能，很可能不仅是他在作为工具创造者和工具制造者方面成功的基础，而且是他使用适合于表达和思考的那个强有力的工具即人类语言的基础。他的神话、他的艺术、他的宗教仪式和他的科学，全是这个强烈倾向的表现：在变幻莫测的经验中去引申、去精炼、去寻求可靠意义。

这个国家和外国的许多学者已在最近十年中卷入普遍称为“课程革命”的潮流中，致力于使儿童更早、更有效地开始在所学学科中掌握更适当的观念。站在知识前哨的人同负责教育儿童的人联合起来，二者通力合作，把学习转化为对儿童既有营养且易于理解的形式；的确，至少在这个明显的方面，这是一场革命。我们虽是才开始懂得一些能够帮助

---

① 选自《布鲁纳教育论著选》，〔美〕布鲁纳著，邵瑞珍、张渭城等译，人民教育出版社，1989年12月。

智力发展的手段，也还致力于重新给心理学家和其他关心儿童发展的人制定中心工作。我就是在这个活动中，看到对智力完善化可能性的创新研究。

只要承认智力的主要任务在于为经验的顺序构造易于解释的模型，紧接着的命题就是把最适当的认识方式转变为幼小学童所能掌握的形式。让课程由知识和技能方面的必要科目系列来组成，让幼年学生从一个阶段进入下一个阶段，凭胜任力的增加给予固定的奖励，促使掌握这些科目。有个观点认为，任何学科可以按某种既引人入胜又忠实有效的方式教给任何年龄的任何人。这样的观点是设想，对应于在文化中存在的任何知识或加强的技能，有个可资年幼的小学生在他的相应发展阶段就力能掌握的形式。学生一旦熟悉那个适当的形式，便能继续掌握更有效能、更精确的认识和使用知识的形式。能够在数学和科学方面这样做，早该是理所当然的——不过我们远远未能做到。读较简单的诗有利于理解较复杂的诗；读诗一次，更感到值得读第二次，也是这个情况。

把课程看成是一个人在学习较广泛的知识之前更深刻、更有效能、更准确地努力钻研的一个知识实体这个概念，具有自我限制的但对学习有益的约束。一个人应从各知识领域选修扎实而深邃的值得再探索的学科。

如果你照此进行，则还需要创造。怎样把知识转变为不超出学生所能掌握的形式因而可以成为他感兴趣的东西？请回顾三个认识的方式，即人类认知操作的特征——用行动，用图像，用符号。经证明是相当成功的一个探索办法，是从动作式表象开始去进行一系列的学习——如通过操纵杠杆学习惰性物理，通过高度简化的乐谱创作和演奏学习音乐等。有人越此而采取直觉的、充满图像的方式，例如，直觉几何或那种因之能按维恩图（Venn diagrams）复制形式逻辑的视觉辅助器，最后使之转变为学习方面更为抽象的符号方式。

更为困难的任务是提早向学生逐步灌输实际上是介于对待像制止喧闹那样小事情的不耐烦与对待那可能但不明显合适的事情的融洽精神之间的平衡。再者，经手编制课程的人根据经验建议，要立刻投身进去，否则就难做成什么事。有人把思想方式当做学科进行一些具体试探，往往是成功的。再举音乐教学中的例子：有人把最为简单的莫扎特作品教给学生而不教音阶，因而使学生尽早懂得音乐。

最近十年教学实践中最重要的发现，是认识到给儿童创造能够加强文化技术的方式，以提高儿童的思考能力，这是很重要的事情。就学校作为完成这个任务的工具来说，其性质很不清楚。智力完善化开始得比我们想象的还要早，它是由内部成长和外部条件共同进行的。也许，把知识转化成与这个机能相适应的一种方式的任务，终究是我们整理知识的最后的步骤。也许，学术成就、科学研究以及在传授已有的研究成果中运用有训练的技艺，都不能胜任这个任务。肯定地说，只有发明更好的手段，文化才会发挥最大的效用。

论科学训练[1]

〔英〕斯宾塞

在社会学的研究中，合理的思维习惯是非常重要的；合理的思维习惯只能通过普遍地学习科学才能养成。因为社会学是一门包含所有其他科学现象的科学。它提出抽象科学（abstract sciences）所研究的那些关系的必然性；它提出抽象—具体科学（abstract-concrete sciences）使学生熟悉的那些因果联系；它提出具体科学（concrete sciences），特别是有机科学给我们所显示的种种原因的同时发生和有条件结果的产生。因此，要养成有助于社会学中正确思想的思维习惯，心智必须熟悉每一类科学提出的基本思想；决不能为任何一类或任何两类科学的基本思想所占有。

为了更好地了解这一点，让我简要地指出每一类科学给予理智的不可缺少的训练；以及专学一类科学所产生的错误的理智习惯。

完全缺乏抽象科学的训练，会使心智没有适当的关系必然性的感觉。观察一下完全愚昧无知的人的心理活动，他们甚至连算术所显示的确切的和固定的联系都没有学过。可以看到，他们对于从给予的论据得到不可避免的推论，毫无不可阻挡的信念。对于你们认为确定的事情，在他们看来似乎不能没有怀疑。甚至有些人，他们所受的教育使他们对数字处理和结果还算熟悉，有时表明仅含逻辑意义，他们对结论和前提

[1] 选自《斯宾塞教育论著选》，〔英〕斯宾塞著，胡毅、王承绪译，人民教育出版社，2005年1月。

的依赖关系没有绝对的信心。

对于关系的必然性的不可动摇的信念只能通过学习抽象科学、逻辑学和数学才能获得。论述最简单的关系必然性，逻辑学可以给些帮助；尽管帮助总是不大，因为所用的符号并不转译成思维，因此所讲的联系并不真正出现。对于抽象地表达的逻辑含义，只有当它为具体的实例所替代，能考虑相互依赖的关系时，才会有智力的训练，理解逻辑的必然性。关于数学给予的训练，应该指出，研究数量关系的必然性的习惯，虽然对培养必然性的意识有一定程度的用处，但是用处不大。因为，在极大多数情况下，心智致力于所采用的符号，并不超越符号到达它们所代表的运算单位，并不真正考虑所表达的各种关系——并不真正了解他们的必然性：所以，没有永远重复的必然性的概念。研究空间关系的比较专门的数学部门，胜于其他一切课程，能产生必要的概念，并使一般必然性的意识牢固而明确。多次演示几何图形，用这样的方式提出前提和结论，可以在思想上看到所说的关系——不会因只是象征化而忽略掉。每一步都能显示地位或数量的其他必然联系，因而采取这种步骤的习惯会使这种联系的意识显得熟悉而且生动。

但是，虽然数学的训练，特别是几何学的训练，作为训练心智去认识整个自然界统一性的绝对性的工具，如果不是必不可少的，也是极端有用的；但是，如果排除其他训练或过分习惯于进行这种训练，就容易产生一般思维反常。这种训练会不可避免地确立一种特殊的心理倾向，这种特殊的倾向影响一切智力活动——引起按数学方式看待数学范围以外的事物的倾向。数学家总是研究成分比较少和确定的现象。数学家的最复杂的问题无法计量地不如具体科学的问题那样复杂。但是，当数学家考虑这些情况时，不得不按他习惯的方式进行思维：在研究具体科学的问题时，他只认识少数因素，就默默地把它们所没有的确切性赋予这些因素，并且按数学的方式从这些数据引出正面的结论，似乎这些结论是明确而适当的。

因而经常有实例表明，数学家对偶然发生的事件是拙劣的推理者。除了比较古老的例子以外，夏斯尔[1]提供一个最近的例子。他证明自己

① Michel Chasles（1793～1880），法国数学家。——译者注

不能判断牛顿—巴斯加伪造问题的证据。另一个例子是已故德摩根[①]教授提供的，他的心眼有像显微镜那样的力量用在一个问题的某一微小部分上，而忽略了问题的主要特征。

通过抽象—具体科学的修习，培养了其他科学所不能培养的进一步思维的习惯，这是一般正确思想所必需的。熟悉各种物理现象和化学现象，可使原因和结果的意识明晰有力。

当然对周围事物的经验，确实产生许多有关特殊力量和一般力量的概念。没有受过教育的人，从这些经验获得对因果关系的不同程度的信念，在他们看到某种显著结果的地方，通常假定一个适当的原因，在一定数量原因明显的地方，就寻找成比例的结果。在作用属于简单机械作用的地方，尤其是这样。但是，日常生活提供的这些印象，如果没有从物理科学所得到的印象的帮助，只能给心智留下模糊的因果关系观念。只需记住人们愿意接受唯灵论者所指称的事实，其中很多意味着直接否定作用和反作用相等而又相反的机械原理，就可以看到通常的因果关系思维多么缺乏定量化——缺乏所花费的力量的数量和所形成的变化的数量之间的比例观念。而且，通常的因果关系思维普遍地甚至在定性方面都不正确：常常揭露什么原因将产生什么结果的最荒谬的观念。例如，民间相信把山羊关在马厩可以保持马的健康；根据马夫和马车夫的权威而接受的这种信仰，又被他们的受过教育的雇主们所重复——最近我听说一个美国将军也重复这种信仰，而且有两位退休的英国官员同意这种信仰。很清楚，根据这样的证据承认这样一个原因能产生这样一个结果，意味着一种因果关系的意识，甚至从定性方面考虑，这种因果关系意识也是最原始的。确实，这种因果关系意识到处被所有阶级所能追踪的迷信所暴露。

因此，我们必须这样推论，人们在他们和周围事物的交往过程中所进行的未经比较和未经分析的观察，不足以使他们得到关于事物过程的完全合理的观念。在获得清楚的必然的因果依赖关系的观念以前，要求对物理作用进行批判性的考察，许多因素和结果都要经过计量，不同的情况进行对比。因而研究物理作用乃是抽象—具体科学的任务。物理学

---

① Augustus De Morgan（1806～1871），英国数学家和逻辑学家。——译者注

家或化学家所进行的每一个实验，在他意识中重新带来他过去经验中无数次给予的真理，即从一定特殊的前提，将不可避免地伴随着特殊的结果；从一定数量的前提，将不可避免地产生同样数量的结果。从这些每小时地重复的经验所产生的思维习惯，总是相同的，又总是确切的，这种思维习惯使我们不可能设想有任何结果不从一个原因引起，或者没有任何原因不产生一个结果；这种思维习惯使我们不可能设想有一个结果和它的原因不成比例，或者一个原因和它的结果不成比例。

但是，虽然用实验方法进行抽象—具体科学的学习，使因果关系意识明晰有力，但是，如果仅仅学习抽象—具体科学，作为训练是不够的；同时，如果只学习抽象—具体科学而不学习其他科学，会形成一种思维习惯，当研究高级现象时，作出错误的结论。物理研究的过程本质上是分析过程；日常从事这种研究过程，产生两种趋势——一种趋势是一个个地考虑那些因素，目的在于对这些因素进行清理、识别和计量；另一种趋势是停留在所得到的结果，似乎它们就是要寻求的最终结果。化学家通过饱和、中和、分解、沉淀和分离，能够测量什么分量的这个元素已经被已知分量的那个元素所化合；同时，当他采用某一可供选择的分析过程已经证实这个结果时，他的研究就从此结束；就像关于其他元素亲合性的同性质的研究，当亲合性在定性和定量上都决定时，研究就结束一样。他的习惯是去掉或尽可能忽略相伴的干扰因素，使他可以确定某一因素的性质和分量，然后确定某另一因素的性质和分量，当所有因素经逐一考虑说明清楚时，他的目的就达到了。物理学家也是这样。比如说，问题是声通过空气的传播和传播速度的解释——比如说，牛顿所计算的速度，比观察到的速度少六分之一；拉普拉斯[①]决心解释这个异常现象。他认识到通过音波在空气中产生的压缩而散出的热；发现由此而引起的额外的速度；把这额外的速度加到以前算出的速度上；发现对所观察到的事实的回答；然后再把现象分解成许多成分并进行计量后考虑他的任务完成。所以，从头到尾，这个思维习惯就是识别、分解和估量各种因素，在全部完成这个工作以后停止。

这种习惯，用在一般事物的解释，多少要影响解释，正像数学习惯

① Pierre Simonde Laplace（1749~1827），法国天文学家和数学家。——译者注

影响解释一样。这种习惯往往形成过分简单和过分肯定的概念；它鼓励满足于近似的结果的自然倾向。日常处理各种现象的个别因素，处理被少数其他因素变得复杂的因素，和处理被理想地和它们的结合分离开来的因素的做法，不可避免地使周围事物的思维具有分析的性质而不是综合的性质。这种做法助长撇开一切高级自然现象所显示的纠缠在一起的一团协同的原因，去思考简单的原因；并引起一种趋势，假定当确切地决定这种简单的原因时，就没有什么要问的了。

还有，虽然物理科学作为发展简单明确的因果关系的意识，从而使心智能处理复杂的因果关系是不可缺少的，但是物理科学本身不足以使复杂的因果关系真正可以理解。为说明它的不足，我可以提一位著名的数学家和物理学家，他的成就是第一流的，但是，当他开始讨论具体科学的问题时，那里不再是处理少量的和确切的数据反复地表明出有缺陷的判断。至少可以这样说，当他选择无理由的和在某些情况下是不可能的前提时，他用精密的方法开始引出明确的结论；于是阐明这些结论，似乎他们的确切性与他的方法的精密性是相称的。

可以提供必需的起矫正作用的训练，是具体科学给予的训练。有关现象的形式的研究，如逻辑学和数学中的研究，是必需的，但决不是足够的。现象的因素的研究，如力学、物理学和化学中的研究，也是必要的，但这种研究本身并不够，即使和形式的研究联合起来也不够。结果本身总体的研究，同样是必需的。把全部注意力用来研究形式和因素，不仅不能产生正确的结果概念，而且甚至会得出错误的结果概念。分析的理智习惯必须用综合的理智习惯来补充。从分析的正当地位来看，它的主要功能在为综合铺平道路：同时，要保持适当的心理平衡，必须不仅承认分析是手段、综合是目的的真理，而且必须同时进行分析的练习和综合的练习。

一切具体科学使心智熟悉抽象科学和抽象—具体科学所不产生的某些基本概念——连续性、复杂性和偶然性等概念。最简单的具体科学如天文学和地质学，产生非常清楚的连续性概念。我不仅指存在的连续性；我的意思是因果关系的连续性；不停地产生结果，这是每一力量的永不停顿的工作。在天文学家心上，生动地铭刻着一种观念，任何行星被另一行星或其他行星的联合引出它的轨道以后，将来将一直沿着不同于未受摄动前行星所可能走的路线前进；同时，他认识到它对摄动的行星或几个行星的反作用，它的影响不断复杂和不断缓慢扩散，在未来无法计量的时期内永不丧失。同样，地质学家在地壳由于火或水的作用所发生的每一变化中看到一个新的因素，这个因素继续不断地改变着所有后来的变化。海底一个隆起的部分改变着海洋水流的流向，更改变着毗连陆地的气候，影响着它们的雨量和盛行风，它们的剥蚀作用和海岸附近的淤积，它们的植物群和动物群；这些结果分开来变成不停地以不断增加的方式起作用的原因，在以后的地质时代，总可以查出每一力量的持续不断的作用和结果的逐渐复杂化。

这些概念，本不是抽象科学和抽象—具体科学所产生的，它们是以虽毫无疑问但并不引人注意的方式由无机的具体科学产生的，是有机的具体科学即研究生物的科学以明确而又引人注目的方式产生的。每一个生物体，如果我们理解它给的教训，我们就能了解它所表明的因果关系的连续性和因果关系的复杂性。通常关于遗传的事实说明因果关系的连续性——不同种族黑人和白人联姻，黑人的影响代代显现，因果关系的连续性非常引人注目；在家畜中，遥远的祖先的特性表明很久以前的原因不断地在起作用，因果关系的连续性更加明显。有机的现象使我们熟悉因果关系的复杂性，既表明许多前提和每一结果的合作，又表明每一影响所产生的结果的多样性。如果我们观察一定分量的一定药物，如何在两个人身上并不产生完全同样的结果，甚至在同一个人身上，在不同体质情况下产生不同的结果，我们立刻可以看到，使有机体内部发生变化的因素的结合多么复杂，因此每一特殊变化又多么极端偶然。我们只须注意譬如说足部受伤后发生的情况，如果伤势是永久的，就可以看出，足伤改变着步态，改变着身体的调节和弯曲，改变着双臂的运动，改变着相貌，即由于伤痛或不方便而造成某种收缩的形状。的确，通过足伤所必需的肌肉的、神经的和内脏的重新调整，这种局部的创伤作用和反作用于整个身体的功能和结构：产生许多结果，随着这些结果的扩散，这些结果难以预测变得非常复杂。

生命科学一方面以多种方式迫使学生注意因果关系的连续性、复杂性和偶然性等基本概念，一方面又给他介绍一个无机的具体科学并不提供的动量概念——我们可以称它为多产的因果关系概念。因为，生命体和无生命体的一个区别是前者能繁殖而后者不能繁殖；它们之间的另一区别是生命体进行的某些活动是积累性的，而非生命体所进行的活动是消耗性的。生物体不仅作为整体进行繁殖，所以从微小的起源，通过繁殖达到巨大的结果；而且它们的组成部分，无论是正常的和病态的也同样增殖。因而，把病毒的一小部分传入生物体，并不产生和它的分量相称的结果，像无机的力量作用于无机体那样；而是从生物体的血液占用材料，从而无限地增加，它所产生的结果和原来传入的分量完全不成比例，这些结果可能在生物体的整个余生积累的力量继续下去。内部发展的力量和外部侵入的力量都是这样。本身极其微小的胚种物质的一部分，可从母体传播某种构造上和它微小的体积有关的无穷小的特质；而且五十年后可能在所造成的人身上引起痛风或精神病：经过这样长时间，缓慢地增加的作用和结果本身显出功能和结构的巨大错乱。这是有机现象特有的特性。当从生命体的全部组织进行着的破坏性的变化所连续产生的结果，像无机的力量的结果那样，通过细分而丧失的时候，在生命体组织中进行着区别生命体和无生命体的建设性的变化，从这些变化引起一些结果，这些结果，一边扩散，一边增加，同时增加体积和品种。

因此，作为训练，生命科学的研究是必要的；一部分作为以较其他具体科学更加明确和多样的方式使心智熟悉有关因果关系的连续性、复杂性和偶然性的基本概念，一部分作为使心智熟悉其他具体科学根本不出现的有关多产的因果关系的基本概念。并不是说完全研究有机科学会清楚地产生这些概念；还要求熟悉抽象—具体科学以便对简单的因果关系有必要的理解。单独研究有机科学毋宁趋于使因果关系的概念模糊；因为因素的纠缠和结果的偶然性都很大，以致不能建立前提和后果的明确关系：两者的联系不能使定性的和定量的因果作用概念足够明显。首先要求物理学和化学所给予的训练，明确力量和作用的概念在种类和分量方面有必要的联系；然后有机现象的研究，明确地意识到，虽然因果关系的过程非常复杂，往往不易解释，但是，确有因果关系，和比较简单的因果关系同样必要，同样确切。

现在要把这些关于心理训练的考虑应用到我们目前的题目。为了有效地研究社会学，需要通过所有这些科学的研究所产生的思维习惯，当然，并不是彻底的或者甚至很广泛的研究；但是，这种研究必须掌握多门科学分别产生的基本概念。因为，我们曾经说过，社会现象包含每一类现象。

当我们看到各个社会都呈现数和量方面的事实时，不能否认，这里有着抽象科学所研究的关系的必然性。人们在社会的活动，所有他们的行动和生产过程，必须遵守物质力量的规律，也是无可争辩的。在社会生活过程中所思考、所感受和所做的一切，是和个人生活的规律相协调而思考、感受和工作的，这也是真理——确实，几乎是自明之理；虽然很少人意识到这一点。

因此，一般的科学教养是必需的；而首先是生命的科学教养。因为因果关系的连续性、复杂性和偶然性的概念以及多产的因果关系的概念是生命科学和社会科学所共有的，所以生命科学的教养就更加特别需要。生命科学提供一种特别适合的训练，因为在各门科学中只有生命科学能使人们熟悉这些基本概念——以易于掌握的方式为这些概念提供资料，使心智认识社会科学中这些概念的资料。在社会科学中，虽然这些概念经常出现，但较难掌握。

但是，这一简短的陈述，并不足以表达这最后一种教养的极端重要性。因为除了产生适合于社会科学研究的思维习惯以外，生命科学提供特殊的概念作为社会科学的钥匙。生命科学给予社会科学某些重要的概括，没有这些概括，根本不能有社会科学。

创造力：创造是人的最高本性[①]

王东华

只要确立创造的决心和志向，并能从知识、能力、个性修养等方面进行不懈的努力，就一定能提高自己的创造力。

创造力是人的本质特性，它几乎是与生俱来的。“发生认识论”的奠基人让·皮亚杰，曾观察过一个6岁到7岁的瑞士儿童，这个儿童竟在10个月中自发地提出了1250多个为什么。

儿童时期的这种“逢事都问为什么”的习惯正是创造力的最初表现。孩子们来到这个陌生世界，对一切都会感到新鲜，一切都是新的发现。这些发现，可能不是历史上第一次，也可能不是前所未有，但对每一个孩子来说却是实实在在的头一遭。

W. 贝尼斯曾有一段精彩的描述：“一个为贫民区工作的艺术家让孩子们画画，他告诉孩子们想画什么就画什么，结果所有10岁以下孩子创作的东西都具有鲜明独特的风格。这是因为，对每一个孩子来说，他周围的世界完全都是新的：绿油油的草地，含羞低垂的小树，温和可爱的小动物，饱含诗意的轻风，沉静的白雪，还有那朝升暮落、周而复始的太阳。孩子带着好奇的心理天天看到这些奇迹，而这正是他们的长辈们习以为常、视为无聊的东西。换言之，创造性是我们每个人都有的东西，只是有的人把它丢掉罢了。”

① 选自《超薄记忆：关于学习的93条建议》，王东华著，中国妇女出版社，2007年11月。

琴纳是一个英国乡村医生。那时，天花是一种不治之症，它夺去了数以万计人的生命，或者使他们面目丑陋、终身残疾。面对这种凶恶的病魔，琴纳产生了一个强烈的愿望：一定要研究出防治天花病的方法来。

琴纳谢绝了医院的重金聘请，回到家乡潜心研究。他认真阅读了从中国传到欧洲的预防天花的资料，发现从宋朝开始，中国人就采用将轻天花病人身上的痘痂用棉花浸蘸后塞进鼻孔的办法来预防天花，并注意到从牲畜身上感染过牛痘的人对天花有免疫力。他从挤牛奶的农妇从来不患天花这一现象，研究出用人工接种牛痘预防天花的办法。他先在动物身上试验，后来决定在儿子身上试验。他 38 岁结婚，生下儿子后就要给他接种牛痘。妻子和朋友都强烈反对，但他信心十足，成功地进行了试验。1796 年，他成功地为许多人接种了牛痘。当时他非常高兴，说："我想到要使世界从一种最大灾难中解脱出来时……我感到一种巨大的快乐。"

由于种痘法的传播，终于在全世界消灭了天花病。今天，天花病毒只保留在几个国家的 7 个实验室里供研究之用。为了感激琴纳的贡献，巴黎琴纳的塑像下刻着这样的颂词："向母亲、孩子、人民的恩人致敬。"

由于长期以来，人们对自身的创造力缺乏认识，让创造力本身蒙上了一层面纱，创造力被视为少数天才才有的天赋能力，而实际上它是具有普遍性的。至于在哪个领域创造，是在认识世界过程中的创造，还是在改造世界过程中的创造，是在精神生产领域还是在物质生产领域的创造，是在这个行业还是那个行业创造，那实际上是人类创造形式的多样性问题，而不是有无创造力的问题；至于创造力的大小、贡献的多少，以及由此带来的社会价值如何，那也是创造的层次、水平问题，而不是有无创造力的问题。

既然创造力并不神秘，那么该如何训练呢？

美国科学史专家希夫勒教授列出了下列条件：

①如果需要的话，能够日以继夜、年复一年地独自工作。

②勇于承担责任。

③有勇气，在关键时刻能坚持不懈。

④能与别人合作，能理解别人是如何工作的。

⑤有好奇心，特别对于人类和自然界的各种各样问题有好奇心。

⑥爱好实验并力求准确。

⑦有独立性，愿意探索自己特有的研究途径。

⑧不但能过细地考虑自己的工作，而且有全局观念。

⑨在为一项科学研究项目奋斗时，即使暂时得不到什么荣誉、赞扬或报酬，也仍有责任感，坚持不懈。

⑩富有想象力，具备像伟大的作家、艺术家、音乐家那样的想象能力。

一个人不一定能完全具备上述条件，但只要确立创造的决心和志向，并能从知识、能力、个性修养等方面进行不懈的努力，就一定能提高自己的创造力。

没有创造力就不可能有领悟[①]

〔英〕怀特海

目前的科学影响可以分成四方面来讲：（1）关于宇宙的一般概念，（2）技术的应用，（3）知识的专业化，（4）生物学说对于行为动机的影响。在前面几讲中，我已经努力作了一个概述。在这最后的一讲中，便应当谈一谈科学对于文明社会面临的问题所起的反应。

科学介绍到近代思潮中来的一般概念和笛卡儿所阐明的哲学理论是分不开的。我所指的是这样一种说法——“肉体和精神是独立存在的个别实体，两者都是由于自身的缘故而存在，完全无须涉及对方”。这种看法和中世纪道德原则所产生的个人主义很相符合。这样虽然说明了这一概念为什么这样容易被人接受，但它的来源还是模糊不清的。这虽是很自然的事，但仍然是非常不幸的。道德原则强调了个别实有的内在价值。这样一强调就把个人和个体经验的观念提到思潮的最前头来了。混乱也就是从这一点上开始的。每一个实有的发生态个体价值就变成了它的独立的实体存在，这是一个完全不同的概念。

我不是说笛卡儿用明显的推理造成了这个逻辑的（毋宁说是反逻辑的）变化。绝不如此，他所做的是首先把自己的注意力集中在自觉的经验上，这种经验被当做是他自己独立的心理世界中的事实。他所以会被引导着用这种方式来思维，是由于当时的风尚强调整个自我的个体价值。他隐晦地把他自身这一实有所固有的发生态个体价值变成了激情、

① 选自《科学与近代世界》，〔英〕怀特海著，何钦译，商务印书馆，1959年。

样态和独立实体的个人世界。

他赋予躯体实体以独立性，因之便使这种实体完全脱离了价值的领域。它们退化成了一种完全没有价值的机构，只能提示一些外表的机巧性。天国也失去了上帝的光辉，这种看法一般认为是新教从依靠物质媒介的美学效果上缩回来的结果。这样缩回来就会把价值赋予那些本身毫无价值的东西。在笛卡儿以前，这种缩回的趋势就已经很明显了。因之，笛卡儿关于没有内在价值的物质粒子的科学理论，只是把没有被介绍到科学思想和笛卡儿哲学之中来以前就已经流行的理论，用明确的词句表达出来而已。这理论在烦琐哲学之中可能已经潜存着了，但在没有遇到这位 16 世纪的北欧思想家以前一直没有产生效果。笛卡儿所装备起来的科学使这种观点稳定下来，并在知识领域中夺得了地位。后来这一观点对于现代世界的道德前提具有极其复杂的影响。它的良好效果是在当时的狭窄领域中可以作为有效的科学研究方法，这种狭窄领域在 16 世纪是非常适于探讨的。其结果是在欧洲的思想界普遍地清除了远古的野蛮时代所遗留下来的歇斯底里的痕迹。这些都是好的，而且在 18 世纪也完全实现了。

到 19 世纪，社会进入了工业化时期，这些学说的恶劣效果就发生了致命的影响。把精神当成独立实体的学说，不但直接引导出个人自有的经验世界，而且也引导出个人自有的道德世界。道德直觉被认为只能应用于全部个人自有的心理经验世界。因此，自尊心和尽量利用自己的机会这两个概念，就构成了这一时期工业界领袖人物的现实道德。现在西方世界还受着前三个时代狭窄的道德观念的危害。

认为单纯的物质没有价值的假定，使人们对待自然和艺术的美缺乏尊敬。当西方世界都市化的过程迅速发展，需要对新的物质环境的美学性质进行最精微和最迫切的研究时，认为这类观念没有考虑价值的说法达到最高潮。在工业化最发达的国家中，艺术被看成一种儿戏。19 世纪中叶，在伦敦就能看到这种思想的惊人实例。优美绝伦的泰晤士河湾曲折地通过城区，但在查林十字路上却大杀风景地架上了一座铁路桥，设计这座桥时根本没有考虑审美价值。

由此产生的两个恶果是：（1）不顾每一个机体和环境的真正关系；（2）不顾环境的内在价值，而在考虑终极目的时，环境的内在价值是必须充分估计进去的。

现代社会所遇到的另一个大问题是专家训练法的发现。这些人在特殊的思想领域中专业化，因而在个人所专门的范围内不断增进知识。由于这种知识专门化获得了成果，于是就有两个特点使现代不同于古代，这是值得注意的。第一，现代的进步速度十分迅速，一个普通寿命的人，在一生中便会遇到沧海桑田的变化。专人专职的做法在古老的社会中是一种天赐之福，但在未来的世界中则将对公众贻害无穷。第二，现代知识专门化的结果在知识领域中也发生了相反的效果。一个现代化学家可能对动物学方面的知识很差，对伊丽莎白时代的戏剧的一般知识就更差，对英文诗的韵律毫无所知，而对古代史的知识更是一窍不通。我所说的当然是一般趋势，因为化学家并不比工程师、数学家和古典学家更糟。其实有效的知识应当是以专业知识为主，然后再在某种程度内对为专业服务的有益题目具有一定的认识。

这种情形埋伏着一个危机。它将产生出限于一隅的思想，每一个专业都将进步，但它却只能在自己那一个角落里进步。在思想上限于一隅，在一生中便只会思考某一套抽象概念。这个角落将成为人们跨过原野的障碍，而抽象概念所概括的东西，是没有人再加以注意的了。但任何抽象角落都是不足以包括人生的，因此，中世纪知识分子的禁欲主义，到近代就被一种不用具体方式考察全面事实的知识禁欲主义所代替了。当然，任何人都不会仅只是一个律师或数学家。人们在自己的专业以外都有其他的活动。但问题是真正的思想被局限在一个角落里。生活的其余部分只是由一个专业中引申出来的不完整的思想范畴来作浮面的处理。

这种专业化的趋势所产生的危险是很大的，在我们的民主社会中尤其如此。理智的指导力量减弱了。知识界的领导人物失去了平衡，他看到的只是这一种或那一种环境，而没有看到全面。调度的问题只交给庸碌无能，因而不能在某种事业中获得成就的人。简单地说，社会的专化职能可以完成得更好、进步得更快，但总的方向却发生了迷乱。细节上的进步只能增加由于调度不当而产生的危险。

不论你怎样来解释社会，关于现代生活的这一评论都可以适用于一切环境，不论是国家、城市、地区、机关、家庭，甚至是个人，都是一

样。特殊的抽象理论有发展，但具体的理解则在退化。使整体沉沦在某一局部之中。我不想坚持说现代的指导智慧无论在个人或社会方面都不如从前了。事实上这种智慧还可能稍微增进了一些。但如果要避免灾难，新获得的进步就需要有更坚强的指导力量，然而 19 世纪的各种发现都是朝专业化发展的，因此我们在指导智慧上便得不到发展，这样就有更迫切的需要。

智慧是平衡发展的结果。教育所要达到的正是这种个性的平衡发展。对于不久的将来来说，最有用处的发现，就是能增进这一目的而不妨碍必要知识专业化的发现。

我个人对我们传统教育方法的批评是：过于偏重知识的分析和求得公式化的材料。我的意思是：我们没有注意培养一种习惯，对于发生态价值充分发生交互影响的个别事实作具体的认识。我们所强调的只是抽象的公式，而抽象公式则不管这种价值的相互影响。

现在各国正在考虑普通教育和专业化教育的平衡问题。除我的祖国以外，其他的国家我都没有直接了解，不能妄谈。我知道我国有许多从事实际教育的人都不满于现行的教育方法。同时，整个教育制度不能适应民主社会的要求这一问题也根本没有得到解决。我认为解决这一问题的秘诀，并不在于把彻底的专门知识与较浅近的普通知识对立起来。弥补专门知识教育的缺陷的东西，必须是一种与理知分析知识完全不同的训练。目前我们的教育方法是深入研究少数抽象概念，然后再较为广泛地稍稍研究其他更多的抽象概念。学校的课程简直太死抠书本了。一般的训练应当以阐明具体认识为目标，我们应当满足青年人实际做出某些东西的欲望。甚至在这里也可以有一些分析，但只要能够说明在不同领域中的思想方法就够了。在伊甸乐园中，亚当看见动物的时候，并不能指出它的名字来。但在我们的传统体系中，儿童倒是先知道动物的名字，然后才看见动物的。

解决教育事业中所遇到的实际困难，不可能有一种万应灵丹式的方法，但在一般理论上，仍可以用一种简单的方式来作指导原则。学生应当集中在一定的领域里。这种集中必须包括一切实际上的和知识上的必要条件。一般的过程都是这样，我个人倒愿意促进这种集中而不想妨碍这种集中。伴随这种集中过程，还有一些辅助的学习，如科学的语言等。这种专业训练计划，必须导向一个适合于学生的明确目标。我们无须为这一说法多作解释。自然，这种训练必须具有适合于本身目的的宽度，但计划时却不可涉及其他目的，以免发生混乱。这种专业训练只能涉及教育的一个方面。它的重心在于知识方面，而主要工具则是书本。另一方面的训练重心则应当放在直觉方面，而不要脱离环境的分析。它的目标应当是直接的理解和损失精华最少的分析。最需要的普遍概念是认识各种价值，这就是审美方面的一种发展。在单纯实践的人那种粗鄙的专业化价值与空谈的学者那种微弱的专业化价值之间还有另一种东西存在。这两种人都是缺少某种东西。要是把这两种专业化价值加在一起，也得不到所欠缺的东西。缺少的东西是对一个机体在其固有的环境中所达成的各种生动的价值的认识。例如，你理解了太阳、大气层和地球运转的一切问题，你仍然可能遗漏了太阳落下时的光辉。对事物在其实际环境中的具体达成态的直接认识是没有任何东西可以代替的。我们需要的是具体事实，并且需要把它有价值的地方显示出来。

我所说的是艺术和美学教育，但这里所说的艺术含义非常广泛，我甚至不愿用艺术这个名词。艺术是一种特殊例子。我们所需要的是培养出一种审美观念的习惯。根据我所阐述的形而上学理论说来，这样做就是增加个性的深度。对实在的分析表明有那两个因素存在，因为潜在活动引申为个体化的审美价值。而发生态的价值，也是活动个体化的尺度。我们必须培养维持客观价值的创造能力。没有创造能力就不可能有领悟，没有领悟也不可能有创造能力。当你接触实际情况时，就不能没有具体活动。没有推动力敏感性就会变成怠惰，没有敏感性推动力就会变成粗野。我所谓的敏感性是指最广泛的意义而言的，因之便包括对本身之外的东西的领悟，也是对一件事情中全部事实的敏感性。所以我所追求的广义的“艺术”，便是一种选择具体事物的方法，它把具体事物安排得能引起人们重视它们本身可能体现的特殊价值。例如我们把身体和眼睛的位置对好，以便能充分地看到日落，这便是艺术选择的一个简单实例。艺术的习惯就是享受现实价值的习惯。

但在这种意义之下，艺术所顾及的并不止是日落。比如工人、机器、工人群众、工厂对普通人民的服务、它对于组织与设计天才的依靠、对于股票持有者成为财富的源泉等，是表现各种现实价值的一个机体。我们所要训练的是理解这样一个机体的全面情况的习惯。在亚当斯密死后（1790 年）的初期，对于政治经济学的研究究竟是害多还是利多，是一个值得争论的问题。它破除了许多经济学上的谬论，教导人们怎样理解当时正在进行的经济革命。但它又让人顽固地接受了一套抽象概念，这对现代思潮的影响是极其有害的。它把工业中人的成分一笔勾销了。这仅是现代科学中所存在的普遍危机中的一个例子。它的方法论是排他的、褊狭的，而且也确属。它只注意某一套抽象概念，而抹杀其他一切东西。它把有关自身内容的一切资料和理论都加以解释。只要求得抽象概念的方法正确，这种方法是成功的。但不论怎样成功，它总是有一定限度的。不考虑这些限度就会产生严重的疏忽。科学的反理性主义存在的根据，一部分是由于它能保持住有用的方法论。科学本身有一部分仅是非理性的成见。现代的专业化就是训练人们的脑筋去遵循方法论。17 世纪的历史性革命和更早时期对于自然主义的反应，都是超越中世纪有教养阶层所迷恋的抽象概念的例子。这些较早时期都具有理性主义的理想，但却没有追求它。他们忘记了推理的方法需要运用抽象作用所涉及的限制。因此，真正的理性主义便必须经常超越自身，回复到具体事实以求得灵感。自给自足的理性主义实际上就是反理性主义。这是在某一套抽象概念上武断地停住了。科学的情况就是这样。

在事物的本质中，具有两种原则。不论探讨哪一个领域，它们都可能以某种特殊形式体现出来。其中一个是变化的原则，另一个是守恒的原则。任何实在的东西都不可能缺少这两个原则。只有变化没有守恒，便是从无到无的过程。最后汇集时，只能得到一种转瞬即逝的“不存在的实有”。光有守恒没有变化也没法守恒。总而言之，环境是处在流变之中的，单纯的重复就将使存在失掉新颖性。现存的实在是由事物流变中持续的机体构成的。机体的低级形式所达成的自我同一，统治着它们整个的实际生命。电子、分子和晶体都属于这一形式。它们显示出实质的和完整的同一性。在出现生命的高级形式中，情形就更加复杂了。因之，这里虽然也有复合的持续模式，但这模式还是退到整个事物的深处去了。在某种意义上来讲，人类的自我同一比晶体更为抽象。这种同一是精神的生命。它和创生性活动的个体化有关。所以从环境中获得的变化条件和有生命的人格分开了。人们认为那些条件构成它的被感知的领域。实际上，知觉的领域和感知的精神都是一些抽象概念，在具体情形中就构成一连串身体的事件。心理领域本身只限于感官对象和转瞬即逝的感情，是较小的恒定性，仅仅能免于变成单纯变化那一类的“不存在的实有”。精神是主要的恒定性，它充满在整个领域中，而这领域的持续性则是灵魂。但灵魂若没有转瞬即逝的经验来充实就会枯萎下去。高级机体的秘密就在于这两个等级的恒定性。在这种方式下，环境的新颖性被吸收到灵魂的恒定性中去了。变化的环境由于多样化，便不再是机体持续性的敌人了。高级机体的模式退到个体化的活动后面去了。这是高级机体对待外界条件一致的方式。如果外界条件有适当变化，这种方式便可以得到加强。

发展学生的研究能力①

〔美〕大卫·G. 阿姆斯特郎、肯奈特·T. 汉森

帮助学生成为具有更复杂思维的人，长时间以来一直是教育者的目标。早在1910年，著名的教育哲学家约翰·杜威在其具有影响力的著作《我们如何思维》（*How We Think*）中就建议通过遵循一系列步骤来培养学生的思维技巧，对特别信息的思考导致这些步骤，而这些步骤导致由证据支持的结论的形成。

有这样一种教学要求学生自己获取学习内容，经仔细思考后得出结论。这样的教学思潮就是建构主义。建构主义根源于学习理论家让·皮亚杰（Jean Piaget）（Piaget & Inhelder，1958）和列夫·维果茨基（Lev Vygotsky，1962）的工作。建构主义认为，学生不是环境的被动反应者。反之，他们积极参与环境并试图通过参与来力求获得个人意义。如果你以与建构主义相一致的视角来实施教学，那么，你就会赞成这样的课堂教学：让学生参与建构和理解他们自己的知识。新技术有助于你实现这一点。

问答式教学，有时被称为启发式教学，是教师用来促使学生积极参与学习内容的一种教学模式。学生使用这些内容，从而努力得出有意义的和具有支持性的结论。很多问答技巧和用于启发的技巧要求学生遵循以下步骤：

---

① 选自《教育学导论》（第七版），〔美〕大卫·G. 阿姆斯特朗、肯奈特·T. 汉森著，李长华、李剑、汤杰琴译，中国人民大学出版社，2007年1月。

1. 描述一个问题或情境的基本特征；

2. 提供可能的解决方案和解释；

3. 收集证据以检测这些解决方案和解释的精确度；

4. 根据证据评价解决方案或解释；

5. 得出最佳证据支持的结论。

尽管问答技巧和用于启发的技巧多年来已经有了很大改善，但是，新技术向你提供了实施这些手段的更多选择。然而，就是近在十年前，教师也难以企及这些手段。这些技巧需要学生能够接触到大量的特定信息。几年过去后，你就可以自己组合该信息，并且在自己的课堂上或学校的其他场所向学生提供信息。

如今，万维网为你的学生们提供了接触全球各地信息的机会。经过适当的训练，他们能从事的活动具有不可思议的多样性。例如，你能使学生潜心阅读南北战争时期的老兵日记、观看世界最好的博物馆陈列的绘画作品、从著名的战争资料中心下载图片和其他影像、关注世界各地的报纸如何报道同一事件，当然，还可以下载音乐和声音文件。当你鼓励学生在这种新环境下参与探究活动时，你就不仅仅是一位信息的传递者和编辑。相反，你的角色还包括：(1) 引导学生运用电脑连接互联网等技术，到可能的地方创造性地获取信息；(2) 监控学习进程，让他们不中断其任务，必要时给他们提供帮助。

当你使用新技术发展学生的研究能力时，你有机会调和他们的个体学习风格和喜好。例如，你可以分别对需要指导的学生提供不同的建议，学生学习的偏好可能分别是：(1) 阅读文字材料；(2) 看照片或其他影像资料；(3) 听口述文件。通过将学生组队，你可以鼓励他们在项目中发挥个人优势并完成以多媒体形式呈现的报告。运用新技术调查问题、确认和斟酌证据、得出结论，会使你的学生投身于知识的生产。为实现这个目的而使用新技术的教育专家指出，这样的智力参与能激发学生的动机（Merrow，2001）。

不会提问的学生不能算是好学生[1]

顾明远

学习是一种积极紧张的脑力活动。学习得来的信息在大脑中会引起紧张繁忙的活动。神经细胞要对新的信息加以识别，引起联想，从旧的贮存（记忆）着的信息中迅速地检索，看有没有类似的信息，并加以比较、分析、综合、归纳；把新的信息与有关信息相联系，思索它们之间的关系等，这就是我们通常讲的思维活动。在积极的思维活动中，必然会产生矛盾，从而引起不少疑问。因此在学习中提出问题，是积极思维的结果。学问学问，学和问是结合在一起的，学而不问就不能长进学问。子曰“学而不思则罔”，还可以加一句“思而不问则盲”。有了疑问而不提出来寻求解决，则只能永远成为知识的盲人。同时，科学的发展就在于创造，如果没有疑问，就不会有新的见解；没有新的见解，一切都以书本为经典，以老师的讲课为准绳，就不可能有创造，科学也就得不到发展。因此，要让学生求得真正的知识，长进学问，发展他们的想象创造力，培养创新精神，就要鼓励学生提问，特别是提出不同的见解。

教学的启发式与注入式的根本区别就在于能不能促进学生的积极思维，从而提出疑问，寻求正确的答案。注入式教学着重把现有的结论教给学生，不要求学生思索，更不喜欢学生提出问题，只要记住那些结论就可以了。启发式教学则要求学生积极思维，提出疑问，寻求答案。所

---

① 选自《杂草集：顾明远教育随笔》，顾明远著，福建教育出版社，2001 年 5 月。

以说，启发式教学不仅是老师提问，而且要能启发学生提问。

我们在观摩教学中看到老师采用的“启发式”往往只是老师向学生提问，却很少看到学生向老师提问。为什么会出现这种现象呢？是学生没有疑问吗？不会的，只要积极思维，总是会有疑问的。往往是老师把学生可能产生的疑问都思考到了，由老师提出来。也就是说，老师代替学生思维。这不能不说也算是一种启发式。但为什么不启发学生自己提出问题呢？老师提出问题，固然可以促进学生思考，但总是被动的，只有学生思考时产生疑问才是最积极的。我们的老师一般习惯于按照自己的思维方式（当然有经验的老师总结了以往学生学习中产生的问题）设计一套问题，希望学生沿着他的思路去思索。这也许能少走弯路，但却限制了学生的思路，限制了学生思维的广度和深度，这种方法实际上仍然不能算作是启发式的方法。

第三篇

按照成长的需求锻造孩子的能力

掌握天性，因时施教。

著名教育家陶行知说：“培养教育人和种花木一样，首先要认识花木的特点，区别不同情况给以施肥、浇水和培养教育，这叫‘因材施教’。”孩子的成长正如一株植物的生长过程一样，当它发芽的时候，最需要的是适当的阳光和水分，还有就是绝对安全的环境，以免幼苗被损坏；当它到了开花结果的时候，最需要的是辛勤的蜜蜂和适度的风，只有这样它才能完成授粉，最后结出丰硕的果实；当它的花谢了，果实成长的时候，它需要自己免遭病虫害的侵袭。因此，根据孩子成长的需要，培养他们适应社会的基本生存技巧十分重要。

目前，很多教育者都把自己的教育定位为培养科学家、文学家、数学家、政治领袖等，把孩子培养成优秀的人是无可厚非的，但是教育者心中一定还要有把孩子培养成适应现代社会需求的普通人的心理。当前的教育很多时候就陷入了只重形式，而忽视教育根本目的所在的怪圈。比如，孩子应对经济事务的理财能力、成功人生必备的决策能力、基本的阅读和写作能力、自我学习的能力、面对挫折的能力、应对考试的合理心态等，这些都是每一个孩子成长过程中的基本需求。

本篇就是从人成长过程中的基本需求出发，精选了大师们关于这些问题的经典文章，希望能在这些方面给广大的教育者以启发！

◎〔苏〕马卡连柯	家庭经济
◎〔美〕哈德曼	练就你孩子的学习能力
◎〔俄〕乌申斯基	培养儿童对自己机体的支配力
◎〔美〕刘　墉	读书的方法
◎王云五	怎样精读
◎王云五	怎样略读和摘读
◎〔美〕布卢姆	掌握性学习的一种策略
◎夏丏尊	受教育与受教材
◎〔捷克〕夸美纽斯	教育须适应自然
◎魏书生	培养孩子抗挫折的能力
◎卢　勤	良好的心态才能保证考场的发挥
◎〔美〕安尼·莎莉文	教海伦写作
◎〔美〕刘　墉	时间与金钱
◎〔英〕麦克·马兰、里克·罗杰斯	改变想法，从决策力培养开始

家庭经济[1]

〔苏〕马卡连柯

每个家庭都有自己的经济。跟资产阶级的社会不同，我们的家庭只有劳动的经济，目的不是为了剥削他人。这种经济可以发展和扩大，但这不是因为家庭的成员获得某种利润，完全是由于家庭成员的工资提高和家庭节约开支的结果。我们的家庭经济，以供给个人享用的物品为主，其中不能包括生产资料。在我们国家里，生产资料是属于全社会的。

资产阶级家庭常常是这样的：富裕的家庭把自己的一部分财产转为生产资料，以便剥削雇用劳动力，这样就能更加富裕，并扩大生产。我们的家庭是劳动的家庭，是不可能采用这样的办法来致富的。如果说我们的家庭富裕了，那只是表明家庭生活过得更美好、更幸福了，获得了更多的个人享用的物品，更大地满足了自己的需要。这是很自然的，因为每一个家庭，都是力求通过改善自己的经济来改善自己的生活。但是，这不是靠残酷剥削他人得来的，这完全是由于家庭成员在整个苏维埃人民共同生活和共同工作中从事劳动的缘故。我们家庭的富裕，与其说是由于家庭的努力，不如说是由于整个苏维埃国家的进步，由于苏维埃国家在经济和文化方面的胜利和成就。

每个儿童都是家庭的成员，因此也是家庭经济的参加者，同时，在

---

① 选自《马卡连柯文集》（下卷），〔苏〕马卡连柯著，吴式颖等编，人民教育出版社，2005年1月。

一定程度上又是整个苏维埃经济的参加者。我国儿童在经济方面的教育，不仅在于培养家庭经济方面的成员，而且在于培养会管理经济的公民。在资产阶级社会里，对于受教育者是没有这样的目的的，那里的每一个人只注意发展私人经济，在广大的私人经济单位中，国家经济不过占微不足道的地位。

我们这里的每个人，在生活中首先必须参加公共的国家经济的工作，对他参加这一方面的工作准备得越好，对整个苏维埃社会、对他自己的好处也越大。

所有这些，凡是做父母的都应当很好地了解，应当常常研究这些问题，经常根据关于教育目的的明确的政治概念，检查自己的教育方法。

许多父母以为只有在跟儿童谈话和指导儿童游戏或指导儿童对人应持的态度时，才进行着教育工作。不错，在这些方面，确实可以在教育上起许多好作用。但是，如果不培养儿童管理经济的才能，这样的作用是不大的。要知道，我们的儿童不仅应当成长为优秀忠诚的人，而且要成长为优秀忠诚的苏维埃主人翁。

对培养未来管理经济的公民的许多重要性格特点来说，家庭经济是最适合的园地。在短短的这一讲里，无法列举所有的这些特点，我们只能涉及其中最主要的问题。

在正确指导之下，管理家庭经济可以培养出集体主义、诚实、关心、节约、责任感、判断能力和处理事务的能力。

现在我们分别分析每一种特点的重要性。

1. 集体主义。

集体主义最简单的定义就是个人与社会的团结一致。跟集体主义对立的是个人主义。在某些家庭里，由于父母不注意这一问题，因此就培养出个人主义者。如果儿童到了少年时代，还不知道家庭财产是从什么地方来的；如果儿童只习惯于满足自己的需要，不注意家庭其他成员的需要；如果儿童不将自己的家庭跟整个苏维埃社会联系起来，如果儿童成长为贪得无厌的消费者：这就是个人主义者的教育，这种教育最后就会对整个社会、对自己本身带来很多害处。

有些做父母的往往不知不觉地教育出这样的个人主义者。

这些父母总是只关心让孩子什么都有，只知道使孩子吃好的、穿好的，供给各种玩具，并保证常常使孩子得到满足。他们是以非常亲切和疼爱的态度来处理所有这些事情的，把自己许多方面的需要，甚至最迫切的需要都放弃了，而孩子关于这些却一点也不知道，逐渐习惯于认为自己比任何人都好，认为自己的愿望对父母就是法律。在这样的家庭里，孩子对父亲或母亲的工作往往什么也不知道，不知道这种工作是如何的困难，对社会是如何的重要和有益。并且他们完全不了解其他一些人的工作，只知道自己的愿望，只知道满足自己的愿望。

这是十分不正确的、最有害的教育方法，由于这种错误很快就可以给父母带来很多痛苦。只有集体主义者的教育才是我们国家正确的教育，父母应当经常进行这种教育。关于这方面，我们可以介绍以下几点意见。

(1) 要尽早地让儿童知道父亲和母亲在什么地方工作，做什么工作，这种工作是如何的困难，需要付出多大的努力，取得了什么成就。儿童应当知道父亲或母亲在生产什么，知道这种生产对于整个社会有什么意义。父母应当首先让儿童认识自己的若干同事，给儿童说明他们工作的意义。如果父亲或母亲反对某个人，就不该说一些不赞成的话使得年幼的孩子产生反感。

一般地说，应当让儿童及早很好地了解父母带回家庭的钱，不只是作为消耗的使用品，而且是从事重大而有益的社会劳动所得的工资。父母要经常找时间把这些事简要地向儿童说明。当儿童长大之后，要同样简要地但是稍多地对儿童说明全苏联与此类似的其他事业的情形，他们的工作情形和已取得的成就。如果可能的话，应当叫儿童参观自己的工厂，给儿童解释生产的过程。

如果母亲不在机关里或工厂里工作，而在家庭里操持家务，儿童也应当了解这种工作，尊敬这种工作，并且应当了解这种工作也是需要努力和耗费精神的。

(2) 要让儿童及早明白家庭预算，知道父亲或母亲的工资。对儿童不应当隐瞒家庭财政计划，相反地，还要逐渐吸引儿童参加讨论家庭财政预算。儿童应当知道父亲或母亲需要什么，知道这种需要如何重要，如何不可缺少，并应当学习放弃自己需要上的若干满足，以便能够更好地满足家庭其他成员的需要。儿童要特别热心讨论家庭的共同需要，如置备器皿、家具、无线电、书籍和报纸，等等。

(3) 如果家庭的物质生活条件很好的话，决不应该让儿童因此在其他家庭面前骄傲起来，不应该让儿童惯于夸耀自己的衣服和住宅。儿童应该了解：家庭的富裕没有任何值得夸耀的地方。在稍富裕一些的家庭里，不要急于满足自己孩子的额外需要，最好能在满足家庭共同需要上多花费钱，最好多买书籍，不多买衣服。

但是，如果家庭因为种种原因很难满足各种需要，就要设法使儿童不羡慕其他家庭，并且没有转到那些家庭里去的打算。儿童应当知道，为改善生活而做的坚毅斗争，要比有多余的钱值得骄傲得多。正是在这样的家庭里，应该培养坚忍精神，培养一种对在我国可以实现的未来的美满生活的热望，培养对同学礼让并乐于跟同学分享自己东西的态度。无论什么时候，父母不应当在儿童面前唉声叹气，发牢骚，要尽可能地精神饱满、愉快乐观，并且永远期望更好的生活，力求通过改善家庭经济的管理和提高自己的工资来达到这种目的。在这样的家庭里真正出现的任何改善，都应当予以重视和强调。

2. 诚实。

诚实不是从天上掉下来的，而是在家庭里培养起来的。在家庭里也可以培养出不诚实的品质，这完全看父母有无正确的教育方法。什么是诚实？诚实就是率直的、真挚的态度，不诚实是诡秘的、躲躲藏藏的态度。如果儿童喜欢吃苹果，就坦率地对父母说，这就是诚实。如果儿童把这种愿望隐藏起来，但并不拒绝苹果，而是想方设法拿到，叫谁也不要看见，这就是不诚实了。如果母亲瞒着其他的孩子，或者甚至瞒着别的孩子偷偷地把苹果给了某一个孩子，那么，母亲已经把这个孩子教育得对物品有了诡秘的态度了，因此也就在培养着不诚实的品质。对家庭日常用品持诡秘态度，经济上的个人保密，暗地里给东西吃和藏一两块糖等行为，所有这些都会产生不诚实的习性。当儿童长大一些的时候，应当分辨出有益的保密，如需要对敌人有所隐瞒，或者一般地说，属于每个人私生活体验方面的某种秘密。在年纪较小的时候，儿童愈能坦白率直，他的秘密越少，那么，对于他们的教育也就愈能得到良好的结果。

父母要特别注意发展儿童诚实的品质，不要故意对儿童有任何的隐避，但也要尽力教儿童养成不经允许便不拿任何东西的习惯，甚至当东西就在面前，没有锁也没有藏的时候。可以故意把各种有引诱力的东西放在儿童能见到的地方，教育他们不动手拿这些东西，没有贪婪的欲望。对于随便放在那里的东西不去动手的这种习惯应当在儿童很小的时候就培养起来。同时，在家庭里也不应当一切都没有秩序，没有任何计划，谁也不知道什么东西放在什么地方。在这种没有秩序的情况下，当然，儿童对物品的任性态度，也就发展起来了，想怎样做就怎样做，对谁也不说。于是就逐渐养成了不诚实的行为。

如果你们吩咐儿童买什么东西，必须检查所买的东西和找回的钱，儿童在诚实方面还没有养成固定的规矩的时候，一直需要这样做。这样的检查应当做得很机敏，使儿童不会想到你们对他们有了什么怀疑。

再说一遍，父母必须注意：培养诚实要从儿童年龄很小的时候做起。如果你们把这样的工作延迟到五岁的时候来进行，那就很难改正已经忽略过去的行为了。

3. 关心。

家庭日常用的物品逐渐要用坏，应该用新的物品来代替。需要买新的什物，因此就要花费父母或家庭其他成员的一些工资。儿童会看见一些什物如何逐渐破废无用，如何获得另外的什物。应当让儿童在年幼的时候懂得合理地使用什物，不要让什物支配了儿童。一个很好的家庭主人要经常能够预见到自己手边的什么什物快要用旧了，不使什物很快就损坏，如有损坏就随时予以修理。只有当某些什物确实需要的时候才购买，不要因为在市场上或在别人那里偶然见到了就购买。所有这些就是人们的行为方面的关心的表现。不是所有的关心都是很好的。有些人有时关心得过度了，为了一方面的关心，忘记了其他的一切。这样的关心是有苦恼的。苏维埃的每个家庭主人，不应当有这样的关心态度。我们公民的关心，要有下列的优点：安详镇静，事先有长久的合理计算，能心平气和地选择需要的东西，并抛弃不需要的东西。苏维埃式的关心的最主要特点就是它不同于贪婪。应当使儿童宁愿对家庭其他成员表示关心，而不愿先对自己表示关心，特别是对家庭共同使用的什物更应该如此。关心是计划的预见的主要基础，这就是苏维埃的关心跟资产阶级家庭固有的贪婪有所区别的地方。在儿童年幼的时候，父母应当培养儿童这样有计划的习惯。有时父母应当商量家里迫切需要哪些东西，并指出满足这些需要的方法。如果儿童能知道像沙发等什物用旧了，需要修理或另换新品，如果这样的需要大家都已见到，那么儿童已经事先把自己个人的需要跟共同的需要协调一致了，甚至会主动向父母提到这些。同时，教育儿童注意要紧的琐屑小事，并注意它们的相互关系，这是很重要的。有时某一种有价值的什物，往往因为保护上的某些细节没有做到而遭受了损害；家庭主人应当注意到这些细节。

4. 节约。

节约是关心的另一方面。不过，关心多半表现在人们的思想上和想象上，而节约表现在习惯上。一个非常关心的家庭主人，同时又可能完全没有节约的习惯。这种习惯要尽可能地早些培养起来。儿童在年纪很小的时候，应当学会自己吃饭，不弄脏桌布或衣服，应当会使用器物，不使污脏或打破。养成这些习惯有一定的困难，但无论如何总是应该努力培养的。如果没有这种习惯，那么，任何的教训都无济于事。这种习惯的养成是要经过许多练习的。因此，要首先注意正确的练习。如果儿童在屋子里奔跑，碰倒了椅子，不要说一大套应该爱惜椅子的话，而要这样说：

“也许，不撞倒椅子，你就可以走过去吧？好吧，再试一试！呱呱叫！你这就做得很好。”

假使七岁左右的儿童弄脏了或撕破了衣服，应该给他另一件衣服，然后说：

“给你这件衣服，是很干净的。你穿一个星期，看它会成什么样子。”

要不断激起儿童的愿望，使他乐于实际练习节约的行为；要使儿童习惯穿干净的鞋子，脏了的鞋就不愿意再穿。

节约的行为不只应当表现在对待自己家庭里的什物上，而且应当表现在对待别人的什物上，特别应当表现在对待公用的物品上。所以无论如何也不应当让儿童粗率忽略、漫不经心地对待街上的、公园里的和剧院里的一切器物。

5. 责任感。

人们所以有责任感并不仅仅由于害怕处罚，还由于即使没有处罚，

人们也会因为自己损伤了或毁坏了什么东西而感到于心不安。苏维埃公民正需要培养出这样的责任感，因此，不应当为损坏了什物而处罚儿童，或以处罚来威吓儿童，应当让儿童自己能看出由于他们对什物的不小心所造成的害处，并因为自己的不小心而感到遗憾。关于这一点，当然可以向儿童说明和解释不小心的种种后果。但是，如果儿童能够在自己的经验中体会到这种后果，那就更好了。例如，儿童如果损坏了玩具，不应当很快地去买新玩具，也不应当扔掉，必须让这种玩具在儿童眼前保留一个时期，并要他们加以修理。父亲或母亲要告诉和建议关于修理这个玩具的应知事项，使儿童感到自己花费了父母过多的关注，看到父母对于玩具比自己更注意、更关心。当玩具修理好的时候，最好父亲或母亲对儿童开玩笑似的说：

“玩具现在修理好了，不过，怎么样？把它给你还是不给？万一你对它还不注意，重新摔坏了怎么办？”

在这种情况下，儿童开始了解自己的行为产生了一些不好的结果，责任感自然就出现了。儿童的年龄越大，这种责任感也越自然，越习惯。如果儿童此后又表现出不应该有的疏忽，就不应当仍像开玩笑似的唤起儿童的责任感了，而应当以很严肃的语调，要求儿童更遵守规矩，甚至可以这样说：

“这样太没有规矩了。要留神些，不要再有这样的情形了。”

如果触及家庭其他成员的利益，或者甚至触及公共利益，这时培养儿童的责任感就尤其重要了。如果在家庭里有正确的集体作风，那么，就不会是很困难的。

6. 判断能力。

这是一种最重要的能力，没有这种能力就不能成为很好的工作者。这样的能力究竟是什么样的能力呢？这是一种能够见到并了解周围现实情况的一切详情细节的能力。如果一个人干了什么工作，他不应当忘记自己前后左右也同样有人在从事着某种工作。如果一个人只惯于看到自己眼前的事物，而在自己周围完成了些什么却没有见到，也没有感觉到的话，是不可能有判断能力的。在家庭的经济活动中，判断能力有很大的意义。儿童做了一件事情，不应当忘记自己的其他一切事情和自己周围的人们的事情。儿童在做某种游戏的时候，不应当忘记在自己周围还有其他的事物，这些事物同样应该关心到。儿童受父母的委托去商店里买什么东西，应当不要忘记自己必须按时回家，在买完东西以后，再为自己或家庭做些什么。

为了养成这种能力，可以同时委托给儿童不是一件，而是两件或三件事，委托做一件有条件的或有连带性的事，这样做是很有益处的。现在举一个类似这种委托的最简单的例子。

“收拾收拾书架，顺便把书籍按作者姓名整理一下。去买几条青鱼，但是，如果市场里有新鲜的鲫鱼，就不必买青鱼，买一条鲫鱼好了。”

判断能力是从经常练习关心家务、了解家务的一切详情细节中培养出来的。

7. 处理事务的能力。

为了完成不是短时间的而是较长时间的家务工作，这种能力是必要的。当儿童七八岁的时候，或更早一点，已经应当给予一些较为长时间的工作了，如浇花、整理书籍、喂猫和照顾年幼的弟弟等。特别重要的是关于用钱这一方面。这里，我们坚决建议每一个家庭，当儿童为了满足个人需要（有时是为了满足家庭共同的需要）而使用金钱的时候，允许儿童有一定的独立自主。为了能达到这样的目的，每月给儿童一次或几次一定数额的钱，并明确说明这些钱应该如何支配。这些花费的支出数额随着儿童的年龄和家庭经济的情形而有所不同。例如十四岁左右的儿童需要这样的支出：买笔记本、坐电车、给全家人买肥皂、牙粉，还有他自己和弟弟看电影的钱，等等。儿童年岁越大，这样的花费也就越重要些，越多些。

同时，必须注意男孩或女孩怎样完成委托给他们做的事情，是不是随便把钱花掉了，他们为了满足个人需要所花的钱是不是比花在所吩咐的事情上的钱要多些。这些错误，有时是由于钱额规定得不合理发生的，但是，也有时只是因为儿童对待自己的权利和能力不够严肃造成的。在这样的情形下，应该很坦白地给儿童说明，注意他们的错误，劝他们改正。无论如何不应当以不断的检查，尤其不应当以经常的怀疑来使儿童感到厌烦。只是应当在吩咐儿童的事情上，善于观察儿童的行为。

我们要结束家庭经济基本特点的分析了。父母可以在自己的经验中

发现教育儿童合理地管理家庭经济的许多不同的练习方法；同时父母也应当了解：在教育优秀和诚实的家庭主人的同时，也教育着优秀的公民。要使家庭经济能够集体地、正常地、同时又有纪律地组织起来，要使家庭里没有过分的神经质和颓丧气象，而要更加生气勃勃，具有致力于改善家庭生活的友善态度，这是非常重要的。

今天的讲座可以概括如下。

家庭经济活动是教育工作中一个最重要的场所，正是在这里能培养出以下的优点。

集体主义，即个人跟别人的工作和利益、跟整个社会利益的真实结合。培养集体主义的方法是使儿童接近父母工作的环境，使儿童参与家庭预算，使儿童在家庭生活富裕的时候知道节约；家庭经济困难的时候能够量入为出。

诚实，即对人、对物的坦率真实的态度。

关心，即经常注意家庭需要和满足这种需要的计划。

节约，即爱护什物的习惯。

责任感，即当碰伤或毁坏了什物的时候，感到有过失，感到于心不安。

判断能力，换句话说，就是能够普遍注意到事物和问题的全貌。

处理事务的能力，即安排时间或工作的能力。

一切的家庭经济应该是集体的经济，应该不是神经质地，而是以平心静气的态度来处理。

练就你孩子的学习能力[①]

〔美〕哈德曼

学习是一种能力。

二十一世纪的成功者，将是那些有学习能力的人。

我们可以肯定地说，一个人学习成绩的优劣，不仅取决于他是否刻苦努力，是否运用了有效的学习方法，更重要的是他是否练就了学习能力。对于一个孩子——一个学习者来说，学习就是他的工作，我们不能指望一个没有工作能力的人会把他的工作做得如何出色，同样地，我们也无法指望一个学习能力不足的孩子会取得学习的成功。如果你期望你的孩子能够在学业上出类拔萃，你就要关注他的学习能力，培养他的学习能力。

在影响孩子学习能力的因素中，父母了解最多的只是认知因素：智力和创造力。我将在第八章指导你如何去培养你孩子的创造力。但还有些极为重要的因素却不被父母，甚至是老师所知，比如情感、动机、记忆和学习习惯等。这些因素左右着你孩子的学习能力和学习成绩，你需要清楚地了解它们，更要学会利用它们，这是培养他学习能力的第一步。

一、学会调整孩子的情绪

人们因情感情绪而做事。在情绪因素中最重要的就是孩子的焦虑程

① 选自《创造成功孩子的22种力量》，〔美〕哈德曼著，李天然译，中国工人出版社，2002年10月。

度。许多研究表明，适度的焦虑水平有利于学习，但焦虑水平过高则会对学习产生抑制和干扰作用。在学生中间潜在的最大焦虑的来源就是害怕失败。这一现象很容易在考试中被察觉，尤其是在那些利益攸关的考试中。而在不愉快的教学气氛里，比如，学生的失败常常会招致老师的责备或其他学生的嘲笑，也会让孩子产生高度的焦虑。但是，即使在正常的教学气氛中，一些孩子也会体验到过高的焦虑，这或者是因为他与老师的关系紧张，或者是由于时间的压力，或者是对老师、同学的评价过于敏感所致。另外，有些孩子还会因为校外的压力产生焦虑，比如父母的期望。

焦虑是一种动力，它会让孩子产生努力学习的动机，但同时也是一股破坏力量，它扰乱人的正常思维，摧毁孩子的勇气和雄心。

与焦虑密切相关的是自我概念的问题。有较高自尊的孩子，比那些有同等能力但自尊却较低的孩子，学业成绩更优秀。他们会给自己设置较高的目标，即使得不到父母的赞同他们大都会义无反顾，也很少被失败吓倒，并对自己的能力有更为客观的认识。有较强自我的孩子是父母培养出来的，较强的自我决定于父母的关注、鼓励、爱护、坚韧性和民主性的行为，父母要让孩子感到自己是家庭中的一个有价值、有地位并有责任感的成员。如果父母善于给孩子成功的机会，在他失败时去鼓励他而不是去责备他，还可以帮助他确立对自己能力的自信。

二、激活你孩子的两种学习动机

没有求胜的动机就没有求胜的行动。动机是影响学业的最强烈的因素之一，它决定着学习者在学习时会付出何等努力的程度。如果你的孩子缺少足够的学习动机，他就不可能在学校的学习中获得满意的成果。我已经提到学习动机的一个来源——焦虑。但还存在其他来源。习惯上我们将它们分为来源于孩子自身的内部动机，和环境强加于孩子身上的外部动机。

心理学界的一个共识就是承认，人类存在着一种本能的探索性驱动力量，它驱使人们去满足自身的需求，也驱使人们对外部世界进行探索。然而，在孩子成长的过程中，父母或其他人对他探索性尝试的反应，决定了他这一驱动力量的发展。如果孩子探索性的尝试得不到父母的赞同，孩子就会产生挫折感，就会自动减少这种尝试行为。相反，如果他能不断地被他的发现以及由此带来的兴奋和父母的赞同所奖励和强化，他就会持续这种尝试，并变得更有方向性——目标、志向，更有成就。

与孩子这种探索性动机密切相关的是孩子在学习中产生的兴趣程度。著名心理学家莱恩·布鲁纳博士的研究表明，之所以有些事情能抓住孩子的兴趣而有些却不能，关键在于它们是否与孩子的日常生活有更直接的关系；很多孩子之所以对学习失去兴趣，恰恰是源于学校的学习活动脱离学生的日常生活，所传授的知识更多的是为未来作准备，而不是为应付眼前的事情。一个明智的父母，面对这种无法改变的现实，最聪明的做法，就是从认识孩子已掌握的知识开始，了解他的探索性，了解他的志向，了解他的问题，并向他说明这一切与学校的学习有怎样的关系，以及这种学习如何能帮助他更好地生活。布鲁纳博士的这种方法已经使数以万计的父母和孩子从中受益，我相信它对你和你的孩子同样也会有帮助。

当然，你还需要帮助孩子建立外部动机。你要让孩子知道，你在关注着他的学习，关注着他的考试成绩，关注着他的学习目标，关注着来自学校的有关他的学习评分，当然还有你的赞扬与鼓励。你的这些关注构成你孩子的外部动机，他们是创造动力的力量。这些方面的成功，可以帮助孩子形成成就动机。孩子发现成功受到奖励、表扬，他就会产生一种更有目的指向成功的期望。

三、训练你孩子的记忆力

几乎人人都希望能够提高自己的记忆力。但据美国儿童基金会最新的一项研究报告表明：0～2 周岁是孩子终生记忆力高低的关键时期，在此期间，孩子将完成学会记忆的整个过程，并定型他的记忆力。这项研究可能会令你沮丧，因为你的孩子已经超过了这个年龄段。

事实上，没有一个人能够做到使记忆力普遍提高，因为记忆不同于肌肉，可以通过练习就可以提高它的机能。如果说那种为获取商业利润

而出版的“学习指导”获得了什么成功的话，那么其中原因在于它们更多地激发了学习者的努力，而不是什么其他原因；任何一个有头脑的人，只要他将精力集中于他所面临的问题，就都能很好地完成所面临的任务，一般来说，找到一个将两种思想结合起来的“中间思想”或联系，并不困难。

一个又一个研究证明，依靠所谓的记忆训练方法不能提高学生的记忆力，记忆能力的提高只能通过改善学习方法来实现。行之有效的记忆方法就是，你要警告孩子要充分学习，提醒他在学习时要高度集中注意力，要思考、理解所学知识，并将所学知识用于实践活动。这就是理解加强记忆。

当你的孩子学习了某些东西的时候，某种记忆的痕迹就会留在他的大脑里。而他能否保持这些内容将取决于记忆痕迹的强度——它依赖于你孩子在学习时的掌握程度。在学习中，如果你的孩子能过度学习，就可以增加他的记忆痕迹的强度。

所谓过度学习，就是你在某些知识学到能百分之百地正确回忆之后，你还能继续学习它。例如，你用 10 分钟学会了 20 个英文单词，而后如果你继续像先前那样集中精力学习和复述，那么你就是在对这些学习内容进行过度学习。如果多学 5 分钟，就相当于过度学习 50%，多学 10 分钟，就是过度学习 100%。过度学习使记忆痕迹更加深刻。几乎每一个人都曾过度学习过：字母表、乘法表以及各种童谣。只要我们活着，我们就永远不可能忘记这些东西。这就是说，如果你想长期记忆某些东西，你就要过度学习它。

四、培养你孩子的学习习惯

每一个人都有很多习惯系统，当它们被某种动机激励的时候，就会在相似的条件下运转起来。例如，当面临一个困难的智力问题时，人们就可能习惯性地把自己关在屋子里，独自苦思冥想。而有一些可能会习惯性地放弃它，自我解释说这是一个毫无价值的问题。这就是习惯的力量，它可以使人鼓起勇气，面对困难，直达成功，也可以使人削弱意志，逃避挑战。

随着孩子一天天地长大并对自己的学习更有责任感时，一个好的学习习惯变得越来越重要。习惯是培养、强化出来的，一种习惯在以前出现并引起满足结果的次数越多，这种习惯的强度也就越大，产生满意结果的行为也就会被不断重复，结果成为了习惯性行为。要培养出良好的学习习惯，你需要指导孩子不断地重复下列学习行为：

①计划现实的学习目标。孩子认真计划现实的学习目标，远比那种无法实现的志向和模糊的承诺更有效。聪明的父母会让孩子明确地说出他的这些目标，这会使孩子为了维护自己的信誉而坚持做下去。

②在约定的时间内学习。这种行为可以防止孩子养成一种随意拖延他要完成的任务的习惯。

③先学整体后学部分。对新知识的学习一开始应将它从整体上阅读一遍，对它的大体情况有一个了解，然后再将它分为小的单元并更有针对性地去学习。

④养成做笔记的习惯。教科书或老师并不是以适合学习者自己经验和理解力的方式来教学。学习者应该花一些时间做笔记，以更适合自己的方式重新组织学习材料，提高对所学知识的理解力和效率。

⑤进行过度学习。过度学习的目的就是要强化记忆，学习者对已学过的知识继续学习，将比不这样做有更好的记忆效果。

⑥制订复习计划。在一门功课学习期间，有一个分阶段的复习计划，要比在考试之前的最后时间里对所有的内容死记硬背更有效。分阶段复习会使学习者在以自己的方式学习这一内容时，逐渐熟悉并掌握整个的内容，因为每一个新知识都被安排在一个适宜的上下文中，在最终为考试作准备时，学习者只需要回过头来对已经过度学习的内容作一次回顾。复习最好在被遗忘之前开始，这被称为保持性复习。

很多人都在迷信对学习技能的特别训练，但这远不如让学习者形成自己的思维和学习习惯。强调好的学习习惯及系统的学习方法，可以使孩子将注意力集中到学习内容和学习过程中来，更可使他发展出更高等级的学习技能。

培养儿童对自己机体的支配力[①]

〔俄〕乌申斯基

人对于蕴藏在他神经机体内的一切力量和能力，远非都能支配的；在这个丰富的宝库中，只有那些他能使之听从于自己的意识和意志、从而能按照自己的愿望加以支配的力量和能力——也正是这些力量和能力——才是属于人自己的。教育的主要目的之一，就是要使神经机体的力量和能力服从于人的明确的意识和自由的意志的支配。神经机体的不随意活动本身，不管在其中所表现的能力是多么出色，也仍然不仅是徒劳无益的，而且是极其有害的。作为教育者，不应该忘记这一点，然而有些教育者往往很不恰当地去欣赏儿童机体的神经激奋性的各种表现，以为在这种激奋中能发现伟大的才能或者甚至天才的萌芽，于是便去加强儿童的神经激奋性，而不是采取各种适当的措施去减弱它。

有多少孩子在童年时代被公认为小天才，而且确实预示了辉煌的前途，但长大后却成了碌碌无为的人！这是一种常有的现象，因而毫无疑问，它也为读者所熟悉。但深入去思考这一现象产生的原因的人却并不多。这个原因就在于：这类儿童的神经机体确实很复杂，很丰富，而且很敏感；假如它能服从于人的明确的意识和意志的支配，那么它确实可以成为人的杰出活动的源泉。但糟糕的正是这种丰富的神经机体压制了人的意志，使人成为它的各种任性的、偶然的表现中可以随意摆布的东

① 选自《乌申斯基教育文选》，〔俄〕乌申斯基著，张佩珍、冯天向、郑文樾等译，人民教育出版社，2007年。

西；而疏忽大意的教育者不是支持这样的人去与他的神经机体作斗争，而是进一步去触动和刺激这一神经机体。

无论不随意的神经活动表现得如何五彩缤纷，无论在这种活动中如何富有魅力地显示出记忆力、想象力和机智聪明，但如果它缺乏唯一能使我们的思想和行动具有合理性和现实性的那种明确的意识和自制力，那么它就不会引起任何合理的东西。没有这样的指导者，最杰出的思想也不外乎是像云彩一样不可捉摸地缭绕的幻想，不外乎是像云彩那样被真正的生活轻轻袭来的第一阵微风驱散的幻想。

当然，丰富而又敏锐的活动，深厚而又复杂的神经组织，是任何出色的智慧和才干的必要条件，但这只有在人得以支配这一组织的情况下，只有在达到了这样的程度时才是可能的。神经机体越丰富，越强健，它就越容易从人的自我意识的控制下摆脱出来，也越容易去支配人，而不是去服从人；因而在一些伟大的人物身上，我们不仅能发现丰富的神经组织，而且还能发现超出常人的意志力。

如果我们读一读一些著名作家的传记，翻阅一下他们作品的草稿，我们就会发现坚强的意志和强烈的自我意识同极其容易受刺激的丰富的神经机体作斗争的明显痕迹；我们还会发现，作家们是如何逐步地控制住自己的神经组织，他们是如何以一种不可遏止的忍耐力同它作斗争，克服它的任性，从而利用这一丰富的源泉的。

伟大的作家、演员，特别是伟大的思想家和科学家，既是天生的，也是在这样的锻炼中形成的。在逐渐地控制住自己丰富而又复杂的神经天性的这一过程中，他们显示了坚韧不拔的精神；这种精神是毕丰所特别推崇的，他曾经说过："天才就是最大的忍耐力。"

儿童的神经组织越丰富，教育者就越应该谨慎地对待它；任何时候，在任何情况下，都不应该让它达到激奋状态。教育者应该记住，神经机体只是在不陷入激奋状态的情况下，才逐渐地习惯于忍受一切极其强烈、极其广泛的印象，因而随着神经组织的发展，人的意志和意识应该坚强起来。逐步地丰富神经机体，逐步地发展它的力量，永远不让它的正常活动转入激奋状态，逐步地使学生学会控制自己丰富的神经系统——这应当成为教育的主要任务之一，而在这个方面，教育学需要进行极其广泛的工作。

教育者任何时候都不应忘记，不正常的神经活动非但是无益的，而且是完全有害的。第一，它对人的身体健康有害，因为毫无疑问，神经的激奋活动在任何情况下都是靠身体总的营养来维持的，这样，特别是在身体发育时期，它就会使身体受到很大的亏损；第二，使这种不正常的活动更为有害的原因是，它由于经常反复地进行而逐渐变成机体的习惯状态，于是机体随着这种活动每一次的进行而越来越容易陷入激奋状态，最后就成了当前那样普遍地存在的一种神经脆弱的机体。

儿童过去的那种单纯的生活更有助于培养强健而又和谐的神经组织，这种组织与现在的相比，可能并不那么敏锐，其感受性也不那么强烈，然而却更可靠。毫无疑问，在我们这个时代，之所以会存在神经脆弱的相当重要的原因，是由于出现了人们所创造的各种各样的儿童娱乐，由于过早地阅读儿童中篇小说和长篇小说；当然，最重要的原因是由于一些对儿童过分关怀的家长和教育者让儿童们过早地去从事纯粹的脑力活动，而从某种程度上来说，这种纯粹的脑力活动要求人具有高度的知识修养。“教育者似乎认为——英国的布拉伊格姆博士说道——在刺激心灵兴奋起来的时候，他是在促使某种完全不依赖于肉体的东西进行活动，并且是在使特别脆弱的机体的活动加快到不能再快的程度；可惜的是，他不懂得这种活动与肉体有着密切的关系”。“神经系统的中枢——苏格兰的一位时髦的教育家杰姆斯·居利说道——是大脑；如果在童年时就使它过于兴奋，那么它将永远是既激奋又活跃，但同时也将永远是脆弱的：它开始控制整个机体，而本身却不受任何控制。而在情感处于过分强烈的兴奋状态时，也会发生这种情况，甚至还发生得更快一些。这就是为什么无论是对于身体的健康，还是对于儿童的性格来说，特别重要的是，不但在学业方面，而且在游戏方面，打从早期起就应该防止儿童产生过于强烈的激情（杰姆斯·居利：《公共学校教育的基础》，1862 年版，第 149～150 页）。

“任何超越体力发展的过早的智力发展，本身在某种程度上就已经是一种神经激奋，因而智力发展和体力发展应同时进行的这种需要，就是建立在这一现象的基础之上的。体操、各种体育锻炼、身体疲劳时所需要的睡眠和营养、在空气清新的地方散步、用冷水沐浴、要求体力上的熟练技巧的机械式的工作——这些都是使神经机体一直保持正常状态、甚至使由于不小心而陷入激奋状态的人镇定下来，同时巩固人的意志并使其对神经占上风的最好的手段”。

英国和美国的教育工作者已经懂得了这一任务的重要性，并且为使一切心灵和肉体的力量的发展始终保持平衡状态而做了不少工作。德国的教育只是过分地强调智力发展，而对于体力的发展却至今还做得很少，尽管在德国有关教育的书籍中对于体力发展的必要性已经谈得很多。但是，没有一个国家的教育像我们俄国的教育那样，如此厉害地破坏儿童机体的平衡，如此刺激儿童的神经系统。在我国，至今全部注意力还仅仅集中在学习上面；优秀的儿童把自己的全部时间都仅仅用来读书和学习，学习和读书；他们不进行任何独立的活动以尝试并锻炼自己的力量和自己的意志，甚至不会清楚而又明确地表达——即使是口头上——他们已经学会或读完的东西；他们很早就成了某种只是喜欢幻想的、消极的人——这样的人老是准备生活，却从来不会生活；老是准备活动，却永远只是些幻想家。

在室温20℃的条件下，穿着皮袄或法兰绒衣服，过着缺少活动的生活，这种生活是娇生惯养、怡静舒适的，它没有任何体操练习，没有散步，没有游泳，没有骑马，没有机械式的工作，等等；除了书本，还是书本，不是做功课，就是读小说——在我国中产阶级儿童的教育中，这几乎是一种普遍的现象。这种教育能培养出什么样的人才呢？只能培养出阅读大量书籍的书呆子，然而他们从这些书籍的阅读中却不会得到任何益处，因为就连写成一篇像样的文章，也需要意志和习惯，甚至连清楚而又生动地用话语表达自己的思想，也需要意志和技巧；而我们的学校给予学生的却仅仅是这样的知识或那样的知识——除了知识，还是知识，要他们尽快地从一种知识转到另一种知识上去。头脑得到了发展，但性格却十分软弱无能；具有理解一切和幻想（我甚至不能说——思考）一切的能力，但却什么事情都不会做——这就是这种教育的结果。在看到具有这种特性的学生时，往往衷心地希望他所获得的知识尽量少一些，希望他能成熟得慢一些，这样，他就可能成为一个比较成熟的人。我们用这种损害和刺激儿童神经系统的教育整整断送了好几代人，而且十分遗憾的是，我们还没有看到当前为改正我国教育中的这一根本错误而做了些什么。不过我们还是希望，在消灭那种使俄国贵族儿童甚至毋须自己为自己擦皮靴和刷衣服的农奴制以后，能间接地使这方面取得极大的改进。

现在我们列举几种防止儿童的神经激奋或者使其镇静的教育措施，同时还要附带说明一下，这样的措施可能是很多的，而一个非常了解恶行的缘由的明智的教育者，自己会找到很多与恶行作斗争的手段。

根据我们在前面力求阐明的生理—心理原因，合理的教育学应该：

(1) 禁止让儿童食用茶、咖啡、酒、香料以及种种带有刺激性的东西——总之，禁止一切对他们神经特别有刺激性的饮食；

(2) 禁止各种刺激神经的游戏，如当前在儿童中普遍出现的赌博行为，禁止儿童舞会，等等；

(3) 禁止过早、过多地阅读中、长篇小说，特别禁止在睡觉之前阅读；

(4) 在发现孩子失去常态的情况下，禁止他的活动或游戏；

(5) 在任何情况下都禁止用任何方式去强烈地刺激儿童的情感；

(6) 要求极其严格地分配儿童一天的时间，因为只有严格的活动规律最能使神经处于健全的状况，而毫无规律的生活最能使神经受到损害；

(7) 要求智能训练和体质训练经常交替地进行，要求经常散步、沐浴，等等。

在对神经系统已经过于兴奋的儿童进行教学时，聪明的教师能够对治愈这一病态施加有益的影响。他将尽量不去对孩子那原本已经非常激奋的想象力提供粮食，而是特别注意去培养他冷静的思考力和清楚的意识；他将去训练孩子清晰地观察普通事物的能力以及明白而准确地表达自己思想的能力；他还将经常让这样的孩子进行力所能及的独立工作，并且要求以严格认真的态度去完成——总之，将在一切合适的时机去训练孩子的意志，从而渐渐地培养起他支配自己的可能由于过分丰富而难以控制的神经组织能力。但与此同时，教养员和教师都不应忘记，神经越是习惯于陷入激奋状态，它们也就越是不容易摆脱这种极其有害的习惯，因而教养员和教师的任何缺乏耐心的行动只能引起与他们所期望的完全相反的后果：不是使孩子的神经镇静下来，而是使孩子进一步受到刺激。

读书的方法[1]

〔美〕刘　墉

今天你问我该怎么读书。如果你指的是读课本、考高分，我想我是没资格回答的，因为我高中的学业成绩并不好，全靠联考之前的猛力冲刺，才进入师大。但是，我又想，说不定这种冲刺的经验，倒可以供你参考。

我觉得脑子里一定有个死角，因为念书时，常有些东西硬是进不去。碰到这种情况，我绝不硬背，而将那正面的冲突改为消耗战。方法是将背不进的要点，写在课本靠近页边的位置，每次读书之前，先快速翻阅一遍，使那些字闪过脑海，仿佛分期付款，一个月下来，自然就记住了，反比那硬背的东西结实。

我也利用谐音的方式来记东西，这是从初中许多学生就使用的方法。譬如“危险”是“单脚拉屎”（Dangerous）“大学”是“由你玩四年”（University)。又譬如我背长江沿岸的10个二等港，只用了一句话“政无安九月常常杀一万”，意思是“政治不安定，九月秋决时处死的人往往高达一万”，虽然句子没有道理，却让我到今天还能记得“镇江、芜湖、安庆、九江、岳阳、长沙、常德、沙市、宜昌、万县”，有人大为惊讶，封我为“电脑”，岂知我是用了特殊的读书方法。

如果你到我书架上找，还会发现一大包“方块字”。以小纸片做札记，和以方块字帮助记忆，是我至今仍用的方法。譬如近来临习明朝韩

---

① 选自《一位父亲写给儿子的116封信之1》，〔美〕刘墉著，漓江出版社，2007年12月。

道亨的《草诀百韵歌》，由于草字与楷书的笔画顺序有很大差异，许多字不易记得，我就将它们制成方块字，正面写楷书，背面写草字，口袋里揣一把，随时摸出来，看到楷书就想草书，见到草字则加以辨别，倒也能事半功倍。

此外，古人有所谓“锦囊集句”，方法是将平日的灵感写在小纸条上，先投入锦囊，有空时再取出来整理，将断片的灵感集合为大的篇章。我也采取这个方法，不论乘车、走路，甚至上厕所时，只要有灵感，就写在随身携带的小本子或名片背后，统统集中在一个地方；虽然很可能一两年之后，才有暇拿出来整理。但是就用这个方法，我在百忙中居然能写成 7 本《萤窗小语》和《点一盏心灯》。如果我不知道把握每一个小灵感而任它飞逝，怎么可能有这些成绩呢？

还有一点，在这个知识爆发的时代，你会发现书念不完，在做学问时却又需要广大的涉猎，所以你必须懂得上网查询和整理繁杂的资料。书买回来，即使没时间细看，也要将前言、目录翻过。有一天碰到问题时，则可以回想曾在某书见过相关资料，而找到需要的东西。

同样的道理，百科全书的检索目录、各种字典、辞典、植物典、句典、名典、世界历史年表、地图，也是必备的。甚至像《国家地理杂志》这类书，由于资料丰富，很具有参考价值，为了检索方便，你也可以去买一本数 10 年来的目录。《纽约时报》集合各种重大新闻的《首版集成》(Page One)，和百科全书的年鉴也很有用。

总之，书印好了，就是死的，人脑则是活的，你必须将这些死的资料，用最有效的语言、方法，输入你的人脑中。并将这些资料，放在身边，如同电脑磁碟一般，随时等你插入，将你要的东西整理出来！

每个人都有自己读书的方法，我只是将我的方法提出来给你参考。如果你的程序语言（Language）更适用，当然还是用你自己的比较好。

怎样精读[①]

——1953年10月为“青年讲座”播讲

王云五

对于应当精读的书采取精读的方法，不仅要一字不苟，一词不苟，而且对于其书的体制与背景都不可轻易放过。这样的读书方法，自然要比略读慢得多。不过持之以恒，正如里谚所谓：“积丝成寸，积寸成尺，尺寸不已，遂成丈匹。”郑畊老的《劝学篇》称：取《六经》及《论语》《孟子》《孝经》以字数计之，《毛诗》39 124字，《尚书》25 700字，《周礼》45 806字，《礼记》99 020字，《周易》24 207字，《春秋左传》196 845字，《论语》12 700字，《孟子》34 685字，《孝经》1 903字；大小九经字数合484 095字（这当然指正文而言，所有注疏皆未括入）；又称：且以中才为率，若日诵300字，不过四年半可毕……这些经书在旧日的读书人当然皆要精读，乍看起来，似乎庞大不易卒读；今照上开估计，只要持之以恒，四年半便可毕读。经书因注疏较正文尤多，故读时稍缓；若为其他科类的书，无如许注疏者，精读之速度至少三四倍于此，是则4年之间，经过精读之书不会少过200万言，亦不可谓少矣。

精读的书籍，如照上段开端所示，至少须有六项方法应当注意，这就是：（一）奠基，（二）循序，（三）明体，（四）析疑，（五）比较，（六）专志。兹逐项说明如下。

1. 奠基。

建筑须奠基础，读书何莫不然。读书的基础就是语文。语文是读书

---

① 选自《我怎样读书：王云五对青年谈求学与生活》，王云五著，辽宁教育出版社，2004年11月。

的必要工具，其中包括识字、辨名与文法三事。关于识字者，必须对于字音、字义与数字连用时的变义彻底了解。我国文字的六书中，虽以形声字占百分之八九十，因此大多数的常用字皆可从字面上一看而知其读音和字义的大概，但是读音既多例外，字义的真相也未必尽能一望而知；加以数字运用时往往产生新的意义，不一定是可以望文生义的。因此，在精读时，必须时时对于不能彻底了解的字与词检查字典与词典。关于辨名者，则宫室、服制、草木、鱼虫等，古今异名；对于读古书者，如采精读，均有考辨之必要。《尔雅》一书之所以列入十三经，亦即以读经须能辨名之故。至于现代的科学名词及地名、人名等，要知其真正的内容皆非检查百科或分科词典不可。关于文法者，则古今文法亦有不同，精读古书者尤有研究古文法之必要。《困学纪闻》称："东坡得文法于檀弓，后山得文法于伯夷传。"盖谓从若干篇古文中精研其文法、文体与结构，即由此而可推及其他也。此外还有修习外国文而阅读其书报者，由于中外句法之不同，欲能了解其意义者，必须注重文法与析句，否则对于长至数十字之句，仅就字面解释，难免要生错误；且法律条文等一句之长往往有达数百字者，更易误会。近人往往过分重视直接教学法，而以为文法不足重者，不知直接教学纵有助于会话，然西人以其本国语言会话，其直接殆无以复加，但如不习文法与析句，仍不免误解长句，况我国人岂可因直接法便利会话，遂渭可以轻视文法乎？

2. 循序。

宋朱熹说："杂然进之而不由其序，譬如枵然之腹，入酒食之肆，见其肥羹大胾、饼饵脍脯，杂然于前，遂欲左拿右攫，尽纳于口，快嚼而亟吞之，岂不撑肠拄腹，而果然一饱哉！然未尝一知其味，则不知向之所食者何物也。"此指读书不循序而求速之弊。此与《论语》所谓"欲速则不达"，《孟子》所谓"其进锐者其退速"同一道理。今世界任何事皆重计划，有计划则可循序进行，有条不紊，表面似乎缓进，实际即系稳进。读书亦如是，而精读之书，因有深浅之分，必须由浅入深，循序渐进，始能收切实了解之效。

3. 明体。

凡精读之书，须先明其体制。书的大体包括：（1）学术流别，（2）作者立场，（3）时代背景。所谓学术流别，例如读中国的经书，首须知道其有今文与古文两派，故读十三经注疏所收的尚书正义，因系古文传本，不少学者谓为伪本；明乎此，便须兼读汉伏胜所传的今文尚书大传，以资比较。所谓作者立场，则如经济学的书籍有特予区别之必要。例如亚丹斯密之《国富论》，其中理论乃自资本主义之立场发挥；而马克思的资本论则以社会主义之立场而论列。所谓时代背景，例如美人凯雷之《地租学说》甚著名，但凯氏生息之时代，美国人少地多，其学说固甚合当时事实，但时至今日，地少人多，则其理论已失去时代性了。

4. 析疑。

就是剖释疑义之意。要剖释疑义，则读书须先能怀疑。孟子说得好："尽信书则不如无书"。宋程颐说"学者先要会疑"。可见古圣先贤对于读书皆主张能怀疑。不过怀疑的意思，绝不可误解为事事须加挑剔；如此则对所读的书首先没有信仰，更何能因重视与兴趣而深切研究。清代李光地对此点说得很公允。他说："要通一经，须将那一经注疏细看，再将大全细看。莫先存驳它的心，亦莫存向它的心。虚公其心，就文论理，觉得哪一说是，或两说都不是。我不妨另有一意，看来看去，务求稳当，磨到熟后，便可名此一经。"由此可见所谓怀疑实在是用心的别称。换句话说，就是对所读的书，就其所提倡的理论与方法认真思考，不可无条件接受；如认为不当也不要轻易武断。须再考虑作者所处的时代与背景，并悬想假使作者生于现代，处于现在环境，是否亦同此主张。如此用过一番心思，才可以作公允的评断也。

5. 比较。

是就同类书若干种比较其主张与叙述；这是精读方法最有效之一。关于比较其主张者，尤莫切于经济一类的书籍。由于学者对许多经济问题的意见分歧，迄无定论；即有趋于一致的结论，也是暂时的，而非永久的，故宜同时参考不同派别者的主张。例如研究关税问题时，甲书详于保护政策，乙书阐发自由贸易较精，彼此各有其重点，故有同时阅读以资比较之必要。至关于叙述之事实，试举历史为例。由于我国正史多是后一朝代的政府为前一朝代而修撰，凡不利于修史的朝代之处，自必为之隐讳，甚至变更其事实；故读正史之外，不能不兼读有关之稗史、野史、笔记、年谱及其他私家著述，以资比较。

6. 专志。

犹言专心致志。孟子说：“今夫奕之为数，小数也，不专心致志则不得也。”这是说任何事非专心致志不能有成；读书，尤其是应当精读之书，更属当然。宋苏轼说：“书富如入海，百货皆有，凡人之精力不能兼收尽取，但得其欲求者耳。故愿学者每次作一意求之；如欲求古人兴亡治乱，圣贤作用，但作此意求之，勿生余念。又别一次求事迹故实、典章文物之类亦如之。他皆仿此。此虽迂钝，而他日学成，八面受敌，而涉猎者不可同日而语也。”此即西人所谓一时专做一事，亦即分工之意。如以此法用于精读之书，则读时当不止一遍，盖依分工之旨，每遍之目标不同，遂能专精，也就能够深刻。

怎样略读和摘读[①]

——1953年为“青年讲座”播讲

王云五

如果精读的方法以“专”为主，那就略读和摘读当以“博”为主。但是“博”也应该有个范围，在无量数的图书中，尽管要博览，也断不能一一都念过；因此还需要有个线索，才可使略读或摘读的工夫不致落空。

我国旧学向称浩如渊海；西洋新学更是博大无边。于是要想博览各科名著者往往望洋兴叹。其实海洋虽大，汽船岂不是航行自如，甚至天空中，上下前后，一片茫茫，飞机亦得航行无阻；无他，赖有指南针之发现而已。因此，图书尽管浩瀚无涯，倘然亦能发现与利用一种特殊的指南针，何尝不能如汽船飞机之畅游而不致迷途呢？

图书的指南针非他，我国的目录学和西洋的图书分类法是也。其实目录学与图书分类法只是名称上的不同，内容固不是两事。其区别只可说目录学是关于图书类别的全知识，图书分类则是其中的最重要部门而已。

图书的类别，无论在我国与在西洋，都是以人类知识的类别为出发点。

我国图书的分类始于汉代刘歆的《七略》，就是把所有图书按其在知识上的性质分为《辑略》《六艺略》《诸子略》《诗赋略》《兵法略》《术数略》《方技略》七大类。西洋图书之分类始于希腊大哲亚里士多德

① 选自《我怎样读书》，王云五著，辽宁教育出版社，2004年11月。

所分的历史、文学、哲学三大类。由于学识的类别日繁，图书所分的类也日多。我国的书籍到了清代的《四库全书总目》，将其分为“经史子集”四部后，每部之下再分若干类，类之下间亦分为若干属，总计共分65属。

西洋图书的分类现在最流行者为美国的十进法，由百而十，由十而个，个以下以小数若干位分别表示，通常在小数点之前有三个数字，小数点之后也有三个数字，充其量可达10万类。由于现今已有详尽的分类法，凡对分类法有过涉猎的人便对于全知识的类别与其关联都不难知其梗概。

我以为做学问的人一方面固要从细处着眼，他方面也要从高处俯瞰。所谓高处俯瞰，便是认识学问的轮廓，然后择定应涉猎的书籍从事于略读或摘读，譬如到了一个新的城市，最好先乘飞机，在其上空环游俯视；如此则整个城市好像一幅极大的地图展现于眼前。在这样鸟瞰的观察中，东南西北各方的特点，以及城内城外的要区，冈陵湖川的名称，都不难辨其大概。着陆以后，大体既已认识，自不难按图索骥。

这方法比诸终日在大街小巷散步，走了不少路，仍不脱一个小区域，纵然对此区域十分熟悉，而于其他区域与整个地方形势仍茫然无知者，孰优孰劣，尽人而知。我以为对于新旧学识的图书从事博览，即采取略读或摘读的方法，以期用少数的时光，获得广博的学术者，首先要对学问的全貌从高处俯瞰。具体言之，就是从目录学，即图书分类法下手，这一项做到了，方可以言略读或摘读；至于略读或摘读所当采行的读书法，应当注意“备忘”与“索引”两项，兹分别说明之。

1. 备忘。

由于略读或摘读之书籍都以很短的时间读其全部或一部，因此自然很易忘记，为备不忘，于略读或摘读之某章某节或某段，认为有值得将来参考者，当就原有标题或自拟标题一一分记于小卡片上，附注书志名称与其所见页数；这些卡片各按标题顺序排列。如此则许多书志中同性质同标题的资料都可借卡片的作用而贯串之。嗣后随时有需参考，只需一检卡片，则凡经过涉猎的资料毫无遗漏。

我在过去数十年来略读或摘读过的书籍杂志曾用此法编制卡片，日积月累，多至数万张，仿佛构成一种最完备而切实的大百科全书。可惜这副卡片现已随我的数万册私人藏书陷于不可知的命运。十余年前迁居台湾，仅存的藏书数千册与新添置之少数外国文书籍，连同数十种的中外杂志，于阅读之余亦仿旧习，随手重编一副卡片，现在已不在少数，偶有撰作或参考，一检卡片，数分钟内便可以一览而知所有的资料，十数分钟内所有资料都可以集于书桌左右，予取予求，便利无比。

这方法特别适用于略读或摘读的书志，但精读的书籍，为备忘计，亦未尝不可同样处理也。

2. 索引。

这是在一书之末将书中要点依序列举，并指示其见于书中的某一页，效用可补各该书目录之不备；而且目录是按照全书的顺序排列，索引则按照各该要点的方面排列，可从不同的角度而检得书中的资料，不仅较诸任何详细的目录更详细而已。外国书籍，为便于利用，无不编有索引。我国古书向无索引，但近世的各科专著多仿外国例子，附编索引，又出版家也有就其复印的古代巨著编详细的索引，以便参考者，其中规模最大者莫如商务书馆所印的《十通》，于书末所附的全书索引，以及开明书店的缩印《二十五史》后，就其中有传或附入他人传记的人物合编一部《二十五史人名索引》。这两书的索引各多至四五万条，均按照四角号码排列，对于研究学问最为方便。

凡从事摘读之人对于所读之书要摘取其当读的若干段或若干点者，因书中目录多未能详举内容，最好是翻阅索引，发现某些要点当读，即就其所示的页数查阅。

除上述为两种方法外，对于要略读或摘读的书籍，在开始阅读之前，或选择书本之初，如能兼采所谓“提纲”的方法定然会增加不少的便利。

所谓提纲系指利用书籍的提要而言。我国自宋代陈振孙编著《直斋书录解题》以来，迄今关于书籍提要之作不下百数十种。其规模最大者莫如清代的《四库全书总目提要》，把《四库》著录之书3 470部，连同存目各书6 819部，一一撰著提要。读此一书可知清代乾嘉以前1万种以上的图书概要。

外国这一类的书籍也很多。英文中像凯勒氏（Keller）的《读者书籍提要》最为常用。近来许多种文摘期刊，除为各杂志的论文作节本

外，每期辄附有书籍的长篇提要。10 万字以上的书本节为万字以内，使读者得以十分之一乃至二十分之一的时间，对一种当代名著获得整个的鸟瞰，对于忙里偷闲读书之人尤为便利。

与图书提要有同等或较大的效用者，为图书序跋。我国旧日有命名“读书引”的一部书，即收集数百种要籍为序跋，以为读书者的引导，可谓名实相符。因为图书序跋往往荟萃全书精华于一文，且多为出自名手。其文章议论可诵可传，其引导读者进读原书的效用实较图书提要有过之。

我在 30 年前购得一部抄本，内容约莫3 000部图书的序跋，共计有3 900余篇，可谓集序跋的大成，其规模 7、8 倍于《读书引》。现在业以“四部要籍序跋大全”的名称印刷为 20 巨册以问世，对于研究古籍的引导当有更大的效用。

序跋文之可贵，不仅在我国为然，即在欧美无不重视。美国哈佛大学前校长伊里爱·查尔博士于其主编之《哈佛古典丛书》50 巨册中，以序跋名作占其一册，可见序跋对于读者之关系重大，古今中外无不相同。尤其从事于略读或摘读者，对书之其他部分固可一读过去，或仅选读其有关部分，但因书中序跋有概括全书大意之效用，如其为他人所作的序跋，更常合书评与议论而一之，故不可不对此一篇特别以精读的方法而读之。

掌握性学习的一种策略[①]

〔美〕布卢姆

掌握性学习有许多切实可行的策略。每种策略必须与处理学习者个别差异的某种方式相结合，即把教学与学习者的需要与特征联系起来。每种策略必须找到处理前面讨论过的五种变量的某种方式。

假如人员费用不那么高的话，为每个学生提供一位好导师也许是一种理想的策略。不管怎样，当人们试图制订出一种费用较少的策略的细节时，导师—学生关系总是可考虑的有用模型。此外，个别指导策略并不像乍看上去那样强人所难。在学前阶段，大多数儿童的教学是个别指导性的，通常是父母所提供的。在许多中产阶级家庭里，父母或哥哥、姐姐们在儿童学习生涯的许多阶段都不断给予所需的帮助。

其他的策略则包括：允许学生按自己的步调学习（Keller，1968）、指导学生应该学习（或不学）哪些课程、把不同的学习者按成绩或能力分成不同的组。不分年级的学校（Goodlad & Anderson，1959）代表了一种允许与鼓励掌握性学习的组织形式的尝试。

卡罗尔的模型（Carroll，1963）认定，学习者的学习速度是不同的，而这种速度可以用一种能力倾向或智力测试预测。尽管关于学习速度的表现或稳定性尚有不甚明确之处，但这个模型仍是关于大多数学习者在一门学科的学习中能够达到高水平这一想法的基础——如果向每个学生提供了所需的时间与帮助。

① 选自《教育评价》，〔美〕布卢姆等著，邱渊等译，华东师范大学出版社，1987 年 3 月。

卡罗尔提出的这一构想启示我们，如果所有学习者在一门学科中接受了同样的教学，得到了同样的学习时间，该学科的成绩测试的最终分数将呈正态分布。但如果教学与时间适应每个学生的需要的话，成绩分布将是很偏态的：大多数分数将集中在成绩测量的高分一端。在这些情况下，学期初实施的能力倾向或智力测试便不能预测期末的成绩分数。

运用掌握性学习这一概念，布卢姆与芝加哥大学的研究生试图找到一些方式，能使学得较慢的学生得到所需的额外时间与帮助。这一研究（包括教育实验室与课堂的研究）表明，大部分学得较慢的学习者能够达到学得较快的学习者那样的学习成绩水平。当学得较慢的学习者确实成功地达到了与学得较快的学习者一样的成绩水平时，他们看来能够学习同样复杂、抽象的概念，能够把这些概念应用到新的问题中去，还能够同样好地保持这些概念，虽然他们在学习中是曾得到比他人更多的时间与帮助。此外，他们对于已达到成绩水平的学科的兴趣与态度，如同学得较快的学习者一样积极（Yildiran，1977）。

在许多国家，对各级教育水平都进行过掌握性学习的研究，包括小学、中学、初级学院、四年制学院以及医学、保育护理、工程之类高级专业学校。掌握法在各级水平的大多数不同学科的教程中都产生了极好的效果。（Block，1974；Block & Anderson，1975；Block & Burns，1976；B. S. Bloom，1976；Jones，Gordon& Schechtman，1975。）

芝加哥小组研制的掌握性学习探索方法，通过以诊断性程序与可供选择的教学方法及材料为常规群体教学的补充，使得大部分学生达到了预定的成绩水准。这种探索方法的终极目标是：使大多数学生在规定的授课学期、半学年或校历日期内达到掌握性的成绩水平。毫无疑问，在学习学科时，有一些学生将比其他人花费更多的时间。但如果大多数学生在规定的学科时限结束时达到了掌握水平，这将具有感情以及认知的结果。

在过去十五年对于这种策略的研究中，小组试图阐明一些必需的先决条件，研制所需的实施程序，评价这种策略对教师与学生所产生的成果。

一、先决条件

1. 成绩准则。

为了发展学生的掌握性学习，人们必须在学生掌握了学习要求时，能够加以识别。教师必须能够对他们所指的“掌握”意味着什么作出界说，必须能够收集必需的证据，用以确定学生是否达到了掌握学习的要求。

目标的明细规格以及教学内容是让师生知道所期望的学习的必要手段之一。把明细规格表翻译为评价程序，这有助于进一步弄清学生完成课程后应能够做些什么。用来评估教学成果的评价程序（终结性评价）帮助师生了解什么时候教学是有效的。

以这种方式来界说成果与预备的评价工具的含义，在于把教学过程与评价过程区分开来。在某些时候，教与学的结果能够在对学生的评价中反映出来。但这是两种独立的过程。这就是说，教与学的意图是在一种学习范围内培训学生，而终结性评价的意图是评估学生按所希望的方式发展的程度。教师与学习者对于成绩准则都必须有所了解，并能获得向这些准则靠近的证据。

如果成绩准则主要是竞争性的，即如果根据学生在组内的相对位置来判断的话，那么学生在学习任务中取得进步时，可能会寻找自己在组内的等级次序方面的证据。人们认识到：对于用竞争的眼光看待别人的学生而言，竞争也许是一种激励，但如果首先而且主要强调竞争，便可能摧毁许多学习与发展。

在树立学习的内在动机方面更为可取的方法是：建立排除竞争的掌握与优秀的标准，然后通过适当努力使尽可能多的学生达到这些标准。这便提出了关于绝对准则的一些想法以及怎样使用能反映准则的等级或分数。因此，可以想象所有学生将达到掌握学习的要求并得到 A 等分数。在某一年的一定学科中，很少或没有学生达到掌握或得到 A 等，这也是可能的。

尽管使用周密制定的各学科的绝对标准可能是令人满意的，但我们认识到制定这些绝对标准会遇到很大的困难。在某一掌握性学习研究中，我们已使用过根据学生在一门选修课程中的先前经验而制定出的标准。例如，在 1977 年的一门课程中，我们告诉学生该年的等级是以 1976 年该课程的标准为基础的。采用与 1976 年所用的考试相平行的考试来确定 A、B、C、D 和 F 的等级，并按 1976 年所确立的同样的作业水平来分等。我们告诉全班：得到每种等级的学生比例是根据作业水平确定的，而不是根据学生在组内的等级次序来决定的。因此，学生不会因等级而相互竞争，人们用前一年所制定的成绩标准为基础来判断学生的等级。

在另一些情境中，教师已建立起控制班的分等标准，然后让掌握性学习班采用同样的成绩标准以及同样的（或平行的）终结性测试。得出成绩标准有许多不同的方式，关键在于必须使学生感到：人们根据作业水平而不是根据正态曲线或某些其他任意性的、相对性的标准进行评判。值得推荐的是，为每所学校或每组学生制定出现实的作业准则，接着采用能使大多数学生达到这些准则的教学程序。

这种制定成绩标准方式的作用之一，是使得学生能够共同学习、相互帮助，而不考虑是否对其他人特别有利（或不利）。学习中的合作而不是竞争便是这种制定成绩准则方式的明显效果。

2. 为学生定向。

在学期开始时，教师应向学生解释掌握性学习课程与一般课程有何不同。教师应向学生们表明其信心：大多数学生应当能够高水平地学会课程的每一单元或教科书的每一章；如果学生在学习每一单元时尽到自己的力量去达到掌握水平，那么他们应当在为分等目的而进行的测试与考核中做得十分出色。他们应当懂得分等程序的根据是既定的标准，而不是在班里的次序。这就是说：所有人都可能得到最高的等级，只要他们表现可以证明得分正当。教师应当讲清，对于需要额外时间与帮助的学生来说，可以得到所需的一切来学会在每次形成性测试中遇到困难的那些概念。教师还应强调，作出所需的额外努力的学生将会发现，他们会逐渐需要越来越少的额外努力便可掌握每一新的单元或章节。最后，教师应告诉学生，他们在学习过程中一定会激发起更大的兴趣，发现更多乐趣，而且这些程序将最终帮助他们学习其他学科，达到比往常更高的水平。

教师还应说明，在掌握性学习中，群体教学与学习材料同该科的常规班或控制班所采用的完全一样。掌握性学习的附加成分是在每个学习单元结束时进行一次形成性测试（形成性测试 A）为师生提供反馈：哪些已学好了，哪些仍需学习才能使每个学生掌握该单元。在矫正性建议以及其他学生的帮助下。学生要复习并矫正他在第一次形成性测试中未领会的概念。然后，在 2～3 天之内，对学生进行第二次平行形式的形成性测试（形成性测试 B），学生只需回答第一次测试（形成性测试 A）时未做对的那些问题。

3. 实施程序。

在大多数掌握性学习研究中，教员用完全一样的方式教授一个使用掌握性学习的班级以及一个控制班。这就是说，它们的材料、教学方法、时间表以及课程计划尽可能相似。两个班之间的主要区别在于：使用掌握性学习的班级采用系统的反馈——矫正程序，而控制班更集中地实施为打分而进行的测验与其他测试程序。顺便说明一下：控制班可以同教员实施掌握学习的班级处于同一学期，也可以是这位教员上一学期所教的一个班；甚至也可以是另一个教员所教的一个可比的班级，用的是与掌握性学习同样的材料与终结性考核。

不管教师工作得多么有效，在课程或学期的每一阶段里，群体教学都会产生一些学习误差。这些学习中的误差与以后的学习误差会混合起来。这种群体教学方法所产生的误差决定了每个学生期末的成绩，个人很难完全纠正这些误差。

掌握性学习策略的一个主要论题是：对师生的反馈系统能在误差出现后不久便把它们揭示出来。而且如果在需要时引进适当的矫正，那么教学便能够自我矫正。这样，某一时刻所发生的学习误差能够在与以后的学习误差混合之前就得到矫正。

掌握性学习策略的实质是：群体教学并辅之以每个学生所需的频繁的反馈与个别化的矫正性帮助。群体教学与目前教师所提供的常规教学是一样的。反馈通常采用简要的诊断式形成性测试的形式，它指明了每个学生已学会了什么以及在掌握某学习任务之前还需要学些什么。这些测试在每个单元教学结束时进行。

提供个别化的矫正性帮助能使每个学生学会他未领会的重点。这种

帮助可以由一名助手、其他学生或家庭提供，或者让学生参考教材中的适当部分。只要做好这一工作，大多数学生便能够达到掌握每一项学习任务的水平。

对于实施掌握性学习的教师而言，主要的变化在于：他们对某一期间学生已学会什么作较少的判断与分等；而更多地关注每个学生是否学会了下一步学习任务所需的事物。当这种辅之以反馈与个别化矫正的群体教学过程用于每项学习任务时，我们发现几乎所有学生在学习的有效性以及进一步学习的兴趣与动机方面逐渐变得相似起来。对于大多数学生而言，在每两周结束时所需的额外时间与帮助（课内与课外），一般只需一个小时左右。

二、形成性评价

1. 形成性测试。

形成性测试是为了向教师与学生都提供反馈。每次形成性测试包括了课程的一个单元或一部分。单元相当于教科书中的一章、教程中明确规定的一部分内容或教程中某一时间单元。我们倾向于认为，进行形成性测试的学习单元宜包括约两周的学习活动或 8～10 小时的课内教学。在小学的低年级中，单元可只包括大约一周的教学，而在更为高级的学习水平上（学院与研究生或专科学校水平），单元则可长达三或四周的教学。形成性测试的要点是使学习时间变得最多而使矫正时间变得最少。一般说来，一次形成性测试需要花费 20～30 分钟的时间。

我们发现，以每个学习单元的一套内容与目标明细规格为基础，有利于编制形成性测试。在把一个学习单元分解为特定的术语与事实、复杂的概念（如观念与原理）以及复杂的过程（如学习单元中原理的应用或其基本假设、概念与方法的分析）时，《教育目标分类学》（Bloom，1956）是有用的。我们也已使用了加涅（1965）的概念确定一个学习单元中各要素之间的层次结构关系。

一旦有两个或更多的有经验的教师或测试编制者共同制定出明细表，那时就有可能对单元中每个重要要素编制有根据的试题或其他评价程序。一般要编制两种平行形式的测试，其意图是在每种形式中以不同的试题引出基本的概念或要素。

在某一学习单元的教学结束时，对班内全体学生进行某一种形式的形成性测试。然后对这一测试打分（通常由学生自己评分），以便确认哪些题目做对了，哪些做错了。教师读出解答方案或正确的回答，学生们自己给测题打分。宣布表示掌握的分数（通常是试题数量的 80%～85%），达到掌握水平的学生通过举手或其他手段来表示，并且得到教师与其他学生的鼓励。

对于已经掌握了单元的学生而言，形成性测试应当强化学习，并使他们确信目前的学习方式与研究的探索方法是恰当的。在反复进行的测试中，一直表现为掌握的学生会逐渐减少对于成绩的焦虑，因为在终结性成绩测试时，他们很有可能做得很好。

2. 矫正过程。

教师找出大多数学生（大约三分之二或更多些）未能正确回答的试题。可以通过让做对各题的学生在教师读答案时举手，或在评分后检查试卷样本的方式做到这一点。那些试题揭示了教学材料或教学过程中的一定难点（或者指明了不完善的试题）。教师应当回顾检查作为这些试题基础的概念，如有可能，教师应当用不同于以前教学的方式解释这些概念。对于这些挑选出来的概念进行复习，应在测试后不久便进行，或者就在下一堂课上。

没有掌握单元的学生则要学习未领会的概念，并在第一种形式测试的几天之后，进行第二种形式的形成性测试。通过回答平行性问题来证实这种学习。通常要学生回答的只是在第一种形式测试中未领会的平行性问题。

形成性测试中的试题与下列材料有关：教科书或教程中使用的其他材料中的某几页、用不同方式解释某概念的备择教科书中的某几页、练习册或程序化材料中的某几页、其他材料（如解释每一概念的听讲笔记与专门的盒式音带）以及有关的视听材料。我们猜想没有哪个专门的学习材料或过程是必不可少的。提供多样化的教学材料或程序，提出使用哪些材料或程序的具体建议，能帮助学生认识到如果他们按一种方式无法学会的话，还可以采用别的方法。

迄今所发现的用于矫正学习过程的最有效的程序，是让学生小组

（二或三人）会聚 30 分钟左右，检查形成性测试的结果，并互相帮助克服测试中所发现的困难。较为理想的是，组内的每个学生能就组内一个或更多学生答不出的题目互帮互学。在学期开始时，这种小组矫正过程可在课内进行。但我们希望，在学生学会了怎样才能最有效地相互帮助之后，这种互助可以在课外进行。应当记住，矫正过程中所包括的这些材料与概念，班内学生已经学习过了。他们并不是在相互教授，而是在交流想法，讲他们是如何理解形成性测试中所提出的材料与问题的。

在这种矫正过程中，个别指导性帮助可能是重要的，尤其在小学阶段。借助于助手、家庭教师或父母以及家中的兄弟姐妹，便能提供这种帮助。然而我们发现，从第三年开始，最有效的矫正过程包含着班内同伴的多次短时间的帮助（S. Bloom，1966）。

在形成性测试的第一种形式（形成性测试 A）实施之后的二或三天，在该测试中未达到掌握的学生应当接受平行性测试（形成性测试 B）。他们应回答的只是形成性测试的第一种形式中未做出的试题（平行性问题）。现在，掌握取决于测试形式 A 中答对的数量，加上形成性测试 B 中答对的数量（同样，做对 80%～85%，视为掌握）。这时，应对在第二次测试中达到掌握的学生给予鼓励，并且表扬他们所做的额外的工作。如果学生在形式 A 或 B 中都未表现为掌握，那就很少要求他们进行第三次形成性测试。

在完成了形成性测试的第一种形式和教师复习了大多数学生搞错的概念之后，对全组学生应当继续进行下一单元的教学。除了利用上课时间进行形成性测试、讨论共同性的错误以及对学生集体矫正工作进行初步定向之外，实施掌握学习的班级的课程表应当与该学科的控制班大致一样。

受教育与受教材[①]

夏丏尊

自从我在《中学生》创刊号上写了那篇《你须知道自己》以后，就接到了不少的青年的来信。有的自陈家庭苦况，有的问我中学毕业后的方针，有的痛诉所入学校的不良，问题非常繁多，欲一一答复，代谋解决，究不可能。没法，只好就诸信中寻出一个比较共同的问题，来写些个人的意见当做总答。

我在创刊号那篇文字里，曾劝中学生诸君破除徒以读书为荣的“士”的封建观念，养成实力。这次所接到的来信中，差不多都提及到这实力养成的问题。关于这，我实感到有答复的责任。至于答复得好与不好，且不去管他。

先试就“实力”二字加以限制。我的谈话的对手是中学生，所谓实力，当然不是什么财力、权力、武力，也并不是学士或博士的专门学力，乃是普通一般的身心上的能力。例如健康力、想象力、判断力、记忆力、思考力、忍耐力、鉴赏力、道德力、读书力、发表力、社交力等就是。

这种能力，虽是很空洞、很抽象，却是人生一切事业的基础。犹如数学公式中的 X，诸君学过数学，当然知道 X 的性质。X 本身并无一定价值，却是一切价值的总摄，只要那公式是对的，无论用什么数目代入 X 中去都会对。上面的各身心能力，本身原不能换饭吃，成学者，或有

① 选自《夏丏尊教育名篇》，夏丏尊著，教育科学出版社，2007 年。

功于革命，但如果没有这诸能力，究竟吃不成什么饭，成不了什么学者，或有什么贡献于任何革命事业的。

这身心诸能力，原也可从自然环境或职业部分地获得，例如滨海的住民常善泅泳，当兵的自会富于忍耐力。但人为的有组织的养成机关，不得不推学校教育。所谓教育，就是能力给予的设计。学校就是为施行这设计的而特造的人为的环境。

专门以上的学校为欲使学生直接应世，倾向常偏重于专门的知识技术的传授。专门以下的学校所传授的，不是可以直接应世的知识技术，其任务宁偏重于身心诸能力的养成，愈是低级的学校愈如此。所谓课程也者，无非施行教育作用的一种材料而已。专门以上的课程收得了也许就可应世，就可换饭吃，至于专门以下的学校课程，收得了仍是不能应世，换不来饭吃的。不信，让我举例来说：诸君花了不少的学费，费了不少的光阴，好容易了解了几何中西摩松线的定理或代数中的二项式，记得了蒲公英、鲸鱼的属类与性状，假如初中毕业时成绩第一。但试问这西摩松线的定理和二项式的解答和关于蒲公英、鲸鱼的知识，写出来零折地卖给谁去？怕连一个大钱也不值吧。又假定诸君每日清晨在早操班上“一二三四”地操，一日都不缺课，操得非常纯熟，教师奖誉、体育成绩优等。试问这“一二三四”的举动，他日应起世来，能够和卖拳头的江湖朋友一样收得若干铜子吗？以上不过随举数例，其实诸君所学习着的各科无不皆然。

诸君读到这里也许又要感到幻灭了，且慢且慢，西摩松线二项式和蒲公英、鲸鱼的知识，虽不能卖钱，但因此而表现的推理力、记忆力等是终身有用的。又，幸而能升学进而求更高深的科学，这些知识当做基础也是有用的。“一二三四”操得好，虽不能变铜子，但由此锻就的好体格，和敏捷、忍耐、有规则等的品性，是将来干任何职业都必要的。“功德不虚”，诸君用几分功，究竟有几分益处在，断不至于落空。

由此可知，中等学校教育的课程，只是一种施行教育的材料，从诸君方面说，是借了这些材料去收得发展身心能力的。诸君在中学校里，目的应是受教育，不应是受教材。重视书册，求教师多发讲义，囫囵吞枣似的但知受教材，不知受教育，究是“买椟还珠”的愚笨办法。

诸君读了我上面的话，如果以为是对的，那么希望诸君注意二事。

第一，要自觉地从各科目摄取身心上的诸能力。我上面所说的话，原只是普通教育上的老生常谈，并非什么新说，照理，教师们都该知道了的。他们应该注意到此，应该利用了教材替诸君养成实力，不应留声机器似的，徒把教本上的事项来一页一页地切卖给诸君。但现在的学校实在太乱杂了，一年之中可换三四个校长，前学期姓张的先生来教诸君的地理，后来归姓胡的教，这学期又换了姓王的。在这样杂乱无序的情形之下，说不定诸君的教师之中没有不胜任的分子。又，教育是教师与学生合作的事，教师虽施着正当的教育，学生如果无接受的热心，也不会有好结果，故诸君须有养成身心诸能力的自觉才好。一个代数方程式，同级的人都能解，你如果解不出，这事本身关系原不大。但在一方面说，就是你的记忆力或思考力不及人，不到水平线，这却是大事。冬天早操屡次赶不上，这事本身原不算得什么有碍，但由此而显现着的你的这惰性，如果不改革，却是足为你终身之累的，无论你将来干什么。

第二，对各科目要普遍地学习。近来中学生之间，常有因浅薄的实用观念或个人的癖好，把学习的科目偏重或鄙弃的事。有的想初中毕业后去考邮局电报局，就专用功英语，有的想成文人，就终日读小说。无论哪一校，数学都被认为最干燥无味，大家对了都要皱眉的科目。体育科，则除了几个选手人员外，差不多无人过问，认为可有可无。图画、音乐等科，也被认为无足重轻的东西。这种倾向由能力养成上看来，真是大大的错误。因了学科的性质，有的须多用些功，有的可少用些功，原是合理的。又，现制中学的高中已行分科制，学生为了将来所认定的方向，学习要偏重些某方面，也是对的。我所指摘的只是普通一般的中学生的对于学科的偏向，尤其是对于初中部的学生。你想毕业后去考邮局或电报局并不是坏事，但除了英语的知识以外，多带些知识趣味去，就是说，在记忆力忍耐力等以外，多养成些别的能力去，不更好吗？你想成文人也好，但多方面的能力修养，将来不会使你的文人资格更完满吗？

中学原只是普通教育，其中的学科都是些人类文化的大略的纲目，换言之，只是一个常识，在综合地养成身心的能力上看来，不消说是好材料。次之，在有升学希望的人，当做预备知识也自有其意义。至于要想单独地拿了一种去换职业，究竟是毫无把握的。将来情形变更也许不能这样断言，至少在现制度是如此。任你怎样地去偏重，结果所偏重的依然无用，而在别的方面却失去了能力养成的普遍的机会，只是自己的损失而已。

一家商店，常有一种东西是值得买，而其余是不值得买的。例如杭州西湖上的菜馆里，醋熘鱼是好的，而挂炉烤鸭就不好，虽然门口也挂着“挂炉烤鸭”的牌子，我们如果要吃醋熘鱼，就到杭州西湖边上去；如果要吃烤鸭，那么上北京菜馆去，不然就会找错了门路。学校犹如商店，在中学校里所可吸收的是普通的身心能力，不是可以直接应世的教材。如果要买应世实用的教材，那么将来进专门大学去，或是现在就进甲种实业去，急于考邮局电报局的，还是进英文夜校去。

中学校的性质如此，是借了教材给予能力的。诸君在中学校里，试自己问问：“我在这里受教育呢？还是在这里受教材？”

教育须适应自然[1]

〔捷克〕夸美纽斯

一、所以我们应当开始以上帝的名义，去寻找教与学的方法所能根据的磐石一般的原则。如果我们想要找出医治自然的缺点的方法，我们就必须从自然本身去寻找，因为艺术若不模仿自然，它必然什么都做不了。

二、关于这一点，不要多少例子就可以说明白。我们看见一条鱼儿在水里游泳；游泳就是它的行进的自然方式。假如有人想要模仿它，他便必须把他的肢体按照同样的方式去运用；他必须用手臂去代替鱼翅，用脚去代替鱼尾，象鱼用翅一样去用他的手脚。甚至船舶的构造也是这样地来设计的，它们必须用桨或帆去代替鱼翅，用舵去代替鱼尾。我们看见一只鸟儿在天空中飞翔，飞翔就是它的行进的自然方式。当提达拉斯（Daedalus）想要模仿它的时候，他就得装上翅膀（翅膀很大，能够载得起这么沉重的一个物体）使它们动作。

三、动物的发声器官是一根管子，里面有肌肉所组成的环圈，上端有甲状软骨，像个盖子一样，下端有肺，像个风囊一般。

笛子、哨子以及其他管乐器便是按照这种模型制造出来的。

四、我们发现产生云里的雷和降下火与石的物质是与硫磺一道燃烧的硝石。火药便是模仿这一点，用硫磺和硝石制造出来的。一旦火药在大炮里面点着了并发射出去的时候，那时就发生一种假雷电，有雷，也

---

① 选自《大教学论》，〔捷克〕夸美纽斯著，傅任敢译，人民教育出版社，1984 年。

有闪电。

五、我们发现水总是保持一种水平面的，即使在相连但相隔很远的器皿里面也是一样。有人做过实验，使水在管子里面通过，结果发现，它会从任何低的高度升到任何相当于水源高度的高度。这是一种人为的安排，但也是合乎自然的；因为动作发生的方式虽则是人为的，然而动作所根据的法则却是合乎自然的。

六、我们仰观苍天，就发现天是不断运行的，由于行星的种种旋转，就产生了可爱的季节变换。有人模仿这一点，设计了一种器械，可以表示穹苍按日旋转的状况。它有许多齿轮，齿轮的装置不独使一个齿轮可以被另外一个齿轮所推动，而且个个齿轮都可以继续不断运动。这个器械必须由能动的部件与不动的部件组成，就像宇宙本身的构造一样，因而，我们就有相当于地球本身、宇宙中的不动的因素的坚固的钟座、栋柱、圆圜，至于代表天上能动的轨道的就有各种齿轮。但是由于我们不能叫某一个齿轮去旋转并叫它把其他齿轮都带动（像造物主把力量给予天体中的光体，叫它们自己去运行，并且带着别的光体运行一样），所以动力必须从自然去借来，因此就利用一个重锤或一根发条。我们或用一个重锤悬在主轮的轴上，利用它的张力去转动它所附着的轴和其他齿轮；或把一根长长的钢条，用力缚在轴上，利用它的想自由、想伸直的力量，去使轴与齿轮旋转。为使旋转不要太快，要像穹苍的旋转一样徐缓起见，于是另外又加一些齿轮，其中最后的一个只由两个齿轮去转动，发出一种滴答的声音，类似光亮的来去或昼夜的变换。机构中除了指示时刻的部件以外，又加上一些巧妙地设计出来的轮制，这些轮制可以使它到了适当的时候就动作，然后又停止，正像自然一样，由于穹苍的运行，让春夏秋冬四季按时到来，按时离去。

七、现在就很明白了，秩序是把一切事物教给一切人们的教学艺术的主导原则，这是应当、并且只能以自然的作用为借鉴的。一旦这个原则彻底地被掌握以后，艺术的进行立刻便会同自然的运行一样容易，一样自然。西塞罗说得很恰切，他说："假如我们把自然看做我们的向导，她是决不会把我们领入歧途的。"他又说："在自然的指导之下，迷途是不可能的。"这是我们的信仰，我们的建议是要经心地注视自然的作用，要去模仿它们。

八、但是也许有人会讥笑我们的期望，会引用希波克拉提斯（Hippocrates）的话来责备我们说："人生是短促的，艺术却是长久的；机会是不居的，经验是靠不住的，判断是困难的。"关于为什么很少有人能攀登智慧的高峰，这有五种障碍：

（1）人生短促；因此有许多人对于人生的准备还没有完成，便在青年时代死掉了。（2）心灵所应领会的事物太繁杂，因此要把万物都纳入我们的知识领域便成了一件非常烦腻的工作。（3）缺乏获得艺术的机会或是机会消灭得太快（因为年轻时最适于心理的培养，可是用到游戏上面去了，而在以后的岁月中，则照现在人类的情形看来，无益之事，出现的机会远远多于正经的事），否则就是合适的机会来了之后，我们还没有捉住便又消失掉了。（4）我们的心智贫弱，缺乏健全的判断。结果，我们达到的只是外面的皮壳，绝不能够达到谷粒本身。（5）最后，假如有人想要利用耐心的观察和尽量反复的实验，去领会事物的真正性质，做起来是太令人感到烦厌的，同时又是靠不住的和没有把握的（比如，在这种精确的观察中，哪怕最小心的观察者也可能发生一个错误，一旦发生一个错误之后，整个观察就都没有价值了）。

九、假如这都是真的，那么我们又怎敢希望获得一种周全的、有把握的、容易的、彻底的求学之道呢？我的答复是：经验告诉我们，这都是真的，但是同一经验又告诉我们可以找到适当的补救方法。这些事情是上帝，宇宙的全慧的安排者，注定要它们这样的，为的是我们的好处。他给我们一个短促的人生，是因为在我们现有的腐败状况之下，我们不能有益地利用一个更长的人生。因为，我们这些生生死死，自生至死岁月不多的人若是一味放任自己的愚蠢；如果我们跟前有了几百几千年的岁月，我们那时有什么不会去做的呢？所以，上帝只愿把他认为可以充分预备一个更好的人生的时间给予我们。为了这个目的，假如我们知道怎样去利用，人生是够长的了。

十、繁杂的事物也同样是上帝为了我们的好处而注定的，省得缺乏占据、练习并且教育我们的心灵的材料。

十一、上帝让机会迅捷不居，只能迅速地去把握，为的是使我们学会在机会到来的时候立刻去捉住机会。

十二、经验之所以靠不住，目的在使我们的注意可以得到激发，使

我们可以感觉到钻研事物的本性的必要。

十三、最后，判断之所以困难，目的在于激发我们的热忱，督促我们不断努力，使渗透万物的上帝的潜在的智慧能够更加显露出来，让我们得到大大的满足。

“假如每件事情都容易懂得，”圣奥古斯丁（St Augustine）说道，“人类就不会敏锐地去追求智慧，也不会以得到智慧为乐了。”

十四、所以，对于上帝的远见放在我们的路上，使我们更加敏锐和更加精力饱满的种种阻碍，我们必须看看怎样才能借助上帝把它们丢置一边。这只能通过下列的方法去达到：

1. 延长我们的生命，使它们长到足以完成我们所提出的计划。

2. 精简教学科目，使它们与人生的期限相称。

3. 抓住机会，不使它们没有被利用就跑掉了。

4. 开发心智，使它易于领会万事万物。

5. 打下一种牢固不拔的和不会欺骗我们的基础，去代替肤浅观察的不稳结构。

十五、因此，我们将把自然当做为我们的向导，去找出下列各种原则：

1. 延长生命的原则。

2. 精简科目，使知识能够更快地获得的原则。

3. 抓住机会，使知识一定能被获得的原则。

4. 开发心智，使知识容易获得的原则。

5. 使判断力变锐利，使知识能够彻底地被获得的原则。

对于以上各点中的每一点，我们都要拿出一章来讨论。精简教学科目的问题要放在最后讨论。

培养孩子抗挫折的能力①

魏书生

孙峰同学的父亲：

您好！看了您的来信，我感慨万千。您回忆说1969年你刚16岁，我当你们的班主任时，也刚满19岁。转眼之间29年过去，你的儿子孙峰已经16岁了。

你说，孙峰还算老实本分的孩子，只是性格内向懦弱一点，害怕失败。结果越怕越失败，6月21日那天参加中考，第一科语文题本来较浅，可写作文时跑了题。出了考场发现了，中午大哭了一场，情绪不好。下午的物理本来会做的题，又因马虎丢了十几分。本来他就是可上可下的学生，发挥得好，能进重点高中。这下看来没希望了。你也很难过，托人送信给我，让我给孩子想想办法。

有什么办法呢？最好是没有挫折，直入高中、大学，又分配到好工作。老百姓管这叫一帆风顺。但这可能吗？行船的人都知道，一年平均下来，有多少顺风，就有多少逆风。人生不也是这样吗？总体平均下来，有多少成功，就有多少挫折。您想成功吗？那么就别怕挫折。你怕挫折吗？那就不要期待成功。

您想想，你小时候经历了多少挫折。每天上学学不了多少东西，却写了不少大批判稿。你的爷爷出身不好，便牵连到你，经常被指责，受嘲讽，遭打击。每天吃不饱饭，还得干挺多挺重的活。我常看到你大清

① 选自《家教漫谈》，魏书生著，漓江出版社，1996年9月。

早起来，就挑着筐拾粪。那时学校学农劳动又是经常性的，我领着你们早春育苗，晚春插秧，仲夏拔草，秋天收割。收割后，没有车，稻子都是我们从几里外背回打谷场的。有一次，你背着沉重的稻子，走着走着，倒在了路边，昏过去了。赤脚医生诊断说：这孩子没病，是饿的。你们经历了那么多的挫折，可一个个非常懂事，非常坚强。醒过来以后，让你休息，你说没事，喝了一碗粥，又去背稻子了。你受指责，受委屈，受爷爷的株连，可从来没在人前流过泪，没叫过屈。你现在不是工作得非常出色吗？

比较起来，孙峰比你小时候所受的委屈少得多，经受的挫折也少得多，可他流的泪却比你多得多。原因是什么？就是孩子的抗挫折能力太差了。

让我想办法，只有一个，你要培养孩子的抗挫折能力。人生道路上既然挫折没办法避免，那就只有增强抗挫折能力了。

增强抗挫折能力，是一个古老的话题。两千多年前孟夫子就写过："天将降大任于斯人也，必先苦其心志，劳其筋骨，饿其体肤，空乏其身，增益其所不能……"孟老夫子的这一名句之所以千古传诵，就是因为它揭示了人才成长的规律：经受过大的挫折磨难的人才会有大的作为。

随着历史的进展，到了20世纪80年代，90年代，人们愈加认识到抗挫折能力的重要，以致许多有识之士纷纷提出，一定要下大力气培养下一代抗挫折能力。要让他们经受磨难，让他们承受压力，让他们经受误会。外国有的学校，甚至把学生送入孤岛，老师们离去，让学生学会死里逃生。许多理论家发表了成千上万篇论文，论证"抗挫折能力""磨难教育""压力教育""淬厉教育""死里逃生教育"……的必要性。现代社会，信息广，变化大，多元化，多项选择，机遇多，节奏快。生活的海洋越广阔，风浪就越大；成功的机遇越多，受挫折的次数也越多。

显然，培养孩子的抗挫折能力是十分必要的。怎么培养呢？

首先，您得引导孩子认识到，抗挫折能力的强弱，决定人一生成就的大小。所有为人类作出大贡献的伟人，都经历过无数次挫折，都有很强的抗挫折能力。初中语文课本中《生于忧患，死于安乐》这篇文章，不能只停留在读书的时候会翻译，会默写，最要紧的是从心里接受这样的观念。

其次，把中考失利这一挫折当成机遇。当成什么机遇呢？当成磨炼自己意志的机遇，当成增长自己能力的机遇。挫折能锻炼一个人，也能断送一个人。

有这样两个面对挫折的故事：

一家公司招聘职工，一位高才生去考试，发榜后，见没有自己的名字，便跳河自杀。后来发现他考的分数是第一名，抄分的时候抄漏了。高才生跳河被人救起，闻知自己是第一名便去报到，老板却无论如何也不肯要，理由是："这么一点挫折便要跳河，到公司遇到更大挫折怎么办?"

另有一位希腊人到一家公司去应聘清洁工，职员问他："你会写字吗?"答："只会写自己的名字。"于是他没被录用。后来，他发愤图强，成了一位大富翁，在自己豪华的会议室举行记者招待会。记者说："您的经历太动人了，您该写一本自传。"他说："那是不可能的。如果我会写字，我只能是个清洁工。"

这两则故事登在我们班王森同学办的1996年6月20日的班级日报上。我看了以后，很受感动。同样面对不被录取的挫折，结局却截然不同。这说明人具备抗挫折能力是何等重要。于是我请我们班学生每人写一篇作文，题目便是《把挫折当成机遇》。

第三，在挫折面前，要满怀必胜的信心。情绪不好时，不妨放开喉咙呼几声："我能成功！我能成功！我能成功!"面对挫折，决不退缩，决不半途而废，而应该千方百计去寻求新的解决问题的途径。孙峰没有考上重点高中，那就在普通高中奋发努力。全国各省市每年都有许多这样的事例：重点高中的一些学生没有考上大专，而一般高中的学生却考上了本科，有的还考上了国家重点大学。有了好环境固然是好事，没有好环境，只要自己自强不息，不屈不挠的努力，也能取得优异的成绩。

特别是在高中这个阶段，一名勉强考上重点，排在最后的学生，常常不如到普高去读排在最前面效果好，因为那样更受老师们的重视。

第四，在今后的生活中，学习中，你都要发挥孙峰的积极性、主动性。别再像以前那样，事无巨细，你都帮他做。凡是孩子自己能做的事，你别替他做。只有这样，孩子才会在克服困难中增长能力。

第五，早上或晚间，培养孙峰锻炼身体的习惯。孙峰体质较弱，又不愿参加体育活动。这也使他难于经受挫折。今后你有意识地多磨炼他，每天早晨起来，督促他坚持跑步，几百米，几千米，不要心疼他。你小时候要比他苦上 10 倍，不也都挺过来了吗？星期天，节假日，同他一起去远足，去爬山，在奔跑攀登中锻炼他抗挫折的能力。你的象棋下得挺好，你还可以和儿子下棋，特别是下残局，不要轻易认输，这才有利于增强孩子抗挫折的能力。

第六，日常生活中，你还可以故意制造点难题，创设些困境，启发孙峰面对难题、困境、想出解题和走出困境的办法。

第七，引导孙峰用跳读、细读相结合的方法，多读一些伟人传记。读得多了，就感觉到人生的过程就是不断战胜困难、战胜挫折的过程。和伟人比起来，我们遇到困难和挫折实在算不了啥。伟人是在大海洋里与大波大浪搏斗，而我们的挫折，真的像在公园里划船时遇到一点小浪。读伟人传记还可以向伟人们学到战胜挫折的方法和技巧。

培养孩子的抗挫折能力，当然是趁孩子年龄小时，效果更好，但现在培养总比不培养强得多。措施得力，也还来得及，孙峰毕竟是个听话好学的好孩子。

只要他不断增强抗挫折能力，念普高保证也能考上大学。

不多写了，有时间还可到我家来谈谈孙峰的教育问题，我挺喜欢这孩子。

1996 年 6 月 23 日

良好的心态才能保证考场的发挥[①]

卢　勤

我时常在想一件事情，究竟什么决定了孩子的成败？我觉得是心态的好坏决定成败。同样一个孩子，去参加考试，什么样的情况下他就能赢，什么样的情况下他就会输，心态至关重要。大家可以看看奥运会的运动员，那种兴奋不是压力，不是内疚，它是一种为祖国争光的兴奋感。你看刘翔得了冠军之后，是不是披着国旗满场地跑，嘴里喊着我赢了，那种感受是一种兴奋。人在兴奋之中就会发挥他现有的技能，而人在压力之中，在过分的压力中会产生恐惧。

大家也看到了，有些运动员，大家对他的期望值很高，他却没有获得冠军，因为什么？期望值太高，比赛的时候紧张，人的潜能就不能充分地发挥出来。所以我们面对今天无法取消的考试，做父母的应该反思一下，是什么决定了孩子的成功，是孩子一个良好的心态，这个良好的心态来自父母的良好心态。

有一个男孩儿考得不好被爸爸妈妈打，打得简直皮开肉绽，后来孩子离家出走了。爸爸这回终于想明白了，自己的教育方法有问题，他换了一个太好了的心态去看孩子，他忽然觉得眼睛发亮。孩子后来被我们送回去了，过了一段时间我再回去看孩子，孩子就变了，因为他爸爸变了。

他爸爸开始时想我的孩子就这样了，基础就那么差，干脆我换一种

① 选自《把孩子培养成财富》，卢勤著，漓江出版社，2006年12月。

心态吧。有一天，孩子考了全班最后一名回来了，跟他爸说我今天考了最后一名。他爸说太好了，你考到最后一名就一点负担都没有了。儿子特奇怪，说爸今天你病了吧！他爸说我没病，过去爸有病，老是对你不知足，爸爸今天想通了，学习是你自己的事，我着急也没用，爸相信你是聪明的，你今天考到最后一名就从零开始了，爸爸为你高兴。孩子一想得最后一名我爸都为我高兴，这就没负担了。他第二次参加考试，考到全班第 15 名。他爸说太好了，原来最后一名，现在到 15 名了，你简直太聪明了，爸都不能像你进步这么快。

孩子想这算什么呀！第三次考试他考到了全班第 5 名，他爸爸说我太佩服你了，你的进步速度简直太快了。孩子经过努力，后来拿到全班第一名。

说实在的，孩子很有潜力，他其实很聪明，但在爸爸的打骂之下他放弃了，自己破罐子破摔了，但是爸爸一鼓励反而给他鼓励起来了，他成长起来了。后来我忽然发现，其实孩子没改变，改变的是父亲的心态，孩子感觉到阳光很灿烂，就前进了。

后来我又遇到了一个大家认为比较优秀的孩子，一个北京的男孩儿考上了英国剑桥大学，而且成绩还很好。他的爸爸妈妈都是老师，我跟他们一起做过节目。我说你们是怎么对待孩子成绩的，他们说我们对孩子的成绩看得不是很重，可以说对孩子本身的道德方面却看得很重。比如说那会儿我们在上夜大，孩子上小学，每天回家都很晚，我们的院子里有一个老奶奶，只要孩子一个人在家，老奶奶就把灯亮着，等我们回来老奶奶才把灯关上。我们就问孩子，老奶奶的灯是为谁亮的？回答是为我，她怕我害怕。我们告诉孩子说，这就是爱，一点一点让孩子感受生活的爱。

孩子有一次没考好，垂头丧气地回来了，妈妈一看就笑了。哦，欢迎欢迎，成功他妈回来了。失败是成功之母，说成功他妈回来了，失败了呗。孩子笑了，还拿我开玩笑，我窝囊着呢。妈妈跟他说一个人要赢得起输得起，考坏了没什么，总结总结就是教训，这就是体验。孩子忽然觉得妈妈依然用微笑面对着他，并不因为分数不好就愁眉苦脸的，就没有负担了。所以孩子考试从来没有负担，中学就非常优秀，现在到剑桥也很优秀。这个故事告诉我们，心态的改变对孩子来说也是非常非常重要的。

成绩不好时，孩子最需要父母真心的鼓励，鼓励之后再帮孩子分析原因。

面对考试的失误，有一个非常成功的孩子他有一个非常好的经验，就是搞一个错题本，把错误专门登在错题本上。因为人犯错误往往是有规律的，你把它整理出来就知道哪儿错了，所以如果利用错题本来找失误的原因，可能这是比较好的方法。所以面对考试的失误，最好的方法是分析原因，不是打骂。打骂只能让孩子紧张，不把考试的成绩告诉你。面对一次考试、一种检验的时候，你知道哪儿不对，一定要总结经验教训，如果考完了就过去了，没能总结经验教训，将来还是会犯同样的错误，聪明的人不是不犯错误，而是不犯同样的错误。

曾经有一个小朋友说，有一次他考试失利后，他的爸爸跟他说了这么一段话，他一直铭记在心。

人生就像长途旅行，每个人都在自己的道路上前行，一次考试失利了，无非是在道路上被小石子绊了一下，没有关系，未来的路还长着呢，后面还有很多机会，重要的是你是否在旅途中学到了知识，感受到了风景。我觉得这句话非常精彩，而且让孩子得到很大的鼓舞。

我想起一个武汉的男孩儿，在一次电视竞赛活动中，他是导演最看好的孩子，大家都认为他肯定能得冠军，得了冠军会给他做一个专访。但是很遗憾，第一轮考试他就被刷下来了，因为他抽的题比较难。孩子为了练抢答题，整整用了一箱方便面，按这个动作，用了一箱方便面，可见是下了很大功夫，但是他没想到第一轮就被刷下去了。孩子一下来就哭了，要找他爸。他爸说你要哭就别找我，不哭了再来找我。孩子哭着又来找我，我跟他说你哭着不要来找我，不哭了再来找我。第二天孩子笑着来找我了，我说你今天怎么笑了。

孩子说我问我爸你失败了怎么办，我爸笑了，他说我是一个技术人员，我一生中失败的次数要比成功的多，我是九十九次失败，最后一次成功，而且我为最后的成功而欢乐，所以一个人要输得起赢得起，一次失败怕什么，这只是一次成功的垫脚石。我说你今天得第一，最后发了一个特别奖给他，国家教委副主任柳斌同志给他颁的奖，特别奖，因为他通过这次竞赛得到人生的启迪，赢得起输得起，这才是很大的收获。

教海伦写作①

〔美〕安尼·莎莉文

海伦的学习充满了曲折和磨难，但也正是因为有了这些艰难曲折和丰富斑斓的人生际遇，才使海伦的写作有了坚实的基础，为她日后成功地写作铺平了道路。

一直以来，我就有一个心愿，那就是让海伦成为一名作家。为了实现这个目标，自从我来教海伦之后，我就努力从语言学习、阅读和说话等方面来开发海伦的心智。

我当然明白，海伦的生理条件极大地限制了她的发展，但是我仍然想圆自己的梦想，希望把我在帕金斯盲人学校学到的知识全部传授给海伦，让我自己觉得自己也还是一个有用的人。所以，我总是尽一切力量来帮助海伦达成自己的心愿，最终让她能够自食其力，通过写作和其他方法来养活自己。

海伦的学习充满了曲折和磨难，但也正是因为有了这些艰难曲折和丰富斑斓的人生际遇，才使海伦的写作有了坚实的基础，为她日后成功地写作铺平了道路。

海伦还很小的时候，我就有意识地引导她写作，为她的写作埋下伏笔。就在海伦学习语言一年之后，我就要求她写日记。尽管当时她的日记还不能完整成篇，但我认为这是一个通往写作道路的必经过程。刚开

---

① 选自《最伟大的教育》，〔美〕安妮·莎莉文著，汝敏编译，群言出版社，2005年2月。

始的时候，我还不太确定这样做是否能让海伦保持足够的兴趣和耐心，因为她的脑子里总是充满了极大的好奇，在不停地想着各种事情，所以对于写日记她很可能会觉得比较枯燥无味。但是令我没有想到的是，海伦从写日记中找到了乐趣，而且一直坚持了下来，至今都是如此。

但是令人遗憾的是，海伦的这些日记大多都散失了，幸好我还保留了一部分。在日记中，海伦很喜欢讲述她知道的一切。这是她在某个星期天写的：

> 我起床之后，洗了脸，洗了手，梳好头，然后摘了三朵带着露水的紫罗兰给莎莉文老师。
>
> 然后我们一起去吃早饭。吃完早饭后，我玩了一会儿玩具，南茜很不乖，又哭又踢的。以前我在书上读到了一些关于巨型猛兽的故事，凶猛就是脾气很坏、强壮、饥饿的，所以我不喜欢这些凶猛的动物。
>
> 今天上午我还给詹姆斯叔叔写了信。他住在热司普林斯，是那里的医生。医生就是让生病的孩子恢复健康的人，我不喜欢生病。
>
> 然后就吃午饭，我非常喜欢吃家里做的冰激凌。吃完午饭后，父亲坐火车去了很远的伯明翰。
>
> 我收到了一封罗伯特写给我的信，他在信中说他很爱我，还说“我很高兴收到亲爱的、可爱的小海伦的信，我会在阳光灿烂的日子来看你。”纽森是罗伯特的妻子，罗伯特是她的丈夫。我和罗伯特待在一起时，会高兴地跑啊跳啊，我们还一起唱歌跳舞、谈论小鸟和花草树木。詹宝和勃尔也常常会跟我们一起出去玩。老师总是会说，我们很无聊。她很有趣，有趣就是让我们笑。
>
> 纳塔利是一个乖女孩，她从来不哭。妹妹米尔德里德却总是哭，不过不久她就会成为一个好女孩的，她会和我一起跑一起玩。格雷弗太太正在给纳塔利做衣服。梅奥先生从达克山给我们带回来很多芬芳的花朵，马尤先生、弗雷斯先生和格雷弗太太很喜欢我和老师，很快我就会去孟菲斯看他们，他们会拥

抱我、亲吻我。

桑顿在学校读书时把脸弄脏了，男孩子必须小心点。

晚饭之后，我和莎莉文老师在床上玩耍。她把我埋在枕头下，然后我慢慢地爬出来，就像树从地底下长出来一样。现在我要去睡觉了。

当然，我不只是让海伦简单地写完就不再管了。她的每一篇日记、每一封信我都要求她必须做到用词准确、语言流畅、内容完整而具体。虽然这样的标准并不算高，但是刚开始对海伦来说还是有些难。为了帮助海伦达到这个标准，我必须找出她的日记或信件中不对的地方，反复让她修改，直到我认为比较满意为止。这无形中增加了我的负担。

我想，海伦后来之所以能比一般的孩子思想更成熟、见解更独特，并且能准确地表达自己的想法，和我当初对她的这种严格训练和要求是分不开的。下面这篇日记显示了海伦扎实的写作功底，这是她写于1888年3月22日的日记：

安纳格罗斯先生星期四来看我，我非常高兴地拥抱他，亲吻他，他一个人要照顾60个失明的女孩和70个失明的男孩，我真的非常爱他。他给我带来了女孩们送给我非常漂亮的针线篮，里面有剪刀、线、一包针、钩针、金刚砂、顶针、盒子、卷尺、纽扣，还有别针。我要给南茜、爱德琳和艾丽做一些漂亮的衣服。

五月份我将要去辛辛那提，我想要买一个洋娃娃，这样我就有4个洋娃娃了。我想给新宝宝取名叫哈利。威尔逊先生、米歇尔先生星期天来看了我们。安纳格罗斯先生星期一去了路易斯维尔，他是去看望那里的盲人小孩，母亲则去了亨特维尔思。我在家和父亲一起睡，米尔德里德和莎莉文老师一起睡。我学会了平静，平静就是安静快乐。

默里叔叔送给我许多很好看的故事书，我读了关于鸟的故事。我知道了鹌鹑能下15到20个蛋，她是在地上筑巢的。知更鸟会把她的巢筑在空心的树里，她的蛋是蓝色的。旅鸫的蛋是绿色的。

我还学了一首关于春天的歌。三月、四月、五月是春天。这首歌是这样的：

积雪初融
和风煦煦
小溪潺潺
知更鸟说
春天来了

我哥哥詹姆斯打了一些鹬，准备在早餐时吃。小鸟的身体冰冷的，一定是死掉了，我有点难过。我和老师还去田纳西河乘船，威尔逊先生和詹姆斯用桨划船，船走得非常快。我把手伸到水里，感觉到它在流淌。

我用钓鱼杆钓了一些鱼。我们爬上高山，老师摔倒了，弄伤了头。我摸了一头奶牛和一头小牛。奶牛喜欢吃草，就像女孩喜欢吃面包、牛油和喝牛奶一样。小牛在牧场上跑来跑去的，它喜欢跳跃玩耍，因为阳光明媚而温暖，它非常开心。

一个小男孩很爱小牛，他说："我要亲吻你，小牛。"他把他的手缠在小牛的脖子上亲了小牛。小牛伸出了长长的舌头，舔着小男孩的脸。小牛亲吻的时候不应该张大嘴巴。我很累了，老师让我不要再写了。

让我感到幸运的是，海伦对于语言有着极强的感受能力，有时候我都会不自觉地想她简直就是一个有着极高天赋的小精灵。不过，我也明白，即使有极高的天赋，如果这种天赋不能很好地被激发出来，日后也不一定能取得好的成就。一个人不可能天生就懂得优美纯正的语言，只有经过大量的接触和学习，才能逐渐积累直至运用自如。在这个接触和学习的过程中，选择什么样的语言材料和教育方式，就显得至关重要了。

我认为选择文学作品必须要有一定的鉴赏能力。有些人认为，作为孩子，最适合看“儿童文学”。事实上，这些所谓的“儿童文学”只是一些随意拼凑在一起的幼稚而毫无美感的低级作品，写这些东西的人自以为孩子们会接受他们写的这些东西，因为在他们看来，孩子的鉴别能力低，他们可以随意对付，其实这是对孩子天性中感受美好语言能力的一种诬蔑。对这种垃圾作品我从都不会让海伦看。

我喜欢给海伦挑选那些经典的文学作品，例如《鲁滨孙漂流记》就是海伦最早接触的作品之一。在我看来，这样的作品才算得上真正的语言精髓，它的文字优美，写作风格活泼，当然具有很高的学习和欣赏价值。我常常和海伦一起阅读这些作品。在此之前，我自己也因为视力不佳而很少读它们，现在正好可以补回来了。海伦很聪明，总是能够很快地吸取书中的精华，这对她日后的写作能力的提升大有帮助。

海伦之所以具备出色的写作才能，还有一个方面我不能不提到，那就是她的父亲凯勒先生对她产生了很大的影响。凯勒先生学识渊博，海伦当然也继承了她父亲的文学才能。凯勒先生在一家报社担任编辑，家里有丰富的藏书，这成了我和海伦阅读书籍和吸取知识的好去处。凯勒先生还收藏了许多名家的作品，自从我来到海伦身边之后，由于有我的帮助，使她可以在文字的海洋里尽情地游弋，让我们得以尽情地领略文学大家的精神财富。

热情开朗、充满爱心的良好个性也是海伦取得成功的重要因素。这种良好的个性既得益于一些友好人士的热情帮助，也与我对她儿时的严格教育分不开。我完全将海伦当做正常的孩子来对待，有时甚至比要求正常的孩子还要严厉。我想大概正是因为这一点，海伦自身的生理局限才没有成为阻碍她的因素，相反使她对语言有了更多的期盼，强烈地渴望表达自己的内心想法，从而使得她的文字才更加富有感染力。

尽管海伦的写作灵感源源不断，但是我们也经历过一次极其可怕的事情，这件事至今都令我和海伦不知如何来解释，才能让自己觉得清白。事情是这样的：

1892 年冬天，海伦写了一篇名叫《霜之王》的小故事，并将它寄给了我们在帕金斯盲人学校的好朋友安纳格罗斯先生。然而我们没预料到的是，这竟然成了我们和安纳格罗斯先生断交的祸源，而且给海伦和我带来了巨大的打击。

当时海伦刚刚学会说话，我和她单独在山间小屋居住，我经常和她讲外面的美丽风景，这使得海伦想起了一个很早以前别人对她讲过，而她又无意中记了下来的故事，于是她萌生出一个念头，决定也来“创造”一个故事。

海伦迫不及待地写了起来，一句句生动的描写、一个个鲜活的形象在她的笔下复活了，连我看了都不得不赞叹。晚饭时海伦又将这篇故事读给大家听，大家也都非常惊讶，有人就问她是从哪里看来的这个故事。这让我和海伦大吃一惊，因为海伦对此已经没有任何印象了，于是她郑重宣布：“不是的，这是我自己写的故事，我决定把它献给安纳格罗斯先生。”

于是我们将故事寄给了安纳格罗斯先生。他也非常喜欢这篇故事，还将它刊登在帕金斯盲人学校的校刊上。

但是没过多久，就有人发现海伦的《霜之王》中写的故事和玛格丽特·康贝尔小姐写的小说《霜之仙》十分相似，而且《霜之仙》是一篇早已成名的作品，因此有人认为海伦的《霜之王》是一件不折不扣的剽窃品。

这对海伦和我的打击可想而知了，但是更大的打击还在后面。安纳格罗斯先生起初也因为这件事而备受困扰，但他还是非常信任海伦和我，尤其是对海伦表现出了异乎寻常的和蔼和温柔。然而事情的进展超出了我们的想象，在随后举行的华盛顿诞辰庆典大会上，帕金斯学校一位老师问起海伦有关《霜之王》的事，结果她误以为我是记得《霜之仙》的故事，并且有意欺骗安纳格罗斯先生的。于是她根据自己的推测，把这事告诉了安纳格罗斯先生。安纳格罗斯先生以为海伦确实在欺骗他，就不再和我们往来了。

安纳格罗斯先生是我们最要好的朋友，他和我们交往已经好长时间了。他的断交使我们失去了最好的朋友，也使海伦和我很长时间都不能坚强起来。写作对海伦来说已经不是一种快乐和享受了，相反倒成了一种折磨。有时海伦在写东西的时候，突然会停下来，对我说她感到一种莫名的恐惧，然后就将她写的东西反复读给我听，以确定以前是不是有人写过这些东西。

对于这件事情，我至今都认为海伦是无辜的。我想，作为一个孩子，海伦还只是处于一种初级模仿的阶段，他们经常会将自己非常喜欢的描述换一种方式表达出来，而且在我早年的写作中也有过这种经历。尽管这种写作带有别人的构思，但不能完全否认孩子的思想，只有经过这种长期的模仿练习，才能做到融会贯通，并逐渐转化成自己的东西。著名作家史蒂文森就曾说过：“初学写作的人，一般都会本能地模仿抄录自己所钦佩的作品，并以一种惊人的吸收变化力将它进行转化。即使是伟大的作家，也只有经过多年这样的实践之后，才能像将军统率军队一样，自如地运用文字来表达源源不断的思想。”我想海伦当时就是处于这一阶段，对她来说，最大的困难就是如何不借用别人的语言而将自己大脑中的思想清楚地表达出来。

《霜之王》事件对我和海伦的影响非常不利，但我并没有因此而放弃对海伦的写作指导。第二年，为了让海伦重新拾回自信，我鼓励她给《青年之友》杂志写一些关于她的生活经历的短小文章。在开始写作之前，海伦还经历了激烈的心理斗争。当时我就对她说，这次写作将对她的人生产生重要影响。海伦经过慎重思考后，答应了我。她写得非常小心，同时也非常坚决，因为她知道这将重新找回她的精神支柱和对自身才华的信心。

有一段时间，海伦的写作风格僵化了，我很担心她将走向一个死胡同。但进一步的学习使她的思路更加开阔了，海伦不仅摆脱了思想僵化的桎梏，不再受书本上生搬硬套的文体风格的约束，还以自己的实际生活经历为写作素材，从艺术的角度来发掘自己内在的最本质的东西，终于写出了自己的特色。海伦也渐渐地体会到，只有最真实的感受，才能写出最自然的东西。

上大学后，写作对于海伦来说成了一件非常愉快的事，她在上英语课时，经常根据自己的经历写一些小短文作为练笔。到了二年级，《妇女之友》的一位编辑找到了海伦，向海伦约稿。海伦不知道如何下手，在对方的提醒下，海伦将这些小短文连起来，最终成了她的第一部作品——《我生活的故事》。

然而，在这次写作过程中，海伦经历了常人难以想象的艰辛。正常人写作时，可以把已经写好的部分再看一遍，然后进行插行、换页、编排，自由地修改。可是对海伦却没有这么容易，我必须随时在一旁帮助她，把她写出来的东西译成手语，她读了之后再来修改，否则一切都将无法进行。

在写《我生活的故事》时先用打字机写出许多小片段，然后我用手语读给她听，她再反复推敲修改，将那些分散的小片段组合成一个整体。完成之后，将文章寄给杂志社，杂志社的编辑根据校样复制一份盲文本再寄回给海伦。海伦接到校样后，再次认真地修改，以确保文稿的正确性。她一遍又一遍地精心修改，直到她认为完全满意为止。

这部作品于 1903 年 3 月出版。当海伦摸着自己的第一本书时，内心激动不已。从此，一个充满灵性和智慧的盲聋哑女作家诞生了。

时间与金钱[1]

〔美〕刘 墉

你问我“用时间的方法”。我的答案是：用时间好比用金钱，如果你知道怎样用钱，也就应该知道怎样用时间。

金钱与时间，在“会用”与“不会用”者的手中，可能产生天渊之别。善于理财的人，能够用有限的钱，买到他需要的东西，甚至以钱滚钱，创造更多的财富。至于不懂理财的人，则可能毫无计划地使用，东买一点，西添一样，到头来买的东西不少，却该有的没有，既买的又无用处。

同样地，会用时间的人，懂得安排时间，按照事情的缓急来支取，到头来，不但完成了他要做的，而且能够留下多余的时间。至于不会用的人，则东摸摸、西磨磨，时间一分一秒地过去，浪费的比利用的多，犹豫的比决断的多，时间永远不够用，事情永远做不成。

这样说，或许你还不懂。那么，让我举个例子吧！

如果我今天给你几千块美金，要你自己出去生活，你要怎样使用这些钱？你不会先去买电脑游戏，也不至于先去看百老汇舞台秀，而是在解决了衣食住行的问题，并交完学杂费之后，才开始考虑娱乐支出，对不对？

于是，当你把自己的开销做成统计图时，会看到有大笔的开支，也有小笔的花费，有必要的支出在先，非必要的支出在后。

---

① 选自《一位父亲写给儿子的116封信之1》，〔美〕刘墉著，漓江出版社，2007年12月。

同样的道理，今天老天给了你时间，你不能先拿去打电脑游戏和看电影，也不可以先去整理相簿、看小说和胡思乱想，而应该先安排睡眠、上课、读书和通学的时间。因为没有充足的睡眠，你的身体状况不可能好；不花时间乘车，你到不了学校；至于上课、读书，则是你现阶段最重要的事。当然，除此之外，你必须吃饭、交际、消遣，并处理生活上的琐事。只是在整个时间的分配上，前面几项占的分量大，后面几项占的时间少。

我为什么会特别提出所占比例的问题呢？很简单，当你有一笔巨款，你可以考虑买贵的东西；相反地，你有的钱少时，自然是买小的东西。一个永远只买小东西，钱多的时候也不买房子、汽车的人，不能算是懂得用钱的人。同样地，如果你支配每一段时间，都用来做小事，也不能算是会用时间。必须既会利用长时间，完成较大的工作，又知道掌握零碎的时间，做小事情。譬如当有两个月的暑假时，你可以计划作一个参加西屋科学奖的大研究报告；当你有一个星期的假日时，你可以为校刊写篇专访；当你只有周末两天的时间，你就只能做做功课、出去看场电影或邀几个朋友聚一下。如果你在暑假的“大时间”，天天用来聊天、看电影，在周末却想写研究报告，就是大小时间不分了！

有一个人总是急急忙忙地做事，朋友问他为什么这么赶，何不轻轻松松慢慢来。他回答：“我做事快，正是为了争取多余的时间。你们看到的固然是我忙碌的一面，其实当我回到家，却有比你们更多的休闲时间，也利用它实现了许多梦想。”

这个人是以速度来争取时间，他把零零碎碎的“小时间”集中，成为大时间，也就能做较大的用处。比起那些做事总是拖拖拉拉，永远没有较大“空闲”的人，当然要算是知道利用时间的。

我们也时常看见主妇们一边聊天、看电视，一边织毛衣，由于这两种事都属于较轻松的，不必百分之百集中精神于其中一项，所以她们在同一时间，做两件事。

不过我也知道，有位著名的女作家，在她年轻时为了争取时间写作，甚至一边煮菜，一面写稿。国画大师黄君璧更总是一面跟来访的朋友聊天，一面作画。这就非要高人一等的功力不可了。

由于上帝给每个人的时间都一样，那有过人成就的，往往都懂得这

种一时两用的方法。

所以，当你假日起床之后，坐在桌前发呆，说是要想想那一天的时间该怎么安排，就已经是在浪费时间。你何不一面洗脸、刷牙、吃早餐，一面想这些事呢？

我过去作画到深夜，总是先把调色盘和砚台洗净，才安心地去睡觉，但是后来改成了每天起床之后做这些事，因为前一夜已经疲惫，洗砚台时，脑海里一团迷糊，无法再想事情，不如省下时间，早早上床。第二天脑子清醒的时候，再一面洗一面想，许多写作和绘画的灵感，也就在这时产生。

或许你要说，做事应该专心，同一时间只能做一件。我想对于写文章、做数学这些需要高度精神集中的事，确实如此，但如果说等公共汽车时不能一边看报，就没有道理了！在何种情况下一时两用、一心两用，必须由你自己去决定。但我要强调，在这个讲求速度的时代，同一时间永远只能做一件事的人，将可能被淘汰。

综合我以上所说的，掌握时间的原则应该是：

一、决定事情缓急、轻重，以优先顺序来安排时间，免得该做的到头来没有做。

二、以大的时间做大的事情，以小时间做小事，绝不将大时间打碎，用来处理琐事。

三、以速度争取时间，将争取到的小时间，集中为较大的时间。

四、如果可能，在同一时间，做更多的事情，使时间多元化。

你说，这用时间与用钱的道理岂非相去不远吗？

改变想法，从决策力培养开始[①]

〔英〕麦克·马兰、里克·罗杰斯

我们很大程度上更关注学生认知能力的发展，而课程也是根据这方面进行设计的。这一点无可非议，但我们需要对其加以补充。辅导工作中必须对培养决策能力所必需的态度、品德、礼仪、技能和判断力加以强调，并不断改进。涉及到健康教育的诸多研究表明，知识是必须的，但却无法满足我们进一步的需要。例如，美国对戒烟行为进行了一项大规模的调查，报告指出：

> 青少年应该具备表达自己观点和想法的能力。由于与同龄人的交往会对他们的生活方式产生深刻影响，青少年势必要学会如何表达并坚守自己的想法……不至于疏远其他同龄人。

这项调查同其他类似调查发现，"简单的事实"不能满足我们的要求，而"生活技能培养"能更好地促进学生决策自信心的发展。

吉尔伯托·鲍迪文（Gilbert Botvin，美国教育学家——编者注）在写给美国卫生基金会的报告中对此作了总结，他强调指出，以知识为基础的戒烟计划虽然成功地改变了学生们对于吸烟的态度，但是在实际的戒烟行动上却收效甚微：很明显，吸烟有害健康的事实对多数学生来说

① 选自《班主任一定要面对的9个问题》，〔英〕麦克·马兰、里克·罗杰斯著，张清泉译，中国青年出版社，2007年1月。

并不具有威慑力。在一项关于纽约的15～19岁青少年的研究中，他指出，“对吸烟的了解再多也无助于阻止新的学生加入到吸烟的行列中。”

要想成功地促使年轻人行动起来，而不是单单改变他们的想法，就牵扯到对他们决策能力的培养：

> 吸烟问题被放到了培养基本生活技能这个更大的环境中加以间接的考虑，其中包括自我形象的塑造、压力释放与交流交际能力、决策能力和自信力的培养。

换句话说，知识是必须的，但学生们要想真正地改变自己的行为和处事风格，并养成良好的自控能力，仅仅掌握一些事实并形成一定的意识是远远不够的。一位研究者曾这样写道：“决策能力的培养占据了健康教育的核心位置。”

因此，个人的发展需要对事实的掌握，但又不能仅仅依靠所掌握的事实：要想做到理性自主就需要培养受教育者的判断力，调查和反驳的能力，独立并非独自解决问题的能力和最终做出正确决策的能力。布顿曾言简意赅地指出：“自知尚且不足，更不言他人相告。”

第四篇

培养儿童的独立能力

教育是陶冶身心，培养儿童的独立能力。

如今的孩子是生活在优裕环境中的新生代。物质生活的丰裕和独生子女所特有的心理带来的负面影响对于孩子独立能力的培养造成了极为不利的后果，而一个不具备独立能力的孩子不可能适应将来社会的竞争需求。其实，任何孩子的内心深处都是渴望独立的，但是外界却为他们提供了一系列“帮助”，使他们不能锻炼独立的能力。

独立的能力要求孩子在成长过程中逐渐摆脱对父母和老师的依赖，实现真正的自我独立。在教育的过程中，我们一定要给孩子留足自主学习的空间，培养他们自由探索的精神和自我训练的能力，不要总想着成为孩子的“代言人”，争取把他们培养成独立自主的人。

教育者对孩子独立能力的培养一定要注意适当的方法和策略。本篇主要选取了大师们关于培养孩子独立能力的细微技巧，以及如何培养孩子想象力、自由探索精神等的文章，以期为大家提供思考和借鉴。

◎陈鹤琴	凡小孩子能够自己做的事情，你千万不要替他做
◎〔英〕夏洛特·梅森	培养孩子自我训练的能力
◎〔美〕杰弗里·布拉尼	培养孩子自由探索的精神
◎高时良	疑思问
◎〔美〕杜　威	造就发动性质的教育
◎顾明远	留给学生自主学习的空间
◎王东华	想象力：想象力概括着世界上的一切
◎赵忠心	孩子不需要“代言人”

凡小孩子能够自己做的事情，你千万不要替他做[1]

陈鹤琴

我常看见有 6、7 岁大的小孩子，做父母的还是给他喂饭，替他穿衣服，替他开开门户，收拾东西。小孩子要摇铃，做父母的就摇给他听，小孩子要敲鼓就敲给他看。其实小孩子对于这种游戏都喜欢自己去做，不只听听看看罢了。有一乳娘抱着一个 3 岁大的小孩子，嘴里吹着一支竹箫，小孩子两手抓着嘴里喊“要”，但是她总不肯给他。我问她：“你为什么不给他呢?”她说：“他要敲破的。”其实这支箫不过值得几个铜元，即使给他敲破，也值不得什么，何必一定不给他吹呢?后来她因为他缠绕不过，就把这支箫给他叫他自己玩。这个小孩子一不当心，这支箫就跌在地上了。小孩子正要自己去拾，她立即匆匆忙忙地替他拾起来，小孩子因为她拾了，就躺在地上大哭，嘴里还叽里咕噜地骂着。又有一个大腹的孕妇手里抱着她的 5、6 岁大的小孩子，从楼上下来。我实在看得可怜，就问她：“你为什么不叫他自己走呢?”她说：“恐怕跌下去。”我看他们的楼梯并不高，五六岁大的小孩子走走是不妨事的。即使恐怕他跌，她只要很当心地看着罢了，何必去抱他呢?小孩子要走没有得走，她要休息却不得休息，实在是大家不上算的。至于替小孩子穿衣服，普通做父母的尤容易犯。有一个 10 岁的儿童每天早晨起床总要叫他的姨娘替他穿衣服，倘使他姨娘不来，那他只好困在床上了。他到学堂里去，他父母天天用车子送他去的。他的家距学堂并不远，况且

① 选自《家庭教育》，陈鹤琴著，华东师范大学出版社，2006 年 5 月。

他的年纪已经有10岁了。自己走走有什么要紧呢？但是他的父母因为恐怕他要辛苦，所以总用包车迎送他。以上诸例是我所知道的，其余像这样的例子实在很多，我也不必举了。现在我们对待一鸣不是这样的。他起居饮食，收拾东西等都是要他自己做的。有时候他实在不能够，那我们方才去帮助他。我有一位朋友的小孩子现在不过3岁半，每日总是自己洗刷牙齿两次，一次在早晨起床以后，一次在晚间临睡以前。还有一个小孩子，他从小在他外婆家里长大的。5、6岁大的时候，他外婆就叫他自己穿衣服。再过一两年，起床以后，他外婆就教他叠被褥。后来他年纪慢慢儿大了，这位老太太叫他扫地抹桌子，冲茶端饭，应对进退，一举一动，都有规矩，而且不论路的远近，总叫他自己慢慢儿走，永不许他坐轿的。后来这个小孩子身体很强壮，行为举动也是很好的。这种教育可以说是良好的家庭教育，我希望教育子女的，大家采用采用吧。

替小孩子做事情，其弊有三：

（一）剥夺小孩子肌肉发展的机会。小孩子愈动作则他的肌肉愈能够发展，反之则他的肌肉就要退化了。我们看纨绔子弟，王孙公子，起居饮食，出入进退，都有人服侍，所以他们的身体孱弱无力，见风就生病，见太阳就发痧是其明证。不特人类如此，就是蚂蚁也是这样的。蚁王住在房里，食物都是别的小蚂蚁拿来给它吃的；所以到后来，它的两个钳就退化了。不幸有意外之事，它只好坐以待毙。做父母的倘使不明了这层道理，一味去爱惜他，服侍他，那他的肌肉也要像蚁王一样退化了。

（二）养成小孩子懒惰性格。小孩子的事情样样由他父母替他做，那他以后就不高兴自己去做了。他视父母如奴隶，以为是上帝给他的侍者，所以无论什么事都要推父母去做。以后他在社会上做事，也成为不尽职务的人了。我们可以说大多数人的懒惰都是在他们小的时候养成的，也可以说是他们父母替他们养成的。

（三）养成小孩子不识世务，不知劳苦的性格。不亲自做过的事情，则不知别人的劳苦；不经过许多事务，则不知世务的艰难。一班少爷公子只知驱使人们替他们去做事情，一不称心则鞭挞随之，因此慢慢儿成为不知世故人情而且没有人道的人了。这种坏脾气恶习惯大概是从小由他们的父母或家人替他们去做事情所养成的。

替小孩子去做事的害处即如上述，现在且将小孩子自己去做事的好处说一下：（一）可以发展他的肌肉；（二）可以养成他勤俭的性格；（三）可以使小孩子知道做事的不易和世务的艰难；（四）可以养成独立的精神。推想普通做父母的替小孩子做事的缘故，大概是因为小孩子做事慢而且容易闯祸，不若自己替他做来得快而且不会闯祸。其实小孩子事情做得慢没有什么要紧的，即使事情弄坏了，也不打紧，何以因此而就替他去做呢？替他去做即有三害，叫他自己做即有四利，所以我希望做父母的凡小孩子能做的事情都让小孩子自己去做吧。

培养孩子自我训练的能力[1]

〔英〕夏洛特·梅森

能力就是一种能稳定地将注意力集中于手头正在做的事情上的力量，

而且一个人的成功更取决于这种经过培养而获得的力量，

而不是任何自然的天赋。

集中精神是智能加以训练后的结果，

没有集中精神的能力，就好像天才在一片漆黑中射靶。

——夏洛特·梅森

一、总是丢三落四的弗雷德

“弗雷德，别忘了去米尔纳夫人家去问他们家洗衣工的地址。”

“好的，妈妈!”弗雷德还没等他妈妈再强调一下她的命令，就已经跑到了半路上。再一次强调？不，已经说了第7遍了，布鲁斯夫人有一些矛盾的表达反映出她对儿子口口声声的回答几乎不抱信任。

“医生，我不知道该对弗雷德怎么办才好，我一丁点都不相信他会照我说的去做。坦白地讲，我确信他不会去做的。这是件琐事，但一天之内，同样的事情会发生20次——他必定要忘记他想要记住的事——

① 选自《如何培养孩子的性格》，〔英〕夏洛特·梅森著，刘扬等译，中国发展出版社，2003年12月。

每当我想到这儿，我就不得不对他的未来担心。”

麦克尔霍斯医生沉思着，手指不断地敲击着桌面，而且嘴唇努着做吹口哨状。布鲁斯夫人的话对他来说是个难题。在这个 9 岁的男孩出生的时候，他曾出过诊。布鲁斯家没有更多的密友和令他们尊敬的朋友。对他来说，他喜欢他们一家人。谁能帮助他们呢？布鲁斯夫妇俩富有智慧，且与人为善，他们的孩子弗雷德长相俊秀，家教良好，而且热情开朗，他们一家正是可以与之结交来往的。此时此地，医生发现了可以发挥他爱好的良机：“在我的乌托邦世界里，家庭医生的作用范围可以从家庭教师一直到父母。可以思考一下，一个 9 岁、拥有优良血统的男孩竟有着根深蒂固的毛病，他漠视父母，用各种各样的方式逃离命令！又是一个厉害人物！”

17 年来，麦克尔霍斯医生就一直对他们的家庭事务给予建议，然而这是第一次想办法干预关于教育孩子的问题。他敲着桌子思考着：“俊秀、温顺，多好的一个孩子啊！现在却出现了混乱，这是你的最后一次机会，要一针见血地解释清楚。怎么办呢？”

“他在做功课的时候也会发生同样的事吗？”

“正是，他总是拖欠作业。他要么忘记带课本，要么就是忘记做练习，或者干脆忘记学习。事实上，他的学校生活的记录里写满了遗忘和惩罚。”

“比坎特伯雷的牧师记性还差！那个牧师的妻子让他将自己的开销记账，他是这样记他一个星期的账目的：‘手套……无名物，4 英镑。’他的书写模糊不清，因此他妻子凑着头看过去，大声问他：‘无名物！无名物！这是什么东西！你买过无名物吗？’‘哦，亲爱的，我那是忘记了。’——他的妻子无话可说了。”

“这个故事真妙，可是故事的可笑并不能让我的孩子在这个世界中立足啊，我们夫妇两个都为弗雷德感到焦虑。”

“他是校板球队的队员，是吗？”

“是的，他对板球痴迷着呢！在板球方面，我向你保证，他从未忘记过什么。他总是说：‘妈妈，今天中午早点开饭吧，我们下午两点有场比赛！’‘妈妈，别忘了帮我洗运动服，我星期五要穿呢。’他懂得什么时候要甜言蜜语地哄骗。‘星期三就要捐款了，妈妈！’他会在他拿到钱之前，每天不停地缠着你的。”

“我的朋友，我要祝贺您，这孩子的大脑没有任何问题。”

“哦，天哪，医生！谁会以为他的脑子有问题呢？您太令我吃惊了！”

二、对缺陷听之任之就会成为习惯

“我并不是有意想要吓唬您。可是我认为事情有两种可能性：或者这是一种慢性疾病，若是这种情况，我们就要进行医学上的治疗，不管采用什么样的治疗方法；或者这只是由于教育上的失误造成的结果，是由于父母对孩子顺从而导致的有害处的教养方式，如果是这样，那么要根治，还需要花上一段时间。”

这种危言耸听并没有激怒布鲁斯夫人。对她来说，讲述大儿子那令人头痛的毛病是一回事，但是若让她相信事情的严重性，则是另外一回事了，因为这有关她的自尊心。

“尊敬的医生，是不是您把成长阶段上的一个平常的错误看得过分严重了？他本该忘记什么，我这样说可能太令人讨厌了，可是如果过一两年后，随着他的成长，他会渐渐抛弃这个坏毛病的，我们等着看吧。时间会让他的行为稳定下来的。这只不过是青少年的反复无常罢了，以我的立场，我可不喜欢看到一个孩子有着成年人的想法。”医生又开始用手指敲击桌面了。他已经参与了这件事，他开始为自己刚才有勇无谋的判断感到困惑不已。

“那好，我不得不说您用青少年变化无常的特征来解释是有道理的。但作为一名医生，又像我这样的老脑筋，我的职责是研究思维和对象之间的紧密联系，我们的一种行为方式会相应导致一种结果，身体或思维上如果有了任何缺陷，顺其自然的话，只会导致这种缺陷越来越严重，而不会有其他可能。”

“再来一杯茶吧，医生。我还是有些糊涂。我对科学一无所知。您的意思是说弗雷德会变得越来越健忘，不管他长到多大？”

“我不清楚是不是该将前景预测得这么糟糕，但这的确是事实。当然了，环境可以改变他，弗雷德可以发展成为一个认真的、严肃而正经的老古板，到时候，连您都会羞于提起他的。”

“别嘲笑我了，医生。您竟然将这么严肃的事情轻松地说成个笑话。”在一个房间里，两个思考者谈了半天却没有答案，整整有 3 分钟，大家都沉默着，各怀心事。

“您是说，”布鲁斯夫人终于用一种急切的语调开口了，“若对缺陷听之任之，它只会越来越强化。那我们该怎么办呢？不管怎样，孩子的父亲和我都希望能尽我们的职责。”布鲁斯夫人原本平静的心情被搅乱了，她郑重其事地说道。她的聪明才智已经箭在弦上了。“太好了，我已经向成功迈出了一步！”医生暗忖：之后就要借问题的严肃和我的稳重，来稳住布鲁斯夫人的心了。

“您的问题并不是可以轻易回答的。首先，请允许我努力将原则简化一下讲给您听：关于‘做什么事’本身可以解决问题。弗雷德从来不会忘记打板球或者其他有趣的娱乐活动，是吗？是的！那为什么不会忘记呢？因为他的兴趣被激发起来了，因此他整个的注意力都集中在这些事情上，将事情记了下来。很显然，一个人全神贯注思考的东西是不会忘记的。那么首先让精力集中于当下的事情，他保证不会忘记的。”

“这当然很正确，可是我怎样使给米尔纳夫人传口信这件事变得像俱乐部活动一样有吸引力呢？”

“哈！这倒是问到点子上了。如果您在弗雷德一岁的时候就开始做的话，事情早就解决了。习惯是早就应该形成的。”

三、让孩子养成集中精神的习惯

布鲁斯夫人很聪慧，她立刻就明白了：“我清楚了，他必须有集中精神的习惯，这样他就可以自然地注意到他必须做的事情，而不管这件事他有没有兴趣。”

“亲爱的夫人，您完全明白了，只是您用了‘自然地’一词。目前，弗雷德的兴趣在很多方面，这是孩子的天性。而习惯在教育上的运用就是纠正天性。如果父母可以明白这个道理，整个世界都会变成一个巨大的少年感化院，我们的下一代、第三代，都会居住在天堂之中，一切将变得有规律，而不是一阵阵地、一处处地，毫无规则而言。这样的话，对我们再好不过了。”

"可我似乎没明白您的意思，"这个固执的女人说，"还是回到让集中注意力的习惯改造我的弗雷德的话题吧——请您尽力告诉我将如何去做。先生们总是喜欢流于一般的原理，而我们女人却只能抓住一两条如何实际操作的提示。我的孩子要是知道他忠实的朋友，医生您，为他考虑得如此之少，他会多么伤心啊！"

"'我们女人'，真的是这样！您已经让我经受了两次打击，让我不知所措了。我的理论的确都没有实践成果，而且我在思考理论时，的确很少想到弗雷德，虽然自从他离开襁褓之后，就一直是我最好的朋友！问题还留待我们这些被征服者去'干得漂亮'呢。祈祷吧，夫人，您还想让我告诉您些什么呢？"

"医生，再谈谈'习惯'吧，'习惯'！时间太宝贵了，我们别再谈无关痛痒的事了。假设弗雷德现在只有12个月大，请您告诉我怎样使他开始集中注意力。还有，顺便问一句，为什么在孩子小的时候，您不和我谈这件事呢？"

"我记得您没有问过我，而且谁会鲁莽地想到要去教训一位年轻的母亲呢？至少我不会那样做。难道我不了解每一位第一次做母亲的人是绝对可靠的，她们要比所有经验丰富的老医生在理解孩子方面更深入、更富有创造力？但是，假设您当时问过我，我会说——让他每天都将精力集中于一件玩具上，时间一天比一天长，循序渐进。他摘下一朵雏菊，高兴地咯咯笑个不停，随即雏菊就从他没气力的手掌中滑落在地。这时候，你就将雏菊捡起来，用温柔的语言哄他，使他再把玩一阵，用婴儿能接受的方式哄孩子，这点你们做母亲的人最在行了，1分钟，再2分钟，下一次再3分钟。"

"我明白了，一次只让他集中精神做一件事情，而且时间尽可能长一些，不管他在看什么，还是在听什么。试想，如果从他婴儿时期就坚持这样做，他会不习惯于集中注意力吗？"

四、注意力集中是后天训练得来的

"毫无疑问，你可以依赖所谓'能力'这样的说法——这是与'天赋'不同的一个概念，请注意，是'天赋'，或者说是'天才'——能

力就是一种能稳定地将注意力集中于手头正在做的事情上的力量，而且一个人的成功更取决于这种经过培养而获得的力量，而不是任何自然的天赋。试想一下那些成功的律师和商界名人，请注意他们是不是都将自己的精力集中于一点？或者设想一个很糟糕的情景，越糟越好。一个人面对一团乱麻，拿着线头，整理纠缠在一起的结，他专注于手中的结，目不转睛，直到他把所有的结都打开。现在让我们谈谈天才，或者说天赋，或者随便你愿意叫什么都行，他们全神贯注于手边的事情。但是集中精神是智能加以训练后的结果，没有集中精神的能力，就好像天才在一片漆黑中射靶。”

“但是，难道您不认为注意力集中本身就是一个自然的能力，或者说是天赋能力，或者随便我们叫它什么？”

“根本不是这样，这完全是训练的结果。一个人生来会有一些天赋能力，如有关数字的天赋，或者绘画、音乐方面的才能，但是，注意力的集中却是另外一回事。它是将上述这些才能专注于手头工作的能力，它是每个人获得成功的关键所在，但它却来自于后天的训练。环境会促使一个人去训练他自己，但他必须付出巨大的努力，而且和他的努力相比，成功的机会只有10%。而对孩子来讲，则是另外一回事，他接受来自父母的训练，以集中自己的思想，这样做一切都会一帆风顺的。他会成功的，毋庸置疑。”

“这让我想到功课，比如拉丁文和数学，还有其他科目，会使他得到这种智能训练吗？”

“会的，但这仅仅是触碰到问题的所在，您刚才说到弗雷德的功课，我想说这还没有触碰到问题的实质。一个孩子会努力让繁重的功课从他身边溜走，而不是认真学习，这并不难以置信。恐怕您必须自己想办法来克服困难了。让像弗雷德这样优秀的小伙子荒废下去，真是万分可惜啊。”

“那我该怎样做呢？”

五、激发孩子自我训练注意力的动力

“嗯，我们必须接着刚才的说下去。弗雷德能够参与，因此就可以

记牢：他会记住让他感兴趣的事情。让我们回到您问的问题吧。怎样使给米尔纳夫人传口信这件事变得像他参加板球俱乐部活动一样有意思呢？传口信这件事本身并无乐趣而言，因此您必须在其中加入乐趣。有很多办法可以达到目的：先试一个，当这一个无效了，再试另一个。在像弗雷德这样的年纪，你就不能够像在他小时候那样给他建立注意力集中的习惯了。您只能帮助他，教育他，给他推动力，他必须为他自己接受训练，训练自己。”

“医生，再说得简单一点吧，我还没能够将您的话具体到我可以操作的程度。”

“还不够具体吗？那好，弗雷德必须训练自己，而且你必须给他驱动力。将我们刚才谈论的关于注意力集中的事简要地讲给他听。让他明白事情是怎么一回事，让他清楚你并不能帮他，如果他想成为一个拥有自我的人，就必须使他集中精神，保持良好的记忆力。告诉他这将会是一次激烈的斗争，因为这种习惯和他的天性是相反的。他会喜欢这个过程的，男孩子的天性就是喜欢接受挑战，对手越是强大，他就会越有斗志地加入斗争。在我小时候，我不得不为自己‘参加作战’，我会告诉你那时候我是怎样做的。每个星期，我会竖起一张卡片，将卡片从中间分成两半。一边是‘记住的事情’，另一边是‘忘记的事情’。每个晚上，我都给自己规定任务并认真完成——那种努力对我的确有很大的帮助——我会在当天每一件‘记住的事情’和‘忘记的事情’上打上记号。而且给它们打分。你不知道那多么令人兴奋啊！如果，到了星期四，‘记住的事情’我得了33分，‘忘记的事情’得了36分，那我得加油了。不仅‘忘记的事情’会赢得比赛——比赛到星期六晚上结束，而且除非‘记住的事情’比‘忘记的事情’多赢10分，否则这场比赛就‘打成平手’了——离惨败也就相差无几了。”

“太有趣了！但是，医生，我希望您自己能够跟弗雷德谈一谈。话从您口中讲出会更有分量，效果会更持久一些。”

“我会找一个合适的机会，但毕竟一个旁观者解决不了所有的问题，一切都还得依靠孩子自己，还有父母和家人的帮助。”

培养孩子自由探索的精神①

〔美〕杰弗里·布拉尼

这是犹太家庭教育中一则很有代表性的故事：

一个孩子的父亲是一个极为刻板与严谨的人，每天的生活极为有规律。儿子却是一个调皮的家伙，精力充沛，成天在不停地动，总是弄坏东西，总是在为不当的行为挨揍。

有一次，这个孩子把他父母的表拆开了，他只不过是想看看里面是什么东西，并试图想把这表修好，结果失败了。孩子的父亲发现这个情况之后，气得暴跳如雷，抄起木棒就打这个孩子，打得这个孩子皮开肉绽。这位粗暴的父亲在弄明白事情的真相之后，又碍于面子不愿意向孩子认错。

这个可怜的孩子才八九岁，每天都生活在忧郁之中，他对自己的父亲充满了恨意。终于有一天，他自愿跟着一个马戏团走了。

这个事件告诉我们这样一个道理：

自由固然不能脱离纪律的约束，但是纪律和制度也不能固定和过分限制孩子的行为。

---

① 选自《犹太人的家庭教育》，〔美〕杰弗里·布拉尼著，厉志红、王燕译，河南大学出版社，2003年4月。

犹太教育家塞宾尼思认为纪律远远比不上孩子自由的天性、活泼的心灵。教育者不但不应该压制，相反应当培育孩子的这些素质。纪律应当为孩子的自由发展、满足孩子的好奇心而服务，而不能让一些陈规压制了孩子的美好天性。

教育家认为上面那个父亲对离家出走的孩子如果是引导得法，那么孩子足可以在机械方面得到发展，完全可以成为一位发明家或者说是科学家。然而，在不合理的家庭教育中，他宁愿选择去当流浪汉过自由的生活。

一个称职的父亲如果他把这样充满好奇心的孩子领到钟表店让孩子看个够，或者说是把钟表的原理讲给孩子，那么什么事都解决了。

这个不称职的父亲的错误就在于他缺乏对孩子好奇心的重视，他不知道如何洞察孩子自由的天性。

父母们要知道好奇心是每个孩子探究世界上未知因素的心理动因，好奇心也有助于孩子想象力的培养。好奇心是创造精神的源泉，是孩子想象的动力。

正是因为孩子有了无数的好奇心，他才不停地提问、思考、想象。父母有责任保护好孩子的好奇心，让孩子的思维永远处于活跃的状态。每一个孩子都应该享受探究世界的权利。如果不是这样孩子只能成为一个唯唯诺诺、机械模仿、缺乏创造性、没有主见、只在一定的框架中思考的人。

在不少的家庭中孩子所得到的只是呆板的、墨守成规的教育，在这样的教育中成长起来的孩子虽然说能按父母的意愿取得一定的成就，可多少也会受其家庭与父母的影响，也只是一个板着脸，只会啃书本，毫无乐趣可言的人。

为什么会成为这个样子，这完全是家庭教育的结果。

犹太教育家塞宾尼思认为在游戏中培养孩子的想象力是一种行之有效的办法，也是一种不可多得的办法。因为大多数孩子都喜欢做游戏。特别是角色游戏和造型游戏，随着扮演角色和游戏情节的变化，孩子的想象异常活跃，游戏的内容也随之丰富起来，想象就更为活跃。

犹太人爱因斯坦说过：

想象力比知识更为重要，因为知识是有限的，而想象力概括着世界

上的一切，推动着进步，并且是知识进化的源泉。严格地说，想象力是科学研究中的重要因素。

在现实社会中，没有想象，就没有新的发明与创造，就无法解决生产和生活中的新的问题，人类社会就无法前进。

父母所要记住的是：

想象是孩子自由思维的表现，因此维护想象力是培养孩子热爱自由品格的重要方式，也是培养孩子创造力的有效的途径。要培养孩子的想象力，除了保护孩子的好奇心，让孩子多接触大自然、多接触生活，还要保持孩子独立的个性，让孩子尝到想象的快乐。

犹太教育家们不主张用清规戒律来束缚孩子，更不主张孩子因循守旧。教育家反对人们硬把什么教义、信条以及上帝的惩罚、地狱的折磨等子虚乌有的事胡乱灌输给还不太明白是非的孩子，并毫无道理地要求孩子绝对地服从。这样一来孩子的头脑就会被这些东西紧紧地缚住，不能自由地探求知识，终日生活在迷信和恐惧之中。

教育家们还反对对孩子的天真报以嘲笑和讽刺。父母应该非常注意保护孩子的探索精神，对孩子所提出的问题希望父母们能耐心为孩子们解答。

疑思问[1]

高时良

《季氏》："孔子曰：'君子有九思……疑思问……'"

译文

孔子道："有修养的人有九个方面必须考虑……遇到怀疑的地方得考虑去请教别人……"

析义

有疑便思问，这是学习的要诀，也是学习应有的态度。

知识从学中来，学又从问中来。我国历史上直称知识为学问，很有道理。"学"与"问"不可分割。"学"必要"问"，"问"则为了"学"。汉刘向《说苑》甚至把《中庸》的"好学近乎知"句改为"好问近乎智"："《中庸》曰：'好问近乎智，力行近乎仁，知耻近乎勇。'积小之能大者，其惟仲尼乎？学者所以反情治性尽才者也。"[2]

孔子一生学而不厌，故亦好问，"子入太庙，每事问"。老聃，看来他比孔子阅历多些。《史记·老子韩非列传》："孔子适周，将问礼于老子。老子曰：'子所言者，其人与骨皆已朽矣，独其言在耳。且君子得其时则驾，不得其时则蓬累而行。……'"似乎提醒孔子，别过分眷恋过时乃至发了霉的东西。孔子也似乎接受老聃的劝告，才说："吾今日

① 选自《中国古典教育理论体系：孔子教育语义集解》，高时良著，人民教育出版社，2006年3月。

② 《说苑·建本》。

见老子，其犹龙邪！”可见，“问”比没有问好。

学者学而不厌，还需要教者诲人不倦。看师襄子与孔子的一席答问：

“孔子学鼓琴师襄子，十日不进。师襄子曰：‘可以益矣。’孔子曰：‘丘已习其曲矣，未得其数也。’有间，曰：‘已习其数，可以益矣。’孔子曰：‘丘未得其志也。’有间，曰：‘已习其志，可以益矣。’孔子曰：‘丘未得其为人也。’有间，有所穆然深思焉，有所怡然高望而远志焉，曰：‘丘得其为人，黯然而黑，几然而长，眼如望羊，如王四国，非文王其谁能为此也！’”[1]

可见，有善于发问的人，也还要有善于答问的人；不是被动的答问，更主要的是引发对方，例如学生勇于发问和不断发问；首先是教师采取主动，不仅自己对学生问这问那，还要引导学生有疑便问。这在孔门形成了良好学风。见于《论语》者，如孟懿子、子游、子夏问孝[2]，颜渊、仲弓、司马牛、樊迟问仁[3]，子贡、子张、子路问政[4]，樊迟问知[5]，子贡问友[6]，原宪问耻[7]，子张问善人之道[8]、问崇德辨惑[9]……可以设想，如果孔子对弟子们的问表现不耐烦，甚至批评他们发问的幼稚可笑，弟子们敢于再发问吗？问老师，问朋友，问有经验的人，都为了自己对有些问题不理解，即有疑；不疑又何必去问这个那个人？何况在学习过程中，有疑倒是正常的，有水平的教师要善于“制造”出这样那样的疑难问题，让学生去揣摩，引起发问。

---

① 《史记·孔子世家》。
② 《为政》。
③ 《颜渊》。
④ 《颜渊》《子路》。
⑤ 《雍也》。
⑥ 《颜渊》。
⑦ 《宪问》。
⑧ 《先进》。
⑨ 《颜渊》。

“疑”和“问”在教、学过程中之所以成为必要，是由于它有大量的思维活动参与：“疑”中有“思”，“思”了便“问”，“问”后又“思”，知识水平就是循着这个阶梯攀升。《中庸》引孔子言：“博学之，审问之，慎思之，明辨之，笃行之。”表明“问”与“思”不可分割。《论语·子张》引子夏说：“博学而笃志，切问而近思。”“近思”的“近”指联系实际，不是空中楼阁；“切问”的“切”亦指有的放矢，不是不着边际。《陆稼书先生问学录》：“圣人云‘切问’，一‘切’字最可玩。学者不可不好问，问又不可不切。盖宇宙之事，可疑者何限，若泛然而问，非但告者易倦，而问者亦无益，故必切于身心，切于职分，然后问之。”[①]“切”还可作穷根究底解，打破沙锅问到底，直到释“疑”为止。这也符合孔子“疑思问”和“不耻下问”的教导精神。

① 《陆稼书先生问学录》卷之四。

造就发动性质的教育[①]

——在杭州第一师范学校的讲演

〔美〕杜　威

我曾听得中国有个很著名的教育家说，“被动的性行，可以算是占据中国教育上最高的地位的东西。”讲到被动的性行，最显著的有两件事可说：一件是属于道德方面，一件是属于理智方面的。属于道德方面的例子，像（1）中国人俭朴的习惯和自奉刻苦的习惯；（2）中国人做事的忍耐功夫；（3）中国人对礼貌的讲究。属于理智方面的，像中国人善于思想的这种习惯，便是个例子。以上是说明被动的性行。至于主动的性行，究竟是什么呢？见解精明、独创力的具足、步骤清晰，这都是主动的性行之属于理智方面的；协力合作，那便是主动的性行之属于道德方面的了。

我们睁开眼睛看看，现在是什么世界，忍耐刻苦这类的性行，差不多已成为无足深取的了；因为这类性行都像守株待兔似的，再也不会使人类进步的。我们现在所应当注意的，就在主动的性行；它不但有予社会以进步的机会，而且有可以支配天然界和改造社会的本能呢。

我们要把世界一切现象比较一下，去下一个总括的断语，这是很难的一件事。但有几句话说来，有几分真实，而且可供大家研究的，就是以科学征服自然是西洋文明的特长；视天然界现象为神秘，而且将之拿来当做娱心悦目的事物看，这是东方人最显著的态度。西洋哲学家培根

① 选自《杜威在华教育讲演》，〔美〕杜威著，单中惠、王凤玉编，教育科学出版社，2007年1月。

是近代科学思想的一个大功臣。他说，知识即能力，能力所以克服自然。他主张我们要求生活，无须直接去求，只须设法去支配物质，使它能够有利于人生，就是了。我的意思，以为完全生活，须取东西洋文明兼而有之方可。所以，在西方人应当把东方人的怡淡安详的态度收取些去；在东方人却应当把西方人的创造精神、科学精神吸收些来，这才能达到兼而有之的目的。上述是本题的导言，现在要讲入本题了。本题就是教育上应该怎样做去，才能够得到发动有精力的、有生气的精神出现。本题所特别注重的，为小学儿童用怎样方法去发动它，才能够具足上述种种精神。

理论和实际、思想和实行两相分离，这是从前的人所深信的。即近世纪以前的大学问家，也往往作如此想；他那以为“身心是分离的，我们只须从心所欲的玄想开去就是了，再用不着顾到什么身的方面的动作的”。结果，身的方面往往不能为他所用，思想上也就生出无限的障碍了。现在我们所注重的，是发动的、有精力的、有生气的性行。身体上的动作，分外应当注意。所以我以为，造就发动的性质的方法，是下列三种。

第一，注重游戏运动。身的动作，是用心思的工具，是性行或思想实现的器械。我们平常见的游戏运动这件事，往往以为它仅仅有益于身体上的健康，不晓得它的最大作用是在练习思想和思想的习惯。我且把游戏运动有益于吾人的最显明的例子，列举如下：（1）感觉敏捷；（2）养成果敢决断的精神；（3）造就发动能力；（4）思想流利，不虞缺乏。概括的一句话，就是“游戏运动，能够使一个被动的、静穆的、无生气的人，一变而为活动的、有生气的，有用于社会的人”。这岂不是很有价值的吗？诸位曾听见过英语中“Greek Spirit”一句话吗？（此语可译做希腊精神）希腊人最重游戏，不但取以为保持健康所必需，而且还当做锻炼心思的工具。所以，当时希腊人的兴奋力很充足，而且很有活动气象。英国不是以殖民地和商业这两件事业称雄于世界的吗？原因甚多，而注重游戏运动都是它的最大原因。日本现在不是可算一个强国的吗？我们只需看它半世纪以来，注重身体发育的一般情况，便可晓得它强国的一般了。从以上种种实例观察起来，可以明白游戏运动这件事，当中实在是含着一种至理。我们不要以为它只能助身体发育，我们须看得它很有价值；虽然能够使中国一般国民把身体上的习惯改革一下，于中国改造前途必有很大利益，而且也许能够增高中国在世界上的位置。这事的具体进行方法，莫如在全国各都会城镇乡村遍设公共运动场，有相当的设备，使全国的小孩子都得到游戏运动的机会；一面学校和家庭竭力地去提倡它。这事表面上看起来，似乎很小；实则勇取心、发动心、自信心等的养成方法，都在于此。吾人对此事，万不可专作壁上观才好。

第二，注重手的活动。这是造就发动的性质的第二种方法。平常人以为手工只是肌肉训练的一种功课，或者还以为是裨助将来的职业的一种功课，这话似乎很对；实则手工的最大功用是造就发动能力，使人有了一种意识，就会想到求展现的一条路上去；这难道是毫无边际的空想所能及得来的吗？此外，手的活动的种类还很多：像图画、音乐、书法，都是给我们以表现思想的机会；又像金工、木工、厚纸、石膏等手的作业，形式虽然不一，功用却是相同的。简括一句话，就是使吾人以吸收为唯一要务的态度，一变而为积极的表出的态度。

第三，注重天然物象的观察和实验。这是造就发动的性质的第三种方法。就是使儿童观察天然物象，用实验的方法去仔细研究它。一方竭力打破被动性质的书本教授，一方就可得到儿童个人观察能力的养成和独创力的具足等种种效果。我们从历史上可以得到一种不可磨灭的证据，就是："人类生存，不知经过几千万年，但在试验科学没有发明以前，吾人对于天然界的知识十分缺乏，所以，不能够支配天然界的一切物质。到了试验科学发明之后，人类控制自然一件事差不多已经成为常事了。"总之，试验方法是人类进步的仪器；学校方面千万不可视为忽略的。

上述三种方法，是造就发动的性质所必须奉行的。我们往往把近在目前的事情看做很平常，奉行也很不力；这是我们为远的、大的、空洞的理论的不切事物的事物所诱引惯了的缘故。现在我们既然说明白了，就应当不再蹈故辙，以至弄到得着没有进步或竟至退步的结果。

我们如果能够把理论实际两相分离和身心两不相关的学说完全打

破，那就当对于无论何事总得想个法子，使它得有具体的表现的机会。如此一来，于理智方面的训练必定大有利益；创造精神还有不蓬蓬勃勃地开发的吗？

诸君！中国社会改造的根本方法，就在于此呢！诸君如果能够切实地奉行这几种方法，变化社会、改造社会都是易如反掌的！

留给学生自主学习的空间[1]

顾明远

前不久，教育部发布了减轻学生过重学业负担的通知，引起了社会各界极大的反响。大多数老师和家长都赞成，但也有些老师和家长表示疑虑。学生的学业负担减轻了，空余时间干什么？会不会降低教育质量？有的校长怕自己减负了别的学校不减白吃亏；学校不统一订复习资料了，家长学生自己去书店购买；有的学生说，减负是对学习差的学生有好处，学习好的更紧张，以后没有补习班了，只好靠自己了。各种议论都有。我想这些疑虑是对减负的目的和意义不够清楚所致。

首先要明确，减负是减轻学生的过重学业负担，不是不要负担。学习是一种艰苦的脑力劳动，没有负担是不可能的。但是，目前的状况是学生的学业负担过重，每天的作业量过大，学生除了要完成教学大纲的要求外，还要根据各地出的辅导材料做许多作业，还要上补习班。每天学习的时间长达十多个小时。而睡眠时间不足，没有时间玩儿，没有时间参加自己喜爱的活动。身体搞垮了，思想僵化了，不利于学生的健康成长。

减轻学生过重的学业负担的目的是提高教育质量。首先，学生学业负担轻了，有利于加强学生的思想政治教育、道德品质教育、纪律法制教育，有利于学生思想品德的提高。这是教育质量的最重要的标准。其次，学业少一些却能学得好一些，让所有的学生都能理解和消化教学大

① 选自《杂草集：顾明远教育随笔》，顾明远著，福建教育出版社，2001年5月。

纲中的要求，而学习好的学生有余力去学习他所喜欢的学科和知识。也就是说，可以给学生留有自主学习的空间，让学生自主地学，自觉地学，主动地学。这种学习效果最好，质量最高。教育学、心理学的常识告诉我们：兴趣是学习之母，自主学习要比强迫学习的效率高出几倍几十倍。同时，学生的智力、兴趣、爱好、特长都是有差别的。如果都用过重的作业负担占满了学生的时间，他们的爱好和特长就会被抑制和扼杀，将来我们可能失去一些天才。因此，减负有利于因材施教，有利于出各种人才。再次，减负有利于教师的教学改革。老师也可以从作业堆里解放出来，更多地思考改革教学，把课讲活，引导学生理解思考，而不是单纯做题，最终将有利于教育质量的提高。

减负不是简单地减少一些作业。据说有的老师减负后没有事情可做了，似乎老师也轻松了。这是错误的认识。减负以后老师的责任更重大，要做的工作更多。首先，老师要更认真地备好课上好课，要向 40 分钟要质量。学生在课堂上学懂了，学业负担就减轻了大半。老师要钻研教学方法，启发学生多思考，培养学生的创造性思维。其次是要组织学生参加课外活动，培养他们的实践能力。还要指导学生课外阅读，丰富学生的知识。减负不是不要学生读书，而且要让学生从无用的作业堆里解放出来，读他们喜欢读的书，读更多的书。我小时候四年级读《西游记》，五年级读《三国演义》，觉得好处很大。我的孩子也是到三年级我就让她读《西游记》，我觉得对她的想象力、思维的培养很有帮助。因此，在减负中，家长也要加重责任，要引导孩子参加有益的活动，读有益的书。

要做到这一点，老师和家长都要转变教育观念：不是学业负担越重越好，质量越高。苏联教育家巴班斯基提倡过教学最优化。什么叫最优化？就是教师和学生用最少的时间和精力，达到最好的教学效果。北京第 22 中学孙维刚老师一学年讲完初中三年的数学课程，学生并不觉得负担重；实验二小霍懋征老师曾经一学期讲过 90 篇课文，学生学得很轻松。这就是教学艺术。这种艺术来源于正确思想，即教给学生方法，启发学生自学。所以，靠加重作业负担来求质量，不仅是极笨的办法，而且是缘木求鱼，只能培养高分低能的书呆子。

还要提一下，减轻负担还包括减轻学生的心理负担。如果学校的学

业负担减轻了，而老师和家长仍然天天絮叨着升学压力，学生的心理负担并未减轻，他就不能自主地轻松地去学习。

总之，减轻学生的学业负担是为了给学生留有自主学习的空间，使他们主动地学，自主地学，在德、智、体、美等方面健康地成长。

2003 年 3 月 3 日于求是书屋

想象力：想象力概括着世界上的一切①

王东华

想象力比知识更重要，因为知识是有限的，而想象力概括着世界上的一切，推动着进步，并且是知识进化的源泉。

在科学、创造活动中，完全依赖头脑中已有的知识，逻辑地推导出新的成果，这种情况是很少的。为了创造某种新东西，开始必须在头脑里想象出将要体现在物质客体中的东西。这正如英国物理学家廷德尔所说的，有了精确的实验和观测作为研究的依据，想象力便成为自然科学理论的设计师。如果就想象这种科学能力对科学家作一调查研究，将发现其中最杰出的人都具有高度发达的想象力。

爱因斯坦曾高度评价想象力的重要，他说："想象力比知识更重要，因为知识是有限的，而想象力概括着世界上的一切，推动着进步，并且是知识进化的源泉。严格地说，想象力是科学中的实在因素。"牛顿也有一句名言："没有大胆的猜测就作不出伟大的发现。"列宁更直截了当地说："有人认为，只有诗人才需要幻想，这是没有理由的，这是愚蠢的偏见！甚至在数学上也是需要幻想的，甚至没有它就不可能发明微积分。"

想象力为什么如此重要呢？因为在研究的最初阶段，想象表现为对现有科学材料进行初步改造，提出工作假设，酝酿实验构思或理论图

① 选自《超薄学习：关于学习的93条建议》，王东华著，北京：中国妇女出版社，2007年11月。

式，制定具体的研究方法。在安排实验或制定研究程序时，常常要通过想象实验性情境来确定实施方案。在积累原始资料阶段，想象是认识新东西的重要手段。当这些新东西还刚刚以萌芽的形式出现在所得到的材料中时，想象可以帮助研究者指明它们的因果制约性。在研究的最后阶段，想象的作用，在于改造研究者早先已有的客体认识，形成新的认识。这些新认识是新的科学概念和理论的感性基础。想象保证了对现实的必要的“超脱”，并作为进一步深入事物本质，从事新的科学研究的重要前提。

就拿宇宙的形成来说吧，人们对它的形成曾作出了许多解释。在我国很早以前就有天地从混沌中产生的说法。春秋战国时，已经产生了天地由阴、阳二气和金、木、水、火、土五种物质元素构成的假说。但是到了 18 世纪的欧洲，却仍然流行着“自然界绝对不变，宇宙由上帝创造”的陈词滥调。

“在这个僵化的自然观上打开第一缺口的，不是一个自然科学家，而是一个哲学家。1755 年出现了康德的《自然通史和天体论》。关于第一次推动的问题被取消了；地球和整个太阳系表现为某种在时间的进程中逐渐生成的东西。”（恩格斯语）

1755 年，年轻的德国哲学家康德在《自然通史和天体论》一书中，首次提出了太阳系起源的“星云说”。

康德想象整个太阳系，包括太阳本身在内，是由同一星云，主要是通过万有引力的作用逐渐形成的。形成太阳系的原始星云，是一团具有各种运动状态的微粒，它们充满着整个空间。各微粒之间都相互吸引，密度大的将周围的物质聚集起来，形成小的团块。小团块又相互结合形成大团块。如此继续下去，团块越变越大。太阳就是由团块凝聚成的一个吸引中心。其他团块在向这个吸引中心下落时，互相冲撞、聚集和排斥，于是改变方向而围绕太阳转动起来，在太阳周围形成一个扁扁的云状物。后来又凝聚成一个个行星，从而形成太阳系目前的状态。

继康德之后，1796 年，法国数学家拉普拉斯也独立地提出了太阳系起源的星云假说。

拉普拉斯认为：太阳系是由一团灼热的气体星云形成的。最初的星云体积比太阳系大得多，大致是球状，温度很高，缓慢地自转着。后来，星云逐渐冷却和收缩，随着半径的减小，转速逐渐增加，离心力也随之增大，使星云越来越扁。其中心部分逐渐形成太阳，其边缘部分抛出一个个环绕中心旋转的气体环。随着星云的不断冷却和收缩，这种分离过程一次次重演。于是就产生了和行星数目相等的环。环内物质又互相吸引凝聚，环断裂而聚集成为原始行星。在原始行星周围又分别以较小的规模发生上述类似的过程，而形成行星自己的卫星系统。拉普拉斯认为：土星光环就是尚未完成演化的原始状态的遗迹，是星云假说的自然结果。

但是，康德和拉普拉斯的学说毕竟是 18 世纪的产物，到了 19 世纪末，许多科学上的新发现，让它暴露出越来越多的缺陷。进入 20 世纪后，各种“突变说”一个接着一个地产生出来。它们大都认为太阳先形成，在某个时候，有另外一个恒星走到太阳附近，引起了太阳的大量抛射物质。这些物质，后来就形成了行星、卫星……但是，不管怎样，在这一系列的假说中，离开想象力是不可想象的。

想象力对科学的推动作用尽管如此之大，但它的真正价值如何，最终还要看它能否经受实践的检验。科学家利用实验室中得到的事实检验自己的假设，工程师通过试验证明自己的设计是否符合实际要求，在某种意义上都是对科学想象力的锤炼和认可。

孩子不需要“代言人”[①]

赵忠心

大概是出于职业的原因，我喜欢孩子，特别乐于跟小孩子谈话。跟小孩子谈话，也会使人变得年轻。

要是没有家长在跟前，我们的谈话无拘无束，畅所欲言，一问一答，你来我往，谈得很好，很融洽。若是有家长在身旁，情况可能就大不一样了：家长就像不受欢迎的“第三者”，“插足”于我和孩子中间，常常打断我与孩子之间愉快的谈话，破坏和谐的谈话气氛。

比如我问孩子：“你叫什么名字呀?”还没等孩子开口，家长往往抢先代替孩子回答说：“他叫某某某。”我又问：“你几岁了?”家长又都多嘴多舌：“他 4 岁了。”

我真不明白，这些做父母的，难道你的孩子是哑巴？是弱智？连自己的名字和年龄也不知道?

有时有年轻的父母带孩子到我家来玩儿，我更是喜出望外，便拿出糖果、点心、巧克力等孩子喜欢吃的东西热情招待，诚心诚意地和颜悦色地对孩子说：“你要吃什么呀？想吃什么，就自己拿，不要客气。”还没等孩子点头答应，父母就连忙替孩子说：“他什么也不吃，什么也不吃。谢谢，谢谢。”赶紧把孩子拉开，拢在自己怀里。家长这种过分的客气，有时弄得我很尴尬。孩子究竟想吃还是不想吃，孩子自己最清

---

① 选自《赵忠心谈家庭教育》，赵忠心著，中国检察出版社，2001 年。

楚，家长为什么不让孩子自己表达？

我真不明白，为什么有些做父母的，怎么不让孩子自己说话？孩子就连自主表达自己意愿的权利都没有。是怕孩子说错话？孩子说了什么样的错话，大人们都是会原谅的，童言无忌嘛。是怕孩子泄露了家里的秘密？我是从未有过打听人家隐私的嗜好。是怕孩子说不好？像家长这样总是“抢嘴”，无意之中就等于把孩子的嘴给堵上了，那他就总也学不会说话，总也不会和别人交谈、沟通和交流。

孩子到家里来做客，主人拿出糖果招待，表示对孩子和大人的欢迎。家长不让孩子吃，是嫌人家的糖果不好，“档次”不高，还是嫌人家不卫生？要不就是觉得主人是“虚情假意”？家长代孩子谢绝，难免使主人不快。

小孩子就是小孩子，哪有不“贪吃”的？王安石早就有诗句说：“年小从他爱梨栗。”同样的食品，小孩子总觉得别人家的比自己家的好吃。小孩子就是这样，家长没什么不好意思的。如果你是怕孩子吃别人家的东西没完没了，被人笑话，应当在家里进行教育和训练，培养孩子拒绝“诱惑”的能力。平时不注意教育，到人家里做客时，你代替孩子说“什么不吃”，可孩子还是想吃，当着家长的面，虽不敢贸然伸手去拿东西吃，可眼睛总是直勾勾地盯着人家的糖果，那可就更是“现眼”了。

要让孩子自己说话，自主表达自己的意愿。孩子是独立的人，有自己的意愿，有自主表达自己意愿的权利，孩子不需要“代言人”。有的家长经常抱怨孩子胆子小，憷见生人，在公开场合“憷场”，不敢、不会与人交往，这不是天生的。凡是这种不善言谈、交往的孩子，大约都是家长的“话”太多了，把孩子说话的机会都给无情地剥夺了。就像演戏一样：你夺了孩子的“戏”了。

现代社会是开放的社会，“会交往”是现代人必备的能力。这种能力要从小培养。孩子小时候，与家长形影不离，家长可以“代”他说话；可孩子总会要长大，离开家长、父母，要独立生活，要自主与别人交往。你总不能永远充当孩子的“代言人”吧？在孩子小时候，家长就要利用与人接触和做客的机会，让孩子自由地与人交谈，以培养孩子的口头表达能力、自主精神和落落大方的交往仪态。开始，孩子可能胆小，不敢说，说不好；接触人多了，胆子就大了；说得多了，就学会了交往。我奉劝做父母的，最好不要充当孩子的“代言人”，因为孩子并不需要。

第五篇

多角度地培养孩子

横看成岭侧成峰，多角度培养孩子的能力。

无数中外名人成功的实例表明，优秀的人才并不都是天生的，人的成功主要有两个因素：先天遗传和后天培养。相对来说，后天的培养更为重要。当前我们强调对孩子进行素质教育，其实就是希望多角度的培养孩子的能力，以便他们更好的适应将来的社会。

全面培养青少年一代，促进他们身心的健康成长，不但要对他们在知识和技能方面进行培养，更需要培养他们健全的人格、健壮的体格、创新的精神和实践的能力。

每一个孩子都具备成为一块“美玉”的资质，关键是教育者如何培养！明智的教育者一定会从多个方面，全面培养孩子，把自己的眼光放到开阔的视野处，多角度的审视孩子，发现他们的优点，积极培育。

本篇选取了多篇大师们关于劳动教育、语言教育、数学教育、艺术教育等方面的文章。这些文章为教育者在培养孩子能力方面开展多角度的教育提供了思考和借鉴。

◎〔英〕赫·斯宾塞	快乐智力的培养
◎〔捷克〕夸美纽斯	论天赋才能的培养
◎〔俄〕乌申斯基	谈初级阶段的计算教学
◎季羡林	怎样学习外国语
◎叶圣陶	文字教育和记忆教育
◎〔英〕伯特兰·罗素	以后几年的教育
◎〔苏〕马卡连柯	劳动教育
◎〔美〕布鲁纳	增进技能和知识
◎〔英〕斯宾塞	政治教育
◎〔美〕霍华德·加德纳	教育面临的挑战：专业知识与通用知识之间的平衡
◎〔美〕安妮·莎莉文	海伦的语言教育

快乐智力的培养[①]

〔英〕赫·斯宾塞

一、请相信你孩子的智力

如果有一天，老师告诉家长，这些孩子聪明一些，另一些孩子稍差一些，其余少数的孩子更差，近乎愚蠢，家长会怎么想呢？有的相信了，有的半信半疑。

如果又有一天，老师拿着智力测验表和几学期的成绩单告诉说：看吧，果真如此，这些孩子的智力测验在 80 分以上，而另一些在 60 分以上，其余一些在 40 分以下，他们几学期的成绩单也大至如此，家长会怎么想？也许连半信半疑的也完全相信了。

难道上帝真的把聪明给了一些孩子，而给另一些孩子的是平庸的天资，甚至是愚蠢吗？

事实完全不是这样！

我认为：除了极少有智力障碍的孩子和天才、神童之外，绝大多数的孩子只存在智力特点的区别，而不存在智力高低的差别。所有已经表现出来的智力在一个人的潜能中所占的比例仅仅是万分之一。即使是少数智力和身体有残障的孩子，他们在现实中的状况也更多的是由于现实的条件和教育方式所致。人类没有学会开发石油时，并不能说明石油不存在。一个地方不储藏石油，也并不能说明这个地方没有储藏其他有价

① 选自《斯宾塞的快乐教育》，〔英〕赫·斯宾塞著，颜真译，海峡文艺出版社，2002 年 10 月。

值的东西。

“智商”这个概念就和考试题目一样，是人为的。“智商”最多只能证明一个孩子学习成绩的35%～40%，一半以上的成绩是不能用“智商”来解释的。正如在智商研究方面的权威人士卡尔先生所说，“如果仅仅靠智力测验来选拔孩子的话，我们就淹没了70%的有创造力的人才”。

让我们看看世界上的树木吧，有的结出果子，有的则不会。就是在果树中，有的结的是苹果，有的结的是梨。结果子的树可以提供水果，不结果子的树则可以成为栋梁之材。关键在于我们用什么方法去培育和发展它们自身的价值。

更为奇妙的是，人类是世界上最神奇的“物种”，他有灵性和禀赋。简单地用聪明或者迟钝这样的概念去判断孩子，结果和判断者一样是愚蠢的。

把一个孩子判断为愚蠢，是最简单和容易的事了，因为这样便可以不承担责任。有的父母便把期望寄托在第二个、第三个孩子身上，当然结果是可想而知的。

我要告诉所有父母的，是坚信。坚信自己的孩子与别的孩子相比，仅仅是特点不同而非智力水平有高低；坚信这种不同的特点，也是上帝宏伟计划的一部分；坚信自己对孩子的信心不但可以改变自己，也可以改变孩子。关键是长期地保持这份信心，并把它变成可以实施的计划。

耶稣说：“只要你相信，你所信的一切对你来说就是可能的”，“只要有芥籽那样大的信心，也可以移动一座山”。我真真实实地相信他说的是真理。在对小斯宾塞和其他孩子的教育上，我常常看到这样的奇迹发生。

我也要告诉父母们、英国的同胞们和所有看到这本书的人，培养和教育孩子是一件造就他人的善行，对孩子有信心也就是对造物主有信心，而且所有的培养和教育的信念就是：让他（她）的潜能得以开发，让他（她）成为一个对别人有益而自己也快乐富足的人。

我建议你这样开始孩子的智力教育：

（1）相信每个孩子只是特点不同，而非真正有优劣之分。

（2）相信你在改变自己的时候，孩子也会得到改变。

（3）相信每个孩子都具有比已表现出来的巨大得多的潜能，你只需

要去开掘它们。

(4) 即使在教育上遇到了很大的困难，也应坚持，许多奇迹也同样发生在这个时候。

(5) 相信生命孕育和诞生如此伟大而奇妙的工作，它的“产品”不可能像一般事物那样简单。

(6) 对所有否定孩子智力和潜能的说法，都给以劝戒。信心不但不减，反且增加。

(7) 制订一个长期和短期的智力教育计划，并坚持实施。只求耕耘，不问收获（因为收获是必然的）。

(8) 相信培养、教育孩子和勤勤恳恳地做其他工作一样，是一件上帝也会嘉奖的善行。

二、发现孩子的潜能和特长

如果让你描述一下自己孩子的特点，相信所有的记忆都会潮水一样向你涌来，这正是了解自己孩子的基础。

那么，以下是每个孩子都可以具备的基本能力的表现，让我们来看看孩子具有哪些方面的潜能和特长。

(1) 他在背诗和有韵律的句子时很出色。

(2) 他很注意你在愁闷或高兴时的情绪变化，并作出反应。

(3) 他常常问诸如“时间从什么时候开始”“为什么小行星不会撞到地球”这样的问题。

(4) 凡是他走过一遍的地方，他很少迷路。

(5) 他走路的姿势很协调，随着音乐所做的动作很优美。

(6) 他唱歌时音阶很准。

(7) 他经常会问“打雷、闪电和下雨”是怎么回事。

(8) 你如果用词用错了，他会给你纠正。

(9) 他很早就会系鞋带，很早就会骑车。

(10) 他特别喜欢扮演什么角色或编出剧情。

(11) 出外旅行时，他能记住沿途标记，说：我们曾到过这里。

(12) 他喜欢听各种乐器，并能辨别它们发生的声音。

(13) 他画地图画得很好，路线清楚。

(14) 他善于模仿各种身体动作及面部表情。

(15) 他善于把各种杂乱的东西按规律分类。

(16) 他善于把动作和情感联系起来，譬如他说："我们做这件事兴高采烈。"

(17) 他能精彩地讲故事。

(18) 他对不同的声音发表评论。

(19) 他常说某某像某某。

(20) 对别人能完成与不能完成的事他能作出准确的评价。

其中，(1)、(8)、(17) 代表有语言天赋。具有这种才能的孩子，很早就是个兴致勃勃的交谈者，他能用自己加工过的词句来表达，很容易学说一些新词汇或长句子，很早就会讲故事。

具有语言才能的孩子，父母应该常请他描述一些对象，一件事、一个自然现象等，并经常给他提供这方面的书籍。

其中，(6)、(12)、(18) 表现的是音乐才能。这类孩子在很小的时候 (2～3 岁) 就特别注意倾听有规律的声音，只要有音乐出现，他就会瞪大眼睛专注地聆听，这时他所表现出来的专注程度，连七八岁的孩子都比不上。这表明他在音乐方面潜能很大。

其中，(3)、(7)、(15) 代表在数学、逻辑方面有天赋。他喜爱下跳棋和象棋，能很快明白一些等量关系。如果给他一些完全混乱的玩具，他会分门别类地把它们归类。这种孩子，也许他上学后的数学成绩并不理想 (这可能由于他对讲述的课程语言方式不适应，或者注意力太容易分散引起)，但他在这方面的潜能是不应怀疑的。

其中，(4)、(11)、(13) 是空间方面的才能。他有丰富的想象力，他对绘画、机械组装有浓厚的兴趣。应该多带他去远行，并从小让他做画地图的游戏。

其中，(5)、(9)、(14) 表现的是身体动觉才能，运动员和舞蹈家都有这方面的天赋。

(10)、(16)、(20) 是自我认识的才能。(2)、(10)、(19) 是认识他人的才能。这类孩子对自我和别人都常常不由自主地作出判断和反省，具有与人交往、沟通、组织方面的潜能。

从下面这张表上，更能清楚地看到孩子潜能发展的趋势。

在现实生活中，每个孩子的潜能表现有所不同，有的早一些，有的晚一些，有的强一些，有的弱一些，这并不说明谁优谁劣。

有的孩子可以同时表现出多项潜能，甚至全部；有的可能只有一项或二项。这也不代表谁优谁劣，关键在于他以后如何平衡地去发展。

现在，我们再来看一看自己的孩子，会发现这样一个事实：任何一项潜能表现都没有的孩子几乎没有。因此，我要告诉父母们，上帝并不是特别偏爱一些孩子，而抛弃另一些孩子，每一个生命都具有灵性和与生俱来的禀赋，关键在于怎样去训练和开发。

同时，我也注意到另一个事实，一些在某些方面明显表现出潜能的孩子后来完全丧失了这方面的能力；而另一些表现不太具备某项潜能的人却在这方面得到很大的发展。可见后天的教育和自助学习是何等强烈地影响着一个孩子的发展。

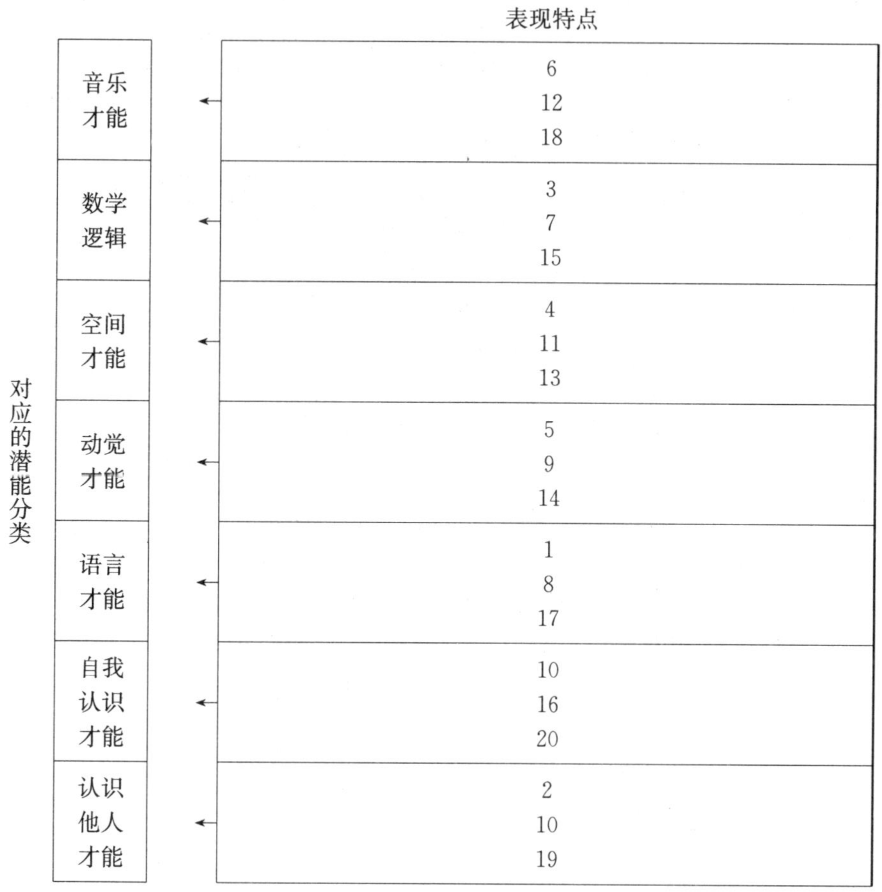

我建议父母们接受以下的建议：

（1）随时留心观察你的孩子，了解他的潜能和特点。

（2）对于孩子表现出有潜能的方面，即使你不希望他选择这方面作为发展方向，也不要完全去限制他，至少他可以拥有这方面的爱好。

（3）不否认每种潜能的价值。

（4）对他暂时表现出的不擅长的方面，也完全可以加以培养。

（5）对于孩子在语言方面、逻辑数学方面和对己对人的认识方面的能力，应该作为基本能力加以开发、培养。

（6）一旦发现孩子在某方面的潜能，应该为孩子设计一份不同阶段的计划，并实施下去，这是决定孩子的潜能是否能得到发展的关键（在本书的附录里，我将提供几种教育计划供父母选择）。

论天赋才能的培养[①]

〔捷克〕夸美纽斯

确实，人生下来无论是什么样子，他终究还是人，也就是说（像亚历山大城的克里门特[②]所言）是“生机盎然的田野”，所以希波克拉底[③]补充说：“种子在土地中的作用与知识在人的精神中的作用一样。”只要我们勤劳地耕耘，土地就会接种、收获；同样，只要我们辛勤地培养，广泛地接受帮助，才能就会“开花结果”。我告诉你们使人得到普遍发展的八个条件，你们听完后就会豁然开朗，明白原来我是在劝告你们从事各方面最美好、最容易完成的事情。

1. 第一个条件是为了奠定顺利发展天赋才能的基础，父母们和保姆们应该努力关心孩子们，以免发生危害他们生活、健康、感觉和性格的事情。关于这个问题要谈的内容很多，但是，在这里谈不合适。还在18年前，我针对这个问题写了一部专著，书名是《母育学校》，有德文和波兰文译本[④]。这本书讲述的内容是：父母对孩子应该承担什么样的责任和义务。当母亲受孕怀着孩子时，当孩子诞生于世时，当孩子处于最娇嫩、最需要特别爱护的年龄时，首先，最重要的是父母不要由于自

① 选自《夸美纽斯教育论著选》，〔捷克〕夸美纽斯著，任钟印选编，任宝祥等译，人民教育出版社，2005年1月。

② 基督教神学家和作家。力图将希腊哲学人道主义同基督教信仰融为一体。——译者注

③ 古希腊医生，有医药之父之称。——译者注

④ 1632年夸美纽斯用捷克文写完了这本书。1633年德文译本经夸美纽斯本人校阅，在波兰列什诺市（黎撒）出版，然后又在莱比锡再次出版。1636年波兰文译本在土伦出版。——俄译本编者注

己的疏忽大意而伤害孩子，或者不要由于与残暴行为造成同样后果的娇生惯养而毁掉孩子。诚心诚意地关心孩子，是真正培养孩子的关键，是社会安宁的重要基础。

2. 第二是家庭教师，父母委托他们关心孩子，是要他们给孩子们微弱的，但不断发展的才能灌输好的事物，树立诚实的榜样，指出各种理智行为和俏皮言语的典范，这样，由于他们没有错过任何有利时机，所以，他们在孩子们的脑海里印上了上帝的形象，巧妙地塑造了这些脆弱的“水银工艺品”①。如果这项工作顺利进行，就会带来很大的益处，因为第一个年龄期的孩子像蜡一样具有可塑性，他们像猴子一样，只要看见什么就模仿什么，不管是好现象还是坏现象。有一句至理名言：我们一生都会保持少年时代所培养成的样子。这就是为什么没有比这句话更正确的格言的原因。

3. 第三个社会教育的条件是社会学校，犹如社会的慈善机构。在这里，可靠的、享有社会威望的教师们清楚明了地讲授孩子们必须知道、必须信仰、必须表达、必须从事的内容；在这里，教师们在赢得尊敬的各个方面坚持不懈地努力，发展和增强孩子们对科学、对智慧、对道德、对口才的热爱。如果教师们在实际工作中是本学科的权威，仿佛是应该做和应该避免做的事情的活百科和活例子，那么，他们就会顺利完成教学任务，所以，模仿他们既容易又可靠。如果走在前面的人方向正确，跟随着就会正确无疑，诚如“统帅怎样，兵士也是如此”。在许多安排合理的学校里接受教导的人幸福无比！

4. 第四个普及教育的条件是在校内和校外提供好的书籍，这些书籍以更加广泛地了解事物，了解各种各样的道德，发展滔滔不绝的口才为目的来增强才能。我看，好的书籍，如果内容确实写得丰富，充满智慧，那么，它们则真正是锋芒才能的磨刀石，锐利智慧的三角锉，明亮眼睛的眼膏、注入智慧的漏斗、他人思想和行动的镜子、我们自己行动的指南。任何民族的光辉都存在于全体人民群众之中，只要他有丰富的

① 夸美纽斯在这里把教育者与用黏土塑造水银偶像的雕塑家相比。——俄译本编者注

文化书籍去充实它。我必须强调，任何民族的光辉都存在于全体人民群众之中，只要他有丰富的文化书籍去充实它。

5. 第五条发展才能的条件是经常与学识渊博、笃信宗教、活动力强、善于言辞的大家们交往，其中包括秘密的，但是对我们的改造起着积极作用的交往。因为，开诚布公地说，在太阳光下散步的人终究会晒得暖烘烘的，哪怕他是怀着另外的目的散步，只要是不断地散步，他就会晒得黑黝黝的；人也是如此，他和（善良的或者凶狠的、有文化的或者无知的、聪明的或者愚蠢的）人交往，哪怕是无意识的，也一定会吸收他们的某种才能和习惯。因此，既然我们愿意向这个民族传授文化，我们就应该努力使这个民族的青年摆脱不健康的交情，使他们渐渐地习惯与学识渊博、笃信宗教、诚实正直、努力工作的人交往，这样，青年不可能得不到完善。许多国王和先辈带着这个目的在不同的民族寻找我所需要的人，他们要么从其他的国家邀请聪慧的大家们来教育青年，要么派遣青年去拜访他们，让青年和大家们一起生活，不是几天或者几月，而是长年累月地一起生活，才能得到完善。

6. 然而，光是和聪明人交往还不够，还应该习惯于在劳动中度过一生；青年人应该坚持在实践活动中锻炼；只要他们掌握了适当的技能，他们就能成为未来的大师。确实，如果不是经常犯错误、认识错误和改正错误，谁也学不会避免犯错误；如果不锻炼手艺，谁也不会成为大师。正是在坚持培养实践经验的学校里，汉尼拨[1]从小就获得了军事方面的知识，因为，当他还是小孩时，就跟随父亲上兵营了，戎马生涯一生。亚历山大大帝和其他的为实践经验培养的古代英雄都是如此。为什么要回忆古人呢？因为，现在有人过分夸耀威尼斯人和荷兰人的智慧，其实，他们过上幸福生活不是由于其他的原因，只是由于他们习惯于使自己的后代从小就在劳动生活和社会活动中锻炼。在那里，即使是贵族、男爵、伯爵、枢密官的儿子，哪怕是首领的儿子也一定是在（同普普通通的人民一起）为祖国效力后，才逐渐地被容许享有荣耀地位，

① 第二次布匿战争时迦太基统帅。——译者注

一定是在经历了上述事情后才被容许从最低职位提升到最高职位。这样，大家都成为灵活机智、无所不能的人，而不容许任何人成为无所事事的人或者不容许无益地加重土地负担。

7. 第七个促进社会培养天赋才能的条件是英明的执政者们的热心虔诚的关怀，从而使他们的下属不缺乏学校，学校不缺乏教师，教师不缺乏学生，学生不缺乏书本和其他必需品，使大家不缺乏社会的和平与安宁。大卫、所罗门、约瑟法特和欧洲其他的笃信宗教的皇帝们都是这样地关心自己的人民的。罗马最慷慨的皇帝安东尼·派阿斯还在每个省区（包括最边远的省区）为艺术家规定了特殊的薪水。我们看有关查理大帝[①]的故事就会知道，有一天，苏格兰的两名哲学家去拜访高卢[②]国王推崇的查理大帝，他问他们有何贵干，他们回答说，给新国王带来一件新礼物——智慧。他问，这是什么样的智慧呢？他们则以哲学家的坦率回答说，他们听说，在查理大帝的王国里学校衰败，人们不关心科学，所以，他们前来建议创办学校。查理大帝采纳了他们的建议，创办了巴黎宫廷学校，随后，又建立了许多其他的学校。从此，在最有文化的欧洲民族中间，高卢民族的文化开始放射光芒。啊，要是上帝恩赐查理、安东尼、查士丁尼、康斯坦丁、约瑟法特、所罗门、大卫这样的人生活在所有至今还没有文化的民族中间该多好啊！这样，全世界就会从野蛮走向文明。

8. 最后一个培养才能必不可少的条件是上帝的神赐，离开了上帝的意愿人就一无所有，上帝能够使盲人睁开眼睛，上帝帮助我们，使我们不像马和愚笨无知的驴骡。上帝是照耀这个世界未来所有人的光明，不愿意接触光明，不愿意为光明所照耀的黑暗是不可能遮掩住光明的。而我们的愿望只有一个：追求光明、祈求光明、接受光明的光芒，以便生活在光明之中。要实现这种祈求既要祈祷、召唤，以所罗门为榜样，又要努力使我们的灵魂和身体避免罪孽，保持纯洁无瑕，因为，“智慧的精神不会输入狡诈的灵魂”。这样，为了使一些人的思想和精神闪耀

① 法兰克国王（768 年起），加洛林王朝皇帝（800 年起）。——译者注

② 法兰克王国在古罗马时期的称呼。——俄译本编者注

光芒，就需要消除横在我们和上帝中间，造成思想混乱的所有障碍，即过分眷恋尘世和尘世的事情，而藐视天赐的事业；作恶不端的恶习；肮脏忧郁的灵魂；此外，还有贫乏的祈祷和信仰。如果福音的信徒们为消除所有这些障碍作出了努力，也就把人们从昏睡中唤醒，鼓舞他们追求最完美的事物，指明这一最完美的事物，同时以诉苦和祈祷恳请上帝恩赐这一最完美的事物，那么，就将能轻松地祈求上帝，求他除灭遮盖万民之物，和遮蔽万国蒙脸的帕子”，“又除掉普天下他的百姓的羞辱”。

谈初级阶段的计算教学①

〔俄〕乌申斯基

进行初级阶段计算（令儿童望而生畏的名词“算术”应当留到高年级使用）教学时，也不应急于求成，前面东西没有真正掌握，就不能学习后面的东西；一旦学会了什么，必须经常不断地予以运用，绝不能束之高阁。

首先，应教会儿童利用实物数 10 以内的数：可用手指、核桃、特制的小木棍，这些小木棍在需要直观地演示二分之一、三分之一等概念时可以被折断而不令人感到惋惜。必须教会学生倒着顺序数和顺着顺序数，使儿童同样轻松自如地从 1 数到 10 和从 10 数到 1。接着，应教他们两个一数：2，4，6，8，10，再倒过来数：10，8，等等；再三个一数：3，6，9，余 1；四个一数：4，8，余两个；最后五个一数，使孩子立刻就明白，10 的一半等于 5，8 的一半等于 4，4 的两倍是 8，5 的两倍是 10 等。总之，这里不宜用加法、减法、乘法、分数、整数等专门名词来约束儿童，只要教会儿童轻松自如地掌握 10 以内的计算——除、乘、化分数就行。

在儿童完全掌握了 10 以内的计算以后，应和他们一起由 10 转入 100 以内的计算，而且要用直观的方法转入，即将小棍子按 10 根一把扎成 10 把，使孩子们从第一次这样的演示就十分清楚地理解：100 就是

① 选自《乌申斯基教育文选》，〔俄〕乌申斯基著，张佩珍、冯天向、郑文樾等译，人民教育出版社，2007 年 8 月。

10个10，他们对10个1或者10根单独的小棍子做过的计算方法，即加、减、化分数等，同样也可以用来计算10个10或者10把小棍子。

只有当儿童对10和100的组成具有十分明确的概念之后，才可以和他们一起转入由十位数和个位数组成的两位数，继而转入由百位数、十位数和个位数组成的三位数。

有一项练习不仅对计算，而且一般说来对注意的训练也很有好处。这就是每次递增2或3或4的顺算，或每次递减2或3或4等的倒算。全班学生可以一起参加这种计算：第一个学生说——3；第二个学生就应当说——6；第三个学生说——9；等等。或是相反：第一个学生说——100；第二个学生就得说——97；等等。

一旦具备条件，就应当为儿童提供一把俄尺和一根折叠（在带子或绳子上）俄丈，一杆秤和一把硬币。让儿童自己量尺寸、称斤两、做计算。这种做法能使课堂气氛非常活跃，为儿童所喜欢，并使他们的计算学得更加扎实。

要是您成功地取得了这样的成绩，即孩子头脑里对100由几个10组成和10由几个1组成的概念已经十分牢固明确，并且您已教会孩子十分自如地运用这些数：顺着数和倒着数、除、乘和化分数，您就可以转入书面计算的教学。

教会儿童书写最初的十个数字后，应当向他作讲解，十这个数没有专门的数字来表示，它只是用它所在的位置来表示，零是用来表示空白位置的。

您首先向儿童演示，二十写成2和0，而二百则是2和两个0。然后，教儿童将个位数、十位数和百位数排成一个竖列，用数字取代0，从而使孩子们学会得出下列数据：

$$\begin{array}{r} 200 \\ +\ 30 \\ 5 \\ \hline 235 \end{array}$$

所有上述做法的目的，是让儿童明确地掌握十进位制以及它如何用数字来表示，这是计算技能的主要基础，因而也是算术的主要基础。

应当一点一点地使儿童学会演算书面习题（前面我所说的都是实物计算和心算）。开始时，应让孩子学会把已做过心算的习题写在黑板上，先是写话，最后才用数字和算术符号。例如：

五加三等于八

5加3等于8

5+3=8

这种练习应持续进行一段时间，直至儿童能迅速准确地在黑板上用数字和算术符号写出任何一道事先已心算过的习题为止。然后应教儿童读出教师在黑板上演算的习题，也就是说，教他们用话语迅速地转述数字和算术符号。

这些练习旨在使儿童习惯于算术语言：习惯于阅读和书写算术题。

许多孩子在算术上似乎头脑不太灵活，这是由于不习惯于算术语言。教员向孩子们提出书面习题，同时又教他们新的语言，这样他就犯了一个严重的违反教育学的错误，因为他要求孩子们同时做两件事而使他们感到十分困难，结果没有一件事他们能够像样地完成。因此，我主张预先教会孩子书写和阅读已经心算过的习题，然后再进行书面演算。

当然，孩子们不应死记任何算术规则，而应由他们自己去发现这些规则。例如，不必告诉孩子：要是从个位数里无法减个位数，那就应该从十位数里借一个数，等等；而应当给学生两把小木杆儿，每把扎有十根，另外再给几根单零的小木杆儿，比方说给3根，然后您要求孩子给您4根小木杆儿，于是，孩子自己会懂得必须解开那十根扎在一起的一把小木杆儿，当他算出剩下的木杆儿数时，很容易就明白了如何从十位数、百位数等借数。当所有儿童都具备理解任何一条简单的算术规则的能力和在心算、口算和书面演算中运用它的习惯时，您就可以用算术规则来表示这个规律，这样做实质上是为了使儿童学会准确地表达。习题的内容应当尽可能地取自儿童周围的生活：让他测量自己的整个教室，所有的椅子、门、窗，让他算出自己所有书籍和练习本的页数；让他算一算自己的年龄、算一算离过节还有几周、几天、几个小时等。

习题当然应该渐趋复杂，然而永远不能失去自己的实践性和直观性。将来，这些习题就可能是家政和政治经济学的最初几堂课。例如，让儿童准确计算出自己的这件上衣值多少钱，而且布料、加工等价格不可不加思考地随便乱定，而应尽可能接近实际生活中的价格。

在瑞士的学校里，我有幸观察到一个实例，教师利用算术习题引导

学生理解经济领域中的活动。比方说，我在课上听到一位瑞士教员和全班学生一起计算孩子们早餐时吃的那块面包值多少钱，为什么它值那么多钱。这是一堂非常有趣的课，同时也是一堂极其有益的课：孩子们不仅了解了构成面包价格的各种物品的价格，而且还了解了参加面包生产和制定它的价格的各方各面的人们之间的关系；他们知道了磨粉工人拿多少钱，为什么他可以拿这么些钱；面包铺主人所得的报酬是多少，为什么？等等。

怎样学习外国语[①]

季羡林

这是我经常碰到的一个问题，也是学外语的人容易问的一个问题。我在1997年给上海《新民晚报》“夜光杯”这一栏一连写了三篇《学外语》，其中也回答了怎样学习外语的问题。现在让我再写，也无非是那一些话。我索性把那三篇短文抄在这里，倒不全是为了偷懒。其中一些话难免与上面重复，我也不再去改写了，目的在保存那三篇文章的完整性。话，只要说得正确，多听几遍，料无大妨。

一

现在全国正弥漫着学外语的风气，学习的主要是英语，而这个选择是完全正确的。因为英语实际上已经成了一种世界语。学会了英语，几乎可以走遍天下，碰不到语言不通的困难。水平差的，有时要辅之以一点手势。那也无伤大雅，语言的作用就在于沟通思想。在一般生活中，思想决不会太复杂的。懂一点外语，即使有点洋泾浜，也无大碍，只要“老内”和“老外”的思想能够沟通，也就行了。

学外语难不难呢？有什么捷径呢？俗话说：“天下无难事，只怕有心人。”所谓“有心人”，我理解，就是有志向去学习又肯动脑筋的人。高卧不起，等天上落下馅儿饼来的人是绝对学不好外语的，别的东西也不会学好的。

① 选自《季羡林文丛·学问之道》，季羡林著，沈阳出版社，2002年2月。

至于“捷径”问题，我想先引欧洲古代大几何学家欧几里德（也许是另一个人。年老昏聩，没有把握）对国王说：“几何学里面没有御道!”“御道”，就是皇帝走的道路。学外语也没有捷径，人人平等，都要付出劳动。市场卖的这种学习法、那种学习法，多不可信，什么方法也离不开个人的努力和勤奋。这些话都是老生常谈，但是，说一说决不会有坏处。

根据我个人经验，学外语学到百分之五六十，甚至七八十，也并不十分难。但是，我们不学则已，要学就要学到百分之九十以上，越高越好。不到这个水平你的外语是没有用的，甚至会出娄子的。我这样说，同上面讲的并不矛盾。上面讲的只是沟通简单的思想，这里讲的却是治学、译书、做重要口译工作。现在市面上出售为数不太少的译本，错误百出，译文离奇。这些都是一些急功近利，水平极低而又懒得连字典都不肯查的译者所为。说句不好听的话，这些都是假冒伪劣的产品，应该归入严打之列的。

我常有一个比喻：我们这些学习外语的人，好像是一群鲤鱼，在外语的龙门下洑游。有天资肯努力的鲤鱼，经过艰苦的努力，认真钻研，锲而不舍，一不要花招，二不找捷径，有朝一日风雷动，一跳跳过了龙门，从此变成了一条外语的龙，他就成了外语的主人，外语就为他所用。如果不这样做的话，则在龙门下游来游去，不肯努力，不肯钻研，就是游上一百年，他仍然是一条鲤鱼。如果是一条安分守己的鲤鱼，则还不至于害人。如果不安分守己，则必然堕入假冒伪劣之列，害人又害己。

做人要老实，学外语也要老实。学外语没有什么万能的窍门。俗语说：“书山有路勤为径，学海无涯苦作舟。”这就是窍门。

二

前不久，我写过一篇《学外语》，限于篇幅，意犹未尽，现在再补充几点。

学外语与教外语有关，也就是与教学法有关，而据我所知，外语教学法国与国之间是不相同的，仅以中国与德国对比，其悬殊立见。中国是慢吞吞地循序渐进，学了好久，还不让学生自己动手查字典，读原著。而在德国，则正相反。据说19世纪一位大语言学家说过："学外语有如学游泳，把学生带到游泳池旁，一一推下水去；只要淹不死，游泳就学会了，而淹死的事是绝无仅有的。"我学俄文时，教师只教我念了念字母，教了点名词变化和动词变化，立即让我们读果戈里的《鼻子》，天天拼命查字典，苦不堪言。然而学生的主动性完全调动起来了。一个学期，就念完了《鼻子》和一本教科书。实践是检验真理的唯一标准，德国的实践证明，这样做是有成效的。在那场空前的灾难中，当我被戴上种种莫须有的帽子时，有的"革命小将"批判我提倡的这种教学法是法西斯式的方法，使我欲哭无泪，欲笑不能。

我还想根据我的经验和观察在这里提个醒：那些已经跳过了外语龙门的学者们是否就可以一劳永逸地吃自己的老本呢？我认为，这吃老本的思想是非常危险的。一个简单的事实往往为人们所忽略，世界上万事万物无不在随时变化，语言何独不然！一个外语学者，即使已经十分纯熟地掌握了一门外语，倘若不随时追踪这一门外语的变化，有朝一日，他必然会发现自己已经落伍了，连自己的母语也不例外。一个人在外国待久了，一旦回到故乡，即使自己"乡音未改"，然而故乡的语言，特别是词汇却有了变化，有时你会听不懂了。

我讲点个人的经验。当我在欧洲待了将近十一年回国时，途经西贡和香港，从华侨和华人口中听到了"搞"这个字和"伤脑筋"这个词儿，就极使我"伤脑筋"。我出国之前没有听说过。"搞"字是一个极有用的字，有点像英文的do。现在"搞"字已满天飞了。当我在80年代重访德国时，走进了饭馆，按照四五十年前的老习惯，呼服务员为hever ofer，他瞠目以对。原来这种称呼早已被废掉了。

因此，我就想到，不管你今天外语多么好，不管你是一条多么精明的龙，你必须随时注意语言的变化，否则就会出笑话。中国古人说："学如逆水行舟，不进则退。"要时刻记住这句话。我还想建议：今天在大学或中学教外语的老师，最好是每隔五年就出国进修半年，这样才不致被时代抛在后面。

三

前不久，我在“夜光杯”上发表了两篇谈学习外语的千字文，谈了点个人的体会，卑之无甚高论，不意竟得了一些反响。有的读者直接写信给我，有的写信给“夜光杯”的编辑。看来非再写一篇不行了。我不可能在一篇短文中答复所有的问题，我现在先对上海胡英琼同志提出的问题说一点个人的意见，这意见带有点普遍意义，所以仍占“夜光杯”的篇幅。

我在上述两篇千字文中提出的意见，归纳起来，不出以下诸端：第一，要尽快接触原文，不要让语法缠住手脚，语法在接触原文过程中逐步深化。第二，天资与勤奋都需要，而后者占绝大的比重。第三，不要妄想捷径，外语中没有“御道”。

学习了英语再学第二外语德语，应该说是比较容易的。英语和德语同一语言系属，语法前者表面上简单，熟练掌握颇难；后者变化复杂，特别是名词的阴、阳、中三性，记得极为麻烦，连本国人都头痛。背单词时，要连同词性 der，die，das 一起背，不能像英文那样只背单词。发音则英文极难，英文字典必须使用国际音标。德文则一字一音，用不着国际音标。

学习方法仍然是我讲的那一套：尽快接触原文，不惮勤查字典，懒人是学不好任何外语的，连本国语也不会学好。胡英琼同志的具体情况和具体要求，我完全不清楚。信中只谈到德文科技资料，大概胡同志目前是想集中精力攻克这个难关。

我想斗胆提出一个“无师自通”的办法，供胡同志和其他读者参考。你只需要找一位通德语的人，用上二三个小时，把字母读音学好，从此你就可以丢掉老师这个拐棍，自己行走了。你找一本有可靠的汉文译文的德文科技图书，伴之以一本浅易的德文语法。先把语法了解个大概的情况，不必太深入，就立即读德文原文，字典反正不能离手，语法也放在手边。一开始必然如堕入五里雾中。读不懂，再读，也许不止一遍两遍。等到你认为对原文已经有了一个大概的了解，为了验证自己了解的正确程度，只是到了此时，才把那一本可靠的译本拿过来，看看自

己了解得究竟如何。就这样一页页读下去，一本原文读完了，再加以努力，你慢慢就能够读没有汉译本的德文原文了。

科技名词，英德颇有相似之处，记起来并不难，而且一般说来，科技书的语法都极严格而规范，不像文学作品那样不可捉摸。我为什么再三说“可靠的”译本呢？原因极简单，现在不可靠的译本太多太多了。

1997 年

文字教育和记忆教育[①]

——在某师范学校周会上的讲话

叶圣陶

在民国初年，我也做过多年的小学教师，可惜得很，教书所用的方法是很古老的。现在已经过了 30 多年了，看去仍旧用着老方法，老到唐宋以前的方法。现代的学校，科目虽是改变了，而方法仍旧没有改变。

老方法可以分成两种：一种是文字教育，一种是记忆教育。先讲文字教育。从前总是先读《诗经》，因为《诗经》是韵文，容易读，所以开始就“关关雎鸠，在河之洲”地读《诗经》了；也有因为要应举子的考试，先读《四书》，这《四书》就是把《礼记》中的《大学》《中庸》两篇，加入《论语》《孟子》，并为《四书》，说是儒家的精义所在。

念书并不讲意义，先生读，学生跟着读，同刚才读《总理遗嘱》，全体循声诵读的样子差不多，念到能够背，便算一天的功课完毕了。学生年龄大一点的，先生开讲了，开讲也有次序，有的先讲《论语》：“子曰，学而时习之，”这样照字面地讲下去；有的先讲《左传》，因为《左传》里的许多春秋时代的故事，讲时很有趣味，学生喜欢听。所谓讲，也不过把文字翻译成土话，把文字讲清楚了就完了。这种情形，诸位不要觉得好笑，现在的大学中学甚至小学里都还在这样教。抗战期间我在四川，曾到过 20 多个县，参观学校教学的情形，看他们教国文多是如此教法的。

---

① 选自《叶圣陶教育名篇》，叶圣陶著，教育科学出版社，2007 年 11 月。

诸位都知道读国文是需要预习的。我们读国文有两个目标，第一个是学习看书。自己要会看书，便不能专依靠先生来讲，要用自己的力量来看，先要看懂文的内容，再从自己的经验来判别内容，对或不对。上课的时候，好像开一个讨论会，先生是主席，提出许多问题来看学生有没有预习，随后先生再修正学生的见解，改正学生的错误。这样做起来，先生也许要感到太难了，工作太多了。不过，我以为，如果要学生得到实际的利益，先生非要辛苦一点不可！

国文且不说，现在甚至历史地理、数学理化之类，这些是有实在东西的科目，必须依据已得的知识，来做进一步的研究的，决不能同国语国文一样只照着文字读。可是现在大多数的学校也还在用老方法教，一切的功课都变了国语国文：史地的先生讲史地的国文，数学的先生在教数学的国文，一切的东西都变了文字教育，反把实在的东西丢在一边。这种教育，实在应该打倒！

文字是符号，符号要应用在实际的生活里才有意义。譬如说“学而时习之”这一句，单从字面讲解是不够的，一定要弄清楚假使不“时习之”又怎么样？这便是学习心理的问题；再讲到文言文的句子，这中间有“而”“之”两个字，“而”字是什么口气？是一个连词，再仔细研究，还含有“假如”的意思在里面，同样的句法，也可以举些例子，如“读而勤攻之”“爱而久焉”等；“之”字相当于现在的“它”字，在这里代“学”字，这种情形在口语里是没有的，在文言文却时常用到，这是文字方面应用方法的研究。

再讲记忆教育。记忆实在是学习的基本问题，如史地里面的人名、地名、朝代等，非牢记不可；但不能专靠记忆来解决教学上的一切问题。从前读儒家的书是不许怀疑的（如《庄子》《离骚》、宋词等是被认为旁门，不许看的），只要记住就成了。这记忆教育，到了现在还是不能改良，只要学得很多记得很多，便算成功。其实这种记忆之学便是杂学，自己没有东西的，所以是真真有学问的人所看不起的，可是直到现在还在援用。有许多学校还禁止看课外书，据说他的理由是：一来，看了课外书，学生的思想容易引起转变；二来，读了课外书，便要疏忽课内的书了。

还有像毕业考试升学考试必须要用某书局的教本为标准，只要记好

这些课本的内容，便可以应考了，这种办法，对于学生，实在不是要他好，而是要他坏，不要学生的脑子活动。于是这些学生由小学而中学，而大学，16 年的光阴，浪费在记忆里；等到毕业以后，要用自己的脑子应付实际的生活了，却已经来不及了。

现在我所要提出的，文字教育实在就是内容问题，记忆教育实在就是方法问题。将来诸位毕业以后，出去教书，千万不要再用老方法了，更不要受了人家的熏染，仍旧走到老路上去。最好还要劝劝人家，希望大家来把教育的方法改良一下。

以后几年的教育①

〔英〕伯特兰·罗素

我认为，15 岁那年的暑假之后，凡愿意分专业的学生应当听其自便，而且这样的学生将会占多数。但是那些不能作出明确选择的学生，最好还是继续接受普通教育。遇有特殊情形，也可提前分专业。在教育上，一切规定都应当可以因特殊理由进行变通。但是我认为，中等智商以上的学生通常应当在 14 岁左右开始分专业，而那些中等智商以下的学生根本就不应分专业，职业训练可以除外。在本书中，我起先不想就职业训练发表任何意见。但是我不相信职业训练应当始于 14 岁前，并且我认为，即使到那时，职业训练也不应占去学生在校的全部时间。我不打算讨论职业训练应占多少时间，或应有多少学生接受这种训练的问题。这些问题牵涉到经济和政治问题，而后者与教育仅有间接的关系，并且不是三言两语所能讲清的。因此，我现在只讨论 14 岁以后的学校教育。

我把学校课程分为三大类：一、古典文学；二、数学和科学；三、现代人文学科。这最后一类应当包括现代语言、历史和文学。不管哪一类，学生于毕业前可以进一步专修某学科，我认为毕业时间不应早于 18 岁。显而易见，凡学古典文学的人必须学习拉丁语和希腊语，但有的应多学前者，有的应多学后者。数学和科学起初应当一起学，但是有些科学没有许多数学也能取得好成绩，事实上，许多著名科学家的数学成绩

① 选自《教育论》，〔英〕伯特兰·罗素著，靳建国译，东方出版社，1990 年 8 月。

很糟糕。因此，应当允许 16 岁的孩子专修科学，或专修数学，但是未选中的那一门也不可完全忽略。上述意见也适用于现代人文学科。

有些学科具有极大的实用性，所有人都必须学习。其中包括解剖学、生理学和卫生学，仅以成人日常生活所需为限。但是，这些学科应当早一点教，因为它们与性教育有关，所以应当尽可能在青春期前教完。教得太早的缺点是，未及应用，便被遗忘。我认为，唯一的解决办法是教两次——先在青春期前简单扼要地教一次，以后结合健康和疾病的基础知识再教一次。我想，每个学生都应当懂得一些有关议会和宪法的知识，但是教这门课程时必须注意不要滑到政治宣传的邪路上去。

比课程安排更为重要的是有关教学方法和教学精神的问题。关于这一点，主要问题是使课程变得有趣而又不太容易。准确而精细的研究应当辅以有关该学科的图书和概要介绍。在着手研究古希腊戏剧之前，应当先让学生阅读默里①或其他有诗才的翻译家的译作。数学课应当偶然辅以有关数学发明史和各种数学对于科学和日常生活之影响的介绍，并且还应暗示高等数学中所具有的乐趣。同样，研究历史也应辅以精选的大纲，即使大纲中包括一些有争议的结论。可以告诉学生这些结论是有争议的，并且引导他们深入探讨，以得出肯定或否定的意见。说到科学，最好能看一些介绍最新科研概况的普及读物，以便对特殊事实和规律所具有的普遍科学意义有所了解。所有这些都将有助于促进准确而精细的研究，但若让它们取代了研究，则是有害的。决不可让孩子认为有求知的捷径。现代教育的真正危险在于人们反对旧式的严格训练。旧式教育中的智力训练是对的；错的是那种扼杀求知欲的做法。我们必须努力保证严格的训练，但要采用其他不同于旧式惩戒性的方法。我认为这不是不可能的。在美国，那些懒散的学生一旦进入法学院或医学院，便会勤奋起来，因为他们所学的专业最终会使他们变得重要。这就是这一问题的本质所在：让学生感到所学的东西至关重要，这样他们便会勤奋起来。但是，如果所学的东西太容易，他们几乎会本能地知道你没有给他们真有价值的东西。聪明的孩子都喜欢学习难学的东西，以试验他们的智力。如果教授得法并消除恐惧，许多现在似乎愚蠢和懒散的孩子都

---

① 默里（1866～1957），英国古典学者，翻译过众多古希腊戏剧大师的作品。——译者注

会变成聪明的学生。

在整个教育期间，应当尽可能调动学生的积极性。蒙台梭利女士已经指明如何调动幼儿的积极性，但是对于较大的孩子，则需要不同的方法。我想，进步的教育家一般都会承认自习的时间应比现在多得多，而授课的时间则应比现在少得多，但是自习应当在坐满忙于自习的学生的屋子里进行。图书馆和实验室应当是足够而宽敞的。在校的大部分时间都应用于完成自己制订的学习计划，但是学生应当把自己的学习情况写成书面材料，并摘要记下所学到的知识。这将有助于记忆，使读书具有目的性而不是漫无边际，并使教师能够针对每个学生的情况进行必要的监督。学生越聪明，所需要的监督就越少。对于那些不很聪明的学生，必须给予大量的指导；但是即使对于这类学生，也应当采取提示、询问和鼓励的方式，而不可含有命令的意味。然而，也应当有指定的课题，让学生练习确定某种规定题目的事实，并有条不紊地予以阐述。

除了有系统的学习之外，还应当鼓励学生注意当时有关政治、社会和神学方面有争议的重要问题。应当鼓励学生了解有关这些问题的各种意见，而不仅仅是正统的意见。如果有哪些学生强烈支持某种意见，应当让他们找出支持此种意见的事实，并且应当安排他们和那些观点相反的学生去辩论。以查明真理为目标的严肃辩论是极有价值的。在辩论中，教师应当学会不偏向任何一方，即使他有明确的意见。如果所有学生几乎都持同一种观点，教师就应持相反的观点，并且说明这只是为了辩论的目的。另外，教师的角色应当仅限于纠正事实上的错误。通过这种方式，学生便能学会将辩论作为确定真理的手段，而不是作为雄辩的比赛。

假如我是校长，我会认为回避或宣传现时问题都是不可取的。正确的做法是让学生感到他们所受的教育能指导他们处理世界所关注的问题；这会使他们觉得学校教育与现实世界并不脱离。但是我不会把自己的观点强加给学生。我所要做的是教育学生对实际问题采取科学的态度。我期望学生能够拿出确是论据的论据和确是事实的事实。这种习惯在政治上尤为宝贵，但也尤为缺少。凡激进的政党都会制造一个神秘的茧状物，其间安稳地潜伏着它们的灵魂。激情往往扼杀理智；反之，对知识分子来说，理智也往往扼杀激情。我的目的是要避免这两种不幸的现象。激情若不具有破坏性，那它将是可取的；在同样的条件下，理智也是可取的。我希望基本的政治激情是建设性的，并且我要努力使理智服务于这种激情。然而这种服务必须是客观而真诚的，而不能只是一种幻想。当这个现实的世界不能令人满意时，我们往往会躲进幻想的世界里，因为在这里，我们无须努力便能满足我们的欲望。这就是瘾病的本质。这也是民族主义的，神学的和阶级的荒诞的根源。它体现了现代世界上普遍存在的人性弱点。克服人性中的这一弱点应当成为中学教育的目标之一。克服的方法有两种，这两种方法都是必要的，虽然它们在某种意义上彼此对立。第一种方法是明确我们在现实的世界里所能成就的事业；第二种方法是弄清何种现实才能消除我们的幻想。此二者的原则均为应客观而非主观地生活。

堂吉诃德是主观性的典型例子。他第一次做头盔时曾试验过那头盔的抗击打能力，并且把它打得变了形；他第二次虽未做试验，但却“相信”它是一个顶好的头盔。这种“相信”的习惯支配了他的一生。凡拒绝正视不愉快的事实，都具有同样的性质；我们每个人都或多或少具有堂吉诃德的性质。假如堂吉诃德曾在学校里学过制作真正上等的头盔，再假如他周围的人都拒绝“相信”他所愿意相信的东西，那么他的所作所为就必定大不相同了。生活于幻想中的习惯在幼儿期是正常的，因为幼儿具有非病态的软弱无能。但是随着孩子越发接近成人，他们也必须越发清醒地认识到，幻想除非迟早能变为现实，才有价值。男孩子最能纠正彼此之间纯属个人的主张；在学校，同学之间很难对自己的能力抱有幻想。但是这种幻想的能力依然活跃在其他方面，并且常常得到教师的合作。本人的学校是世界上最优秀的；本人的国家永远是正确的和不可战胜的；本人的社会阶层（如果他是富人的话）要优于任何其他阶层。所有这些都是不可取的主观幻想。这种幻想使得我们相信我们拥有上等的头盔，其实他人的军刀能把它劈成两半。因此，幻想鼓励懒散，并最终导致惨败。

和许多别的事情一样，要纠正这种思维习惯，必须通过理智地预测灾祸来取代恐惧。恐惧使人不愿正视实在的危险。为主观所支配的人若在半夜被“救火”的呼声惊醒，他可能会认为那一定是邻舍的火警，因为这事实太令人恐惧；他也许会因此而丧失逃走的机会。当然，这种情形只会发生在病态者身上；但在政治上，类似的行为却是普遍的。对于那些唯有思考才能发现正确解决途径的事情，恐惧是一种灾难性的情感；因此，我们要毫无畏惧地去预测灾难的可能性，并运用我们的智慧去避免那些可避免的灾祸。实在不可避免的灾祸则唯有以大无畏的气概去对待；但这不是我现在所要讨论的课题。

关于恐惧，我不想重复我在前一章所说过的话；我现在只讨论作为真实思想之障碍的智力领域的恐惧。在这一领域，恐惧在童年期比在成年期要容易克服得多，因为较之成人，观念的改变不大可能给孩子带来大的不幸，前者的生活是以某些假定为基础的。因此，我们应当在大孩子当中提倡智力辩论的习惯，即使他们怀疑被我们视为重要真理的东西，我们也不应制止。我们应当把教学生独立思考作为我们的目标，既不教正统观念，也不教异端学说。我们决不应以牺牲理智来维护那种臆造的道德利益。人们普遍认为，教导道德需要灌输虚伪。在政治上，人们总是隐瞒本党领袖的罪恶。在神学上，若是天主教徒，人们就隐瞒教皇的罪恶，若是新教徒，人们就隐瞒路德和加尔文的罪恶。在性问题上，人们总是妄说贞操要比看上去的多得多。在世界各国，某些被警方视为不体面的事实，即使是成年人也不允许知道。英国的检查官不允许戏剧真实地表现生活，因为他们认为民众只能用欺骗的手段诱人道德。所有这些态度都隐含着某种弱点。无论什么事，先要知道真情，然后举措才能合乎理性。掌权者要对他们的奴隶隐瞒真情，免得他们知道自己的利益，这是可以理解的。令人费解的是，民主国家也情愿制定旨在防止他们自己了解真情的法律。这是集体性的堂吉诃德式行为：他们决意不愿知道自己的头盔比他们所希望相信的差。这种可怜的畏缩态度是自由男女所不应有的。我们的学校不应当对求知设置障碍，任何障碍都不应有。我们应当通过正确培养情感和本能的途径来寻求美德，而不是通过欺骗和谎言。在我所期望的美德中，没有恐惧、没有限制的求知是主要的组成部分，若缺少这一部分，剩下的就没有多少价值了。

我所说的话可以一言以蔽之：我们应当培养科学的精神。许多著名的科学家在自己的专业之外没有这种精神；我们应当努力使这种精神贯穿一切领域。科学精神首先要求具有发现真理的愿望；这种愿望越强烈越好。此外，科学精神还包括几种智力上的特征。一开始必须不确定，

然后再依照证据加以判断。我们决不可预先想象我们已经知道了证据将会证明的东西。我们也决不能以懒惰的怀疑态度为满足，这种态度认为客观真理是达不到的，而且一切证据都是无说服力的。我们应当承认，甚至最有根据的信仰大概也有部分修正的必要；然而人力所能达到的真理只是程度问题。现在的物理学肯定比伽利略以前的物理学更接近真理；现在的儿童心理学肯定比阿诺德博士的儿童心理学更接近真理。这两种科学的进步都是由于以观察取代偏见和情感才取得的。最初的不确定所以十分重要，就是由于这个缘故。因此，必须使学生学会这一步骤，同时还要让他们掌握甄别证据所需要的技能。目前，彼此对立的宣传家正在不停地进行虚伪的宣传，诱使我们用鸦片毒害自己或用毒气互相残杀，生活在这样一个世界上，这种批判性的思维习惯是至关重要的。轻信重复的宣传是现代世界的祸根之一，因此学校应当尽力加以预防。

整个在校期间应当有知识探险的意识。在规定的功课完成之后，应当给学生提供机会，让他们发现自己感兴趣的东西，因此，规定的功课不可太多。该受表扬的时候，必须表扬，虽然有错误也必须指出，但却不应指责。决不应让学生为他们的愚笨感到羞耻。教育上的巨大鞭策，是让学生感到有成功的可能。令人厌烦的知识用处不大，而人们渴望获得的知识却能成为永久的财产。要让学生认清知识与现实生活的关系，并且也要让他们了解怎样用知识来改造世界。要让教师永远成为学生的朋友，而不是他们的天敌。只要受过良好的早期教育，这些训导足以使求知成为绝大多数孩子的乐事。

劳动教育①

〔苏〕马卡连柯

劳动永远是人类生活的基础，是创造人类生活和文明幸福的基础。在我们的国家里，劳动已经不是剥削的对象，而成了光荣、荣耀、豪迈和英勇的事情。我们的国家是劳动者的国家，我们的宪法里明确规定："不劳动者不得食。"

因此，在教育工作中，劳动也应当是最基本的因素之一。

现在较为详细地分析家庭劳动教育的意义和作用。

第一，父母应当特别注意的是这一件事：你们的孩子将来是劳动社会的成员，因此，儿童在社会上的作用，儿童作为公民的价值，将完全决定于儿童参加社会劳动的能力，决定于他对这种劳动所作的准备。同时，儿童的幸福、儿童的物质生活水平也是根据这个来决定的，因为在我们的宪法里这样规定："各尽所能，按劳分配。"我们知道得很清楚，所有的人生来就具有大致相同的劳动本能，但在实际生活中，有一些人工作得好一点，有一些人工作得坏一点；有一些人只能从事最简单的劳动，有一些人却能从事较为复杂的劳动，因此也就更有价值些。这些不同的劳动能力，不是由于人类的天赋，而是在人类生活的过程中——特别是在青年时代——经过教育而获得的。

因此，劳动教育，即人的劳动品质的培养，不仅是未来好的公民或

① 选自《马卡连柯文集》（下卷），〔苏〕马卡连柯著，吴式颖等编，人民教育出版社，2005年1月。

不好的公民的教育，而且是公民将来生活水平及其幸福的教育。

第二，劳动起源于需要——生活的必需。在人类历史上，劳动多半经常是带有强制和艰苦性质的活动，这种活动是为了免于饥饿而成为必需的。但是，就是在旧时代里，人们力求达到的已经不仅要有劳动能力，而且要有创造能力。不过，它在阶级不平等和阶级剥削的条件下，并不能经常达到目的罢了。在苏维埃国家里，每一种劳动都应当是创造性的劳动，因为这种劳动完全是为了创造劳动者的社会财富和国家文明。教育学生从事创造性的劳动是教育者的特别任务。

只有当人们对工作发生爱好的时候，只有当人们自觉地在工作中感到快乐并了解劳动的利益和必要的时候，只有当劳动成为表现人格和才能的主要形式的时候，才可能有创造性的劳动。也只有养成了努力劳动的牢固的习惯，任何工作只要具有某种意义，就不会把它看做不愉快的工作，这时人们才可能对劳动采取这种态度。

凡对工作抱有畏惧心理、害怕用力的工作、害怕流汗的人，凡是一着手工作就随时打算快些离开这样的工作、并开始做某种别的工作的人，是永远不会有创造性的劳动的。这样的人对这种另外的工作，只有在还没有着手去做的时候才会抱有好感。

第三，努力劳动不只可以培养人的工作能力，而且可以培养同志的关系，即培养一个人对其他的人应有的正确态度，这就是一种道德修养。在一举一动中竭力想摆脱工作的人，或者安然看着别人如何工作、坐享别人劳动成果的人，是苏维埃社会里最没有道德的人。与此相反，只有在劳动中共同努力，只有在集体中的工作，只有人们的劳动互助和他们经常的相互劳动依存，才能建立人们彼此间的正确关系。这种正确关系不仅在于每一个人给社会贡献出自己的力量，而且在于他能要求其他的人跟自己一样，在于他不愿意跟寄生分子一起生活。只有参加集体劳动才能使人对人有正确的和道德的态度——对一切劳动者保持亲属般的爱护和友谊，对懒惰分子和躲避劳动的人表示愤慨和谴责。

第四，认为在劳动教育中仅仅发展筋肉或视觉、触觉等认识手段，仅仅发展手指动作等的看法是完全错误的。当然，劳动中的体力发展也有重大的意义，也是很重要的，同时也完全是体育所必不可缺少的因素。但是，劳动最大的益处还在于人们的道德上和精神上的发展。这种精神发展是由和谐的劳动产生的，它应当构成无阶级社会公民区别于阶级社会公民的那种人的特质。

第五，必须指出另一种事实，即劳动不仅有社会生产的意义，并且在个人的生活上也有很大的意义。可惜我们对这种事实还没有予以应有的注意。我们很清楚，凡能做许多事情的人，一切事情都能处理成功的人，不论在什么情形下都不是不知所措的人，他们能够掌握事物和指挥事物，总是生活得更为快乐、更为幸福。相反地，也有这样的人：面临每一件小事便无所适从；他们不会处理自己的事情，总需要人家来照顾他，需要朋友替他工作，来帮助他；如果没有谁去帮助，便生活在最不适意的情况中：马虎、肮脏、慌乱。这样的人永远会使我们惋惜的。

父母应当仔细地考虑上述的每一种情况。在自己的生活中，在自己相识者的生活中，他们可以随时见到劳动教育的重要意义的确实例证。在教育自己儿童的工作中，父母永远不应该忘记劳动的原则。

当然，在家庭的范围内，要给儿童一种普通所谓熟练技术的劳动教育是很困难的。很好的专门熟练技术的培养不是家庭所能办到的；男女儿童是在某种社会组织，如学校、工厂、机关和各种训练班里获得熟练技术的。家庭在任何情况下也不应当努力去追求某种专门的熟练技术。在过去，总有这样的情形：如果父亲是鞋匠，那么，就把自己的手艺教给儿子；如果父亲是木匠，那么，儿子也就“习惯于”做木匠的活计，而女儿呢，大家都知道，总是做一个家庭主妇的事情，她们也不再想其他什么事。在苏维埃时代里，国家关心未来公民的熟练技术，国家设有许多规模宏大和设备完善的专门学校。

但是，父母也不能认为家庭教育对于获得熟练技术没有任何关系。正是家庭的劳动锻炼，对于人们未来的熟练技术具有十分重要的意义。在家庭里获得了正确的劳动教育的儿童，以后就会很顺利地完成自己的专门教育。凡在家庭里没有接受任何劳动经验的儿童，虽然国家机关努力去教育他，也不会获得很好的熟练技术，会遭遇到各种失败，会成为很不好的工作者。

父母也不要以为我们所说的劳动只是体力劳动，筋肉的活动。随着机器生产的发展，体力劳动逐渐失掉了以前在人类社会生活中所具有的意义。苏维埃国家正在努力完全消灭沉重的体力劳动。我们已经可以见到，在建筑房屋的时候用机器运送砖瓦，担架在我们建筑上的作用已经一天比一天小了。在我们的工厂里，特别是在革命后建设起来的工厂里，完全消灭了沉重的体力劳动。人越来越成了庞大的、有组织的机械力量的支配者，现在向人要求的越来越不是体力而是智力了：管理能力、注意力、核算、发明才能、机警和灵巧等。我们的斯达汉诺夫运动是我们国内一种卓越的现象：完全不是工人阶级的体力动员，而恰恰是工人阶级精神力量的创造性的动员。这种精神力量是由于伟大的社会主义革命的力量解放出来的。真正的斯达汉诺夫式的工作者很少依赖自己的筋肉，而是应用材料和工具配置的新方法、应用新的设备和新的工作方法获得自己的成功的。父母也应当经常记住这种事实。在自己的家庭里，父母不应当培育辛苦的劳动力，而应当培育斯达汉诺夫式的工作者——从事社会主义劳动和获得社会主义成就的人。

因此，我们不应当认为在苏维埃的教育里，体力劳动和脑力劳动之间会有某种本质上的差别。无论是在体力劳动还是在脑力劳动里，最重要的首先都是劳动力的组织，即从事劳动的人的本身。

如果我们总是委托男孩或女孩担任消耗筋肉力量的同样一件事情，同样一种体力工作，那么，这种劳动的教育意义一定会很有限的，虽然不能说是完全没有益处。儿童将来会习惯于劳动的努力，会参加社会劳动，会在道德上培养出跟别人一样的劳动平等观念；但是，这仍不能说是真正的斯达汉诺夫式的劳动教育，如果我们在劳动训练上没有添加有益的组织任务的话。

在劳动教育中，最重要的是要应用下面的方法。在儿童面前应当提出应用某种劳动工具就能解决的若干任务。这种任务不是必须在短时间里、在一天或两天里完成，而是可以有较长的时间，甚至要继续到几月或几年。重要的是要让儿童在选择工具上有一定的自由，儿童在完成工作和把工作做好这一方面也要有某种责任心。对儿童说下面这样的话是很少有益处的：

“这是笤帚，给你！扫干净这个屋子！这样这样地扫。”

如果你们教儿童在长时间里保持某一间屋子的清洁，至于儿童怎样做这样的工作，你们允许他们自己决定并自行负责，这是比较好的。在第一情况下，你们仅仅对儿童提出了筋肉活动的任务，在第二种情况下，你们给儿童提出了带有组织性的任务，这就好得多、有益得多。因此，劳动的任务愈复杂，愈具有独立性，它在教育方面也就愈好。许多做父母的对于这种情况没有考虑到。他们吩咐儿童做某种事情，但是，往往在过于细小的劳动任务上花费了心力。如果父母教男孩或女孩到商店里去买某种物品，能使孩子经常有一定的要他关心的事情，例如，关心家庭里有无肥皂或牙粉，这就更好了。

儿童参加家庭生活方面的劳动应当开始得很早，应当在游戏中开始。要给儿童指示明白：儿童对玩具的完整，对玩具放置地点和玩耍地点的清洁和整齐应该负责。这种工作也应当一般地向儿童提出来：要保持清洁，不要杂乱无章，玩具上不能有尘土。当然，可以指示儿童一些收拾东西的方法，但是，一般地说，如果儿童能够自己看到为了揩拭尘土需要干净的抹布，能自己向母亲要这样的抹布，能对抹布提出一定的卫生要求，并能希望要更好的抹布，等等，这就很好了。损坏了的玩具也应当确实由儿童在力所能及的范围内自行修理，当然，这要给儿童一定的材料。

随着年龄的增长，劳动工作也应当日趋复杂，并且跟游戏慢慢地分开来。我们现在列举若干种儿童工作，并估计到每一个家庭可以根据自己家庭生活的情况和儿童的年龄，予以修正或补充：

(1) 浇屋子里或全住宅里的花草；

(2) 揩拭窗台上的灰尘；

(3) 开饭前铺好餐桌；

(4) 注意照料盐瓶和芥末瓶；

(5) 照料父亲的写字台；

(6) 负责把书架或书橱收拾整齐；

(7) 管理报纸，放在一定的地方，把新的和读过的分开来；

(8) 饲养小猫或小狗；

(9) 把洗脸盆架放得整整齐齐，买肥皂、牙粉，买父亲用的刮脸刀；

(10) 负责完全收拾某一个屋子或某一屋子的一部分；

(11) 缝自己衣服上掉下来的扣子，缝扣子所用的东西要总是放在一定的地方；

（12）负责食橱的整齐清洁；

（13）洗自己的、弟弟的或父母的衣服；

（14）用相片、画片和图片装饰屋子；

（15）如果有菜圃或花园，应该负责管理一定的地区，或者播种，或者看护，或者收集果实；

（16）应当注意使住宅里有花草，为了这一点，有时需要到城外去（指较大的儿童）；

（17）如果住宅里有电话，电话铃响了，应当首先去接，并做好家庭电话一览表；

（18）做好电车路线一览表，并注明家里人经常乘车去的地点；

（19）年龄较长的儿童，应当自行计划或照顾家里人去剧院或电影院，担任打听节目、买戏票及保存戏票等工作；

（20）注意家庭药橱的清洁，并负责按时补充；

（21）注意使住宅里没有臭虫、跳蚤等，采取有效办法消灭这些东西；

（22）帮助母亲或姐姐做某种家务。

每一个家庭里都可以找到像这样的、儿童多多少少感兴趣的、适合他们能力的许多工作。当然，不应该使儿童负担过多的工作，但是，无论如何必须注意这一点：父母的劳动任务跟儿童的劳动任务不应该有显然的差别。如果父亲或母亲在家庭的操作上很吃力、很劳苦的话，儿童就应当很乐意去帮助父母。也常有相反的情形：如果家庭有保姆，儿童往往在自己能够工作的情况下，也惯于让保姆代自己工作。父母应当好好地检查这种情形，尽可能使家庭保姆不做儿童自己能做和应做的事情。

同时，应当永远记住：在儿童入学的时候，学校使儿童担负了相当多的家庭作业。不消说，这些作业应该是最主要的、最不可延缓的工作。儿童要很好地懂得：在学校的工作里，他们不仅完成个人的职务，而且完成社会的职务；他们在学校工作的成绩上，不仅对父母负责，而且也对国家负责。从另一方面说，如果只重视学校的工作，把所有其他的劳动任务完全丢开，也是不正确的。把学校的工作这样特殊化了是非常危险的，因为这样会引起儿童对自己家庭集体的生活和工作的十分轻视的态度。在家庭里，要永远感觉到集体主义的气氛，要尽可能地常常让家庭成员中的某一些人帮助另一些人。

有人会问：引起儿童某种劳动的努力，需要或应当用什么方法呢？方法是各种各样的。在儿童年幼的时候，当然应当多给暗示或指点。但是一般地说来，让儿童能自己注意某种工作的必要性，看到父亲或母亲没有工夫做这种工作便自动地帮助自己的家庭集体，这应该是最理想的事情。培养对劳动的这种意愿，培养对自己的集体需要的这种注意力，就是教育真正的苏维埃公民。

常常有这样的情形：儿童由于没有经验，由于判断力差，不能够独立注意到某种工作的需要。在这样的情形下，父母应当慎重地予以暗示，帮助儿童弄明白对这种任务应采取的态度，并参加解决这个任务的工作。若要引起儿童对工作上的纯粹技术兴趣，最好常常这样做，但也不能滥用这种方法。儿童也要有能力完成自己不特别感到兴趣的工作，有能力完成在最初的瞬间觉得是很枯燥无味的工作。一般说来，应当这样教育儿童：使儿童知道在劳动的努力中，决定性的因素不是劳动的兴趣问题，而是劳动的利益和必要性的问题。父母应当教儿童养成耐心地、不愁眉苦脸地完成不很愉快的工作的那种能力。此后，随着儿童的成长，如果他们能明了工作的社会价值的话，那么，甚至最不愉快的工作，也会使儿童感到愉快。

如果在对工作的必要性不够了解和兴趣不高的情形下，为了使儿童愿意劳动，需要运用请求的方法。请求和其他方法不同的地方在于它允许儿童有完全的选择自由。请求也应该这样。运用请求应使儿童觉得自己执行请求是出于本身的充分自愿，而不是用任何的强制迫使着那样做的。应当这样说：

“我对你有个请求。虽然这很困难，虽然你还有其他的各种事情……”

请求是一种最好和最缓和的方法，但也不应当滥用。最好当你们知道儿童高兴完成你们的请求的时候，再运用这个方式。

如果你们对这一点没有把握，可以用通常的镇静、信赖和认真的吩咐办法。如果从你们的孩子还很小时起就能够合理地交换运用请求和命令，特别是在你们能够鼓舞起儿童个人的主动性、能够教育儿童自己看到工作的必要性、个人主动地去完成它的时候，你们的要求就决不会落空。只有你们忽略了教育工作，你们有时候才不得不采用强制的办法。

强制也有许多不同的情形，这是由单纯地反复吩咐，一直到极端地反复要求。无论在哪一种情形下，永远不应当采取强制劳作的办法。因为这不会有任何好处，只能使儿童躲避劳动任务。

怎样对待所谓懒惰的儿童是父母最感困难的问题。可以说，懒惰——厌恶劳累——只有在很少的情形下可以拿健康情形不好、体力衰弱和精神颓唐来解释。如果有这样的情形，当然最好是请医生来看。儿童懒惰的发展大部分是由于不合理的教育，由于在儿童年幼时，父母没有培养儿童的毅力，没有教会儿童克服困难，没有激起儿童对家务劳动的兴趣，没有教儿童对劳动、对劳动经常给予的满足养成习惯。跟懒惰斗争的方法只有一个：逐渐引导儿童习惯劳动，慢慢地激起儿童的劳动兴趣。

但是，跟懒惰作斗争的同时，也要跟其他的缺点作斗争。有些儿童很愿意完成任何一种工作，但是，在做这种工作的时候，不热心，没有兴趣，不用思想，也没有快乐。他们所以要工作，只是为了避免发生不愉快的事情，为了不招致父母的责骂等。这样的工作，往往像牛马所做的苦工。这样的工作者，对自己的工作完全失掉了控制，惯于抱毫无批判的态度。这些工作者长大以后，很容易忍受剥削，一生永远只知道为一切人服务，帮助一切人，甚至于对那些无所事事的人也去帮助。在苏维埃国家里，决不能培养这样的牛马一般的顺从性。因为这样的人，无论对自己的工作或他人的工作，都没有道德上的要求。

当然，在我们的国家里，在生产中不可能有人剥削人的事情。但是，还有许多贪婪分子可能在家庭的环境里，在日常生活上利用别人的劳动。

应该这样教育我们的儿童：使我们的社会里没有准备受剥削的现成对象，使任何的剥削欲望都不能在我们的家庭环境里发展起来。

因此，父母要特别注意：除了相互帮助以外，不能让哥哥利用弟弟的劳动，不能使家庭里有任何劳动上不平等的现象。

我们还要就劳动的质量说几句话。劳动的质量应当具有决定性的意义，应当永远地、严格地要求高质量。当然，儿童还没有经验，拿体力来说，往往不能够理想地完成各方面的工作。不过，完全属于儿童力所能及的事，儿童所理解的事，还应当要求质量。

同时，也不能因为儿童工作得不好而责骂儿童，不能侮辱儿童和申斥儿童。要率直地、平心静气地对儿童说：工作得不很好，应当改做或修正或重新做过。此时无论如何不应当由父母代替孩子工作，只有在很少的情形下，才可以代替儿童完成他确实力不所及的那部分工作；同时我们也要改正在分派儿童工作方面所犯的错误。

我们坚决不主张在劳动方面采用某种奖励或处罚的办法。劳动任务和劳动任务的完成，本身应该给予儿童满足，使儿童感觉到快乐。承认儿童的工作做得好，就是对儿童劳动的一种很好的奖励。你们对儿童的发明、机智和工作能力的赞誉，就属于这一类的奖励。但是，不管什么时候，甚至这样的口头赞誉也不应当随便滥用，特别不应当在你们的相识者或朋友的面前夸奖儿童的工作，尤其不应当因为儿童工作得不好，或因为儿童没有做工作而处罚儿童。在这种情形下，最重要的是努力使工作最后仍被完成。

增进技能和知识[1]

〔美〕布鲁纳

文化实际上是向具有适当技能的人类提供他们自己能与之联系的增进系统（amplification system），来协助它的成员心智效能的发展。首先，有行动扩大器，即锤子、杠杆、采掘棒、轮子；但更为重要的是，有用这些工具代替行动的计划。其次，有官能扩大器，即能利用一些装置来进行观看和通告的手段，这些装置的范围，从烽火信号和警报器以至制止行动的示意图和标记，或扩大行动的显微镜。最后并且最有效能的，是有思想过程扩大器，即运用语言和释理的形成，并随后把这样一些语言当做数学和逻辑学来利用，甚至发明自动化的“仆役”去搞出成果的思想方法。所以，文化是设计师，是仓库，是增进系统的传送者，是与这个系统相配合的装置的传送者。

但应该明白，工业社会连同它的学校的传递方式，与其文化传递局限于行动范畴的待发展社会的传递方式，其间有个主要的差异。有人说，待发展社会在行动模式瓦解时会以最骇人的速率崩溃，例如，非洲某些部分那样的无控制的都市化。这话不对。更确切地说，传递方式主要的差异，在于可用来把知识和技能转换为更符号化、更抽象化、更文字化的学校制度。可是这个传递过程——公认为人类历史上很新的——却如此不大为人所理解，我们最后将回头来讨论它。

---

① 选自《布鲁纳教育论著选》，〔美〕布鲁纳著，邵瑞珍、张渭城等译，人民教育出版社，1989年12月。

社会必须怎样着手装备它的年轻一代？关于这个问题，有某些显著的规范可以说说。社会必须把有待知晓的东西——不论是技能，还是信仰系统或知识体系——转换为初学者可能掌握的形式。我们对成长过程知道得越多，我们在上述转换中所处的地位就会越好。现代人不懂数学和科学，较之我们不懂怎样教这些学科，还是个较小的发展不足的问题。其次，所规定可供学习的时间有限，必须有适当的考虑，使学生避开不需要的学习。必须强调经济、迁移和一般法则的学习。所有的社会必须把聪明的人和愚蠢的人区别开来——事实上，它们全是这样做的，不过很少把这一点推广到所有的活动方面。擅长某一特殊活动，普遍地大致意味着擅长策略、经济、启发方法和高度概括化的技能。社会还必须强调一个人怎样根据已经学到的东西推导出他今后的行动方针。的确，在待发展的社会中，要把一个人所做的同所知道的分开来，几乎不可能。较先进的社会也往往找不到把知识和行动分离的方法——这很可能是他们在教学中注重“讲述”的结果。所有的社会必须在年轻人当中保持对学习过程的兴趣；当学习限于生活和行动的范畴内时，这是比较次要的问题，但当学习变得更为抽象时，这是比较严格的问题。一旦这些工作在进行，社会的必要技能和程序就能确保世代完整相传——E·伊斯兰德斯（Easter Islanders）、因卡斯（Incas）、阿扎克斯（Azecs）和梅奥斯（Mayos）① 表示，这个情况不经常发生。

心理学家也轻易设想过，学问就是学习——早先关于教了什么的看法不外乎是，一事物很像另一事物，并且可以简化为联想的模式，简化为刺激和反应的联结，或简化为我们所喜爱的分子的组成部件。我们否认除了提供更多经验这个量的发展问题之外还有别的发展问题，而且对怎样表达知识、怎样把知识按顺序排列、怎样按适宜于年轻学生的形式使知识具体化等教法问题，持否定的态度，闭眼不管。我们热衷于部分与整体的争论，不甚关心什么整体或它的什么部分需要首先提出来。谈

① 我已经有意不讨论冲动的调节和动机社会化的问题——两个在讨论文化和人格的长篇文献中已经受到广泛研究的题目。这是按着重点、不是按评价而省略的。就理解我们的题目来说，因为牵涉到例如文化灌输对利用心智的态度问题，文化对性格的塑造自然具有很重要的意义。既然心理学家强调人的潜力和使之增进在文化上起模式作用的技能，我就顺便提到品格的形成问题，认识它在所论述的问题的完整处理中的重要性。

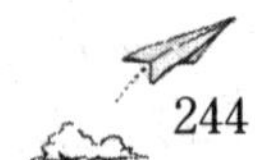

到这些抱怨——直到最近还没有完全受到注意的呼声——我应该把皮亚杰（1954）、柯勒（1940）和维果茨基（1962）除外。

艾宾浩斯（H. Ebbinghaus，1913）对节省（saving）极为关注，心理学家要继承他的遗业，却忽视其中学习项目的经济问题，令人啼笑皆非。无意义音节，不规则的迷宫，这些都不考虑我们怎样化复杂为简单，怎样化生疏为熟悉；不考虑怎样把我们已经学到的知识转换为法则和程序；用三十多年前巴特莱脱的话说，不考虑怎样根据我们自己的图式（schemata）改变策略，将我们已经掌握的知识重新组织成更易处理的形式（见 F. C. Bartlett 1932 年文）。

至于知行关系的争论，心理学家当然也未曾喜欢过。它的明显的心灵主义（mentalism），一直令人反感。托儿曼（E. C. Tolman）这个敢于作出区别的人，在 1951 年被指责为宁愿把他的有机体裹在思想之中。不过他承认这个争论问题；如果他还坚持知识可在认知地图（cognitive map）中组织起来这个观点，便表明他承认（像一个伟大的机能主义者那样）在有机体学到的东西的基础上到某处去的。我相信，我们正在逐渐了解知和行是怎样相互影响的，为了确证我的信念，特提出米勒（G. A. Miller）、格兰德（E. Galanter）和普里布兰姆（K H Pribram）1960 年合著的《计划与行为结构》这本引起争论的书。

我要重提一下，我的同事戈顿·奥尔波特（Gordon Allport，1946）早就告诫过，要支持学习者的志趣。我们此前一直关心带有内驱力减少（drive reduction）和后推力（vis a tergo）色彩的从动性行为的模型，以致直到最近，还往往忽视怎样保持学习者爱好志在获得不限于最低需要和最初报偿的胜任力的学习活动的问题。怀特（R. W. White，1959）研究成功的动机（effectance motivation）的工作、哈罗和他的同事们（R. A. Butler，1954；H. F. Harlow，1953）研究好奇心的工作以及海德（F. Heider，1958）和费斯廷格（L. Festinger，1962）研究一致性的工作，才开始调整上述偏向。但这不过是个开端。

我已大致考察过，文化要把正在增进的技能和知识传给新的一代必须做的事情，甚至更为简要地考察过，心理学家是怎样处理或还未处理这问题的。我认为，情况正在急剧变化——对转换问题、对学习的经济问题、对志趣的性质以及对知识的关系等的兴趣，有了明显的增长。我相信，我们正处于重要的转折点，心理学将再一次重新规划用以协助认知成长的办法；它可以通过创造活动来这样做，例如创造适当的玩具技术，发明丰富育儿环境的各种途径，创新组织学校活动的方法，或计划可用以对新的一代传递成套的知识和技能以增强他们的心智效能的某种课程。

政治教育[①]

〔英〕斯宾塞

是的，教育是所要求的东西，但并不是多数人所鼓动的那种教育。通常的学校训练并不是正确行使政治权力的预备。手工业工人是工人阶级中最有知识的部分，我们所害怕的最大危险来自手工业工人的错误思想，这个事实是一个结论性的证明。传播通常进行的这种教育，远没有希望成为一种保障，看来还更可能增加危险。普遍提高工人阶级到手工业工人的文化水平，反而有可能增加他们干政治坏事的能力。以读、写、算作为使人成为合格公民的流行信念，在我们看来是完全没有根据的：确实，其他可以期望从学习过程中取得的好处多数是没有保证的。从语法上分析句子的能力和对决定工资等级的原因有清楚的理解，这两者之间并无联系。乘法表对识破破坏财产对贸易有用的谬论没有帮助。长期的练习可以产生极好的书法，却丝毫不能提高能力去理解关于机器最终能增加那些已采用机器的行业雇佣工人人数这种反论。也不能证明有关测量、天文学或地理的一些肤浅的知识，能使人估计议会候选人的性格和动机。的确，我们只需把前提和预期的结果放在一起，就能看出关于他们之间的关系的信念是多么站不住脚。当我们希望一个女孩成为优秀的音乐家时，我们让她弹钢琴；我们并不给她绘画工具，而期待她既学会音乐又学会使用铅笔和画笔。打发一个男孩去钻研法律书籍，将

① 选自《斯宾塞教育论著选》，〔英〕斯宾塞著，胡毅、王承绪译，人民教育出版社，2005年1月。

被认为是使他学习土木工程的非常不合理的方法。如果我们在这些事例和所有其他事例中对某一功能的教学和练习，并不期望对任何功能都能适合，那么为什么我们期望通过与公民义务无关的训练会产生合格的公民呢？也许可以这样回答，通过使工人成为一个优秀的读者，我们给他接近信息来源的机会，使他懂得如何使用选举权；其他课程使他的各种官能敏锐，成为政治问题的一个较好的评判员。这是确实的；最后的趋势没有问题是良好的。但是，如果很长时间他读的东西只是为证实他犯的错误，将会怎样呢？如果有一种文献诉诸他的偏见，并且为他自然采纳的错误信念给他提供错误的论据，将会怎样呢？如果他拒绝接受一切旨在去掉他的误会的教学，将会怎样呢？我们不能说仅仅帮助工人使他们的错误固定下来的这种教化并不适合公民身份吗？工会不是为我们提供了这方面的证明吗？

人们通常所说的教育对他们使用政治权利的训练多么少，可以从曾经受过英国所提供的最高教育的那些人的无能作出判断。简单提到一下我国立法方面的重大错误，然后请记住，那些犯过这些错误的人们，多数曾经得过大学学位；同时你必须承认，对社会科学的极度无知，可能和熟悉我国有教养的阶级视为有价值的知识相连。只要找一位刚从牛津或剑桥毕业的年轻的下院议员，问他，他认为法律应该做什么，为什么？或法律不应该做什么，为什么？将会表明，无论他通晓亚里士多德或是熟读楚西迪第斯[①]，都没准备回答一位立法者应该解决的基本问题。举一个例子就足以表明，立法者所要求的教育和选举他们的那些人所要求的教育，与通常所进行的教育多么不同：我们是指自由贸易鼓动所提供的例子。由于帝王、贵族和下院议员多数在大学培养，所以贸易受到保护贸易制度、禁令和赠礼的阻碍。这些立法措施已维持了多少世纪，很温和的见解都能表明这些立法是有害的。但是，多少世纪以来，在全国所有受过高深教育的人之中几乎没有一个人看到这些措施多么有害。没有一个专门从事最被称道的研究的人写出过使政治家在这些问题上端正看法的著作；而是从一个未获学位离开大学，从事国家教育所忽视的

① Thucydides（公元前471～公元前400），古希腊历史学家。——译者注

研究的人写出了这种著作。亚当·斯密考察了各国的工业现象，仔细考虑了在他周围进行着的生产和分配活动，描绘了他们复杂的相互依存关系，从而得到政治指导的一般原理。近来，那些非常清楚地理解他所阐明的真理，并通过不屈不挠的阐述而使全国转向他的观点的人，并非大学毕业生。与此相反，那些已经通过规定课程考试的人，一般都成为政治经济科学认为必需的改革的最厉害和顽强的反对者。在这个最重要的方面，正确的立法是缺乏所谓最好的教育的那些人提出的；而是被受过所谓最好的教育的那些人的大多数所抵制的！

我们为之斗争而被奇怪地忽视的真理，几乎是一个自明之理。我们的全部训练理论不是意味着政治修养是对政治权利的正确预备吗？能单独指导公民履行公众活动的教学，不是必须是使他了解公众活动的结果的教学吗？

于是我们必须信赖的第二个主要保证，不是传播人们渴望普及的仅仅那种技术的和各种各样混杂在一起的知识，而是传播政治知识；更确切地说，社会科学的知识。首先必要的事情是建立一个真正的政府理论——对于立法是为什么和立法的正确限度是什么有一个正确的概念。这个问题，在我们的政治讨论中经常忽视，这是一个比任何其他问题更加重大的问题。政治家们嘲笑为思辨的和不切实际的研究，在某一天将会发现比他们啃完蓝皮书所精通和每夜花很多小时争论的问题要实际得多。每天早晨《泰晤士报》十多栏文章所考虑的问题和根本的问题，如政府的正当范围是什么？比较起来，仅仅是一些无聊话。在讨论法律应该调整某一特殊的事情的方法以前，法律应否干预那件事情？而在回答这个问题以前，提出几个比较一般的问题如法律应该做什么，法律应该不管什么，不是比较明智吗？当然，如果立法要有任何范围，解决这些范围，其影响必然还比任何国会法所能有的影响深远得多；而且必然重要得多。当然，如果人民误用政治权利有危险，应该教他们为什么目的要单独使用政治权利，这是非常重要的事。

如果贵族阶层了解他们的境况，我们认为，他们将会看到，传播有关这个问题的正确观点比任何其他什么东西更加密切地关系到他们自己的幸福。群众的影响将会不可避免地继续增加，如果群众获得占优势的权利而他们有关社会安排和立法行动的观念还是和目前这样原始，肯定会造成对劳资关系的灾难性的干预，和国家管理的灾难性的扩充。这将使很多人受巨大的损失：首先是雇主；其次是受雇者；最终是整个国家。这些危害是可以预防的，只要在公众思想上树立深厚的信念，即国家的功能有某种比较狭窄的范围；这些范围决不能侵越。贵族阶层首先懂得这些范围是什么，应该有力地利用一切手段把它们教给人们。

教育面临的挑战：专业知识与通用知识之间的平衡[1]

〔美〕霍华德·加德纳

在“理解一个社会所需要的通用知识”和“承认个人的兴趣和天分”之间，怎样才能寻求平衡呢？其实这是多元智能理论关注的中心。我相信，部分答案就在于能够敏锐地觉察到在人的不同的发展阶段和发展水平上，什么样的教育是有意义的。

一、儿童时期

全世界各国的儿童大约 7 岁的时候，都盼望着上学，并不是出于偶然或者一种巧合。依我之见，大部分儿童在这个年纪的时候，开始能够运用天生的学习能力认识物质、社会和符号世界。对于某些教育目标来说，这种未经教化的学习模式可能就够了。的确，在一些还未工业化的社会里，人们已经将这些儿童当做年轻的成人。

然而，在文明和工业化的社会里，儿童的能力与善于思考的干练的成年人相比，仍然相距遥远。他们还需要能够阅读并掌握所处文化背景中许许多多的符号系统，如数学记号、科学记号、图形记号（如地图和图表）。说不定还包括其他特定的符号系统，如音乐、舞蹈或特殊职业所需的记号等。教育的任务和实质，就是在 10 年左右的时间里，将这些记号的知识全部传授给儿童。

① 选自《多元智能新视野》，〔美〕霍华德·加德纳著，沈致隆译，中国人民大学出版社，2008 年 3 月。

进入学龄的儿童与比他们更小的同伴相比，有着明显的差异。学龄前儿童的思路倾向于自由翱翔，他们热衷于幻想和进行有限的尝试。他们的语言类似比喻，极易产生联想。但是到八九岁的时候，绝大部分儿童就会有明显的变化。在童年的这一时期，儿童想掌握自身文化以及特定的职业或业余爱好的规律；想准确地运用语言，而不是仅仅通过比喻；想画出像摄影照片一样清晰的美术作品，而不满足于幻想的和抽象的绘画。在衣着、行为举止、游戏、道德规范和其他与文化有关的活动中，他们都希望能符合一定的准则，不能再容忍偏差。

这些感情和注意力的转变，为教育提供了机会。入学后的头几年，绝对是掌握自身文化中符号系统的重要时期。在大多数情况下，儿童不可能自己掌握这些符号系统，这就是为什么在全世界的范围内，儿童在六七岁都要上学的原因。现在人们已经认识到，符号系统的学习比原先想象的要困难得多。因为不可能在知识真空的情况下掌握符号系统。相反，这种教育必须建立在学龄前形成的对常识理解的基础之上，并与之相联系才能办得到。如书面写作必须与口头语言技巧相关联；音乐符号系统必须与儿童对音乐的直觉或图解式认识相关联；科学概念必须与他们关于物质世界的常识和对它的理解相关联。想实现这些联系，就会面临着一个严峻的挑战。否则，孩子将背着学习两个互相游离的知识体系的沉重负担，可他们自身的知识系统又不够用，无法完成两个体系的连接。

此外，这个年龄的儿童已经准备好并渴望着掌握某些领域的技能。他们希望能够画出具有透视感的图画，写出押韵的诗歌，做好化学实验，设计出满意的计算机程序等。让所有的孩子都能至少参与上述活动中的一种，当然是世上最理想的事。然而，人类的局限性证明这个目标是理想化的。试图使孩子们学会所有的艺术形式、所有的运动种类和全部学习活动，最好的情况也不过是使他们仅仅获得知识的皮毛，弄不好则会失败。

基于这些理由，我主张在童年中期（8～14 岁）的教育，应有一定程度的专门化。在儿童学习掌握重要读写能力的同时，他们也应该有机会在少数领域内，获取相当水平或一般程度的技能，如一种艺术形式、一种运动项目、一两个科目的知识。那样 10 岁的儿童可以选择音乐或

艺术课，下课后投身于运动、体操、跳舞等活动的一种，或继续某一学科如历史、生物或数学课的学习。

我提倡这种早期的专门化，有两个理由。第一，我认为以每日的活动为基础，让少年儿童及早了解学科的意义，掌握学科的内容和有关技巧，如练习、实践、监控、思考自己的进展，与同伴在同一领域内的进展进行比较等，是重要的。缺乏这种机会，将来这些能力在工作中一旦变得非常重要时，再想弥补就会感到为时已晚。没有任何地方像当代美国这样，渴望一下子就掌握所有有关事物。这里拥有太多的文化迹象，表明了美国人对“立竿见影”的偏爱，而没人喜欢长期师徒式的学习。

第二个理由与儿童成年后的事业发展有更加直接的关系。按照我的观点，如果一个人找到了适合自己的行业或职业，他就可能获得满意的人生，为社会作出贡献并实现自己有价值的人生。如果一名儿童在生命的早期充分接触各种专业领域和智能，就有理由相信他将在童年的中期，把注意力缩小到一定的范围。最好的情况是，儿童已经开始得到今后生活中所需要的专业技能，起码他将拥有获得某种能力和控制这一过程的经验。

怎样选择这些领域呢？在多元化的和民主的社会里，这个选择应该由儿童和他们的家长，通过从各种途径获得的证据和建议作出。我相信，如果在童年的中期，能够合理地评估出儿童的智能强项，就能够找到与他今后事业发展相匹配的领域。这种匹配即使是随机或偶然得到的，其最终结果并不一定就令人沮丧。在中国，我观察到这种早期的能力与领域的搭配，是通过相对不系统的方式进行的。但是这些儿童后来渐渐变得与被指定的领域关系相当密切，并且能够专注于其中，后来也能持续不懈地努力学习与此有关的技能。

谈论儿童需要找到某些专业的领域，并经过师徒制的学习获得该领域中特定的技能，似乎是危险的，因为这可能意味着严肃和痛苦的经历。但是，专业的分化没有必要搞得像定量配置调味品一样。一个有悟性的教师、一门生动的课程、一个被信任的导师、一群意气相投的同学，都能使人在早期的学习过程中，获得美好的愉悦体验。实际上我极力主张在专业化的初期，都应有一段相对无序的“探照灯”式的发展时期，让儿童广泛试验各种媒介和符号系统，判断它们对于自己的可能性。更严格限制的“激光式”的训练，则应该建立在前期探索的基础上。当儿童在某个领域初步入门后，能够开始以较为个性化、较为自信的方式处理媒介时，再开始。

对要做的任何事，都没有必要提出唯一的正确答案或指定的方式。因为这个年龄段的儿童，大约已能作出无穷多的假设，他们的长辈强调方法和答案的多元化是重要的。

二、青少年时期

与童年中期的孩子相比，青春期少年的世界至少有三个变化，即更加宽广、高级、深入。首先，这个世界变得更加开阔，青年人的舞台不仅仅局限于家庭或当地社区，还有更广阔的天地，甚至是整个世界；其次，青春期少年的世界变得更加高级，青年能够以更加抽象的思维方式推理、思考，提出假设和理论；再次，他们的世界变得更加深入，青年人更加持续地探索自己的生活，比几年前能更全面地对待自己的感觉、恐惧和理想。

虽然皮亚杰的“形式运算”思想（formal operational thought）的特征，已不再以它的原始形式为人们所接受，但如果将青年看成能够自由自在地面对整个思想体系的人，皮亚杰的上述思想还是很有用的。青春期前，孩子们只对事实、规则和纯粹的技巧感兴趣，而处于我们文化中的青年，则开始深入地接触到价值观、更广泛领域内的规则、更有意义的设想和技能运用的正确性。他们开始关心不同知识体系和不同观点之间的联系，关心人在其中更具有创造性的不同领域之间的联系。而他则会试图将这些联系和对个人生活的关切联系起来。在对个人生活的关切内容之中，有自我意识，有对职业和教育的选择，有与异性和其他不同背景下生活的人的关系等。

在我们的文化背景下，青春期是接受更高一级教育的时期，即接受高中教育和大学教育的时期。在世界上许多地方，无论是发展中国家还是发达国家，都认为这一时期是增加专业知识的时期。我认为从发展的观点看，这种倾向是不妥的。因为处于这个年龄段的青少年，正通过范围更广阔的活动来确定自己的人生坐标，所以我认为他们此时继续（或开始）接触广泛的话题、主题、学科、价值体系，并且同时思考横跨这些领域的问题，是很重要的。

因此，不同于童年的中期，也不同于很多地方的教育实践，我认为在14～20岁青少年的教育中，应该重视更加综合性的知识的学习。用一句老话来说，就是文理综合（liberal arts）[①] 的教育。这里所指的“文理科”，包括科学、技术、希腊古典文学和人文科学。此外，课程中也应关注伦理问题、时事政治、社区与全世界的问题。还应该鼓励学生参加丰富多彩的研究课题或项目，以使他们获得更广泛的经验，培养他们多方面联想的能力。

当然，童年中期的那些强制性教育，不会在青春期神秘地消失。如果儿童在7～14岁的年龄段学不会观察世界，那么很显然，他在以后的7年里也不可能做到。无论如何，我仍然呼吁对这一段时期要加强重视，原因有三：第一，这一年龄段的课程的拓宽和课程之间的联系，与这个年龄段青年人自己对于信息处理的倾向相一致；第二，有必要让每一个成长中的青少年，都至少接触到我们这个星球上的基本学科和被关注的问题；第三，这个年龄段的青少年极愿意超越束缚，甚至冒险进行跨学科的思维。

几乎所有的教育家都在为如何实施这种教育而绞尽脑汁。他们在寻找实施这种教育的捷径，例如核心课程，主修（major）和辅修（minor）学科，以及那些从基础开始的课程。这些课程的目的是探求概念和思维方法，而不是提供所有的信息。有些教育家，竟然提出每个受教育者都必须知道的事实和术语的明确清单。

即使我得到了这类整个宇宙通用的课程清单，我也找不到向青少年介绍它们的地方。我也不认为，每个学生都需要学习所有的学科或相同的一组学科。我所赞赏的，是对于大多数学生来说，生命的第三个七年应和出生的前几年一样，最好鼓励他们进行较广范围内的探索，而将较小范围的专业知识的掌握暂时放在一边。还应该鼓励他们综合各项活动

---

① 也可译为“通艺”教育，即包括自然科学、人文科学和社会科学基本知识的教育，与通识教育（general education）含义类似，只不过“liberal arts”是历史名词，通识教育是19世纪出现的新名词。——译者注

之间的联系，把课堂上学到的知识应用于课堂以外的地方。

到目前为止，我已经说明了“理解”是教育的恰当的目标，简单介绍了学生可以努力表现出自己实现“理解”的方法，并提出了可供选择的一些课程。很明显，目前在美国和世界上多数国家，人们在教室里并不鼓励和支持这种教育，当然也不可能单独实现这一目标。如果坚持目前这种一个教室里有20～50名学生，都坐在课桌前听老师讲课，按预先设定的时间间隔，被武断地从一门课程转移到另一门课程的教学方式，要实现为“理解”而教育的目标，事实上是不可能的。

海伦的语言教育①

〔美〕安妮·莎莉文

我对海伦的教育完全没有经验可以借鉴，海伦是通过实践获得语言的，而不是靠学习什么规则、定义。语法中的分类、术语、词形变化等，统统被我从海伦的教育中剔除掉了。

尽管海伦是一个盲聋哑孩子，但是她极为聪明，人又极其热情，对生活中的一切都充满了好奇。我最初为了谋生而不得不接受的工作，现在反而成了我的幸运之事。

我完全沉浸在对海伦教育的美好感受中，享受着成功给我带来的喜悦。我知道，我已经深深地爱上了这份工作，海伦已经成为我生命中最重要的一部分。

我刚到凯勒先生家时，海伦还是一个懵懂无知的小家伙，但她现在已经出现了质的飞跃。我没有现成的经验可以学习，一切都在黑暗中摸索，也没有人能够帮助我，但是我相信，经过这几年的锻炼，我有能力教育好海伦。

很久以前，我带着海伦拜访了一个聋人学校，在那里受到了非常友好的招待，海伦也很开心结识了那里的孩子。

那所学校有两个老师懂得手语，他们无须翻译就能和海伦直接交谈。海伦对语言的熟练掌握令他们非常震惊，他们对我说，学校里没有

① 选自《最伟大的教育》，〔美〕安妮·莎莉文著，汝敏编译，群言出版社，2005年2月。

一个孩子有海伦的那种表达能力，其中有一些孩子甚至已经在学校待了两三年了。

刚开始我还不相信，但是我观察那些孩子几个小时之后，发现他们说的果然是真的。下面是我对当时情景的记忆：

在一个小教室里，几个孩子站在黑板前，正非常困难地造着“简单的句子”。其中一个小女孩写道：“我有一件新衣裳，这是一件很漂亮的新衣裳，这件衣服是妈妈给我做的。我爱妈妈。”另一个卷头发的小男孩写道：“我有一个很大的足球，我喜欢踢足球。”

我和海伦走进教室之后，孩子们立即全被海伦吸引了。一个孩子拉着我的袖子说：“这个女孩是瞎子。”老师让他们保持安静，然后在黑板上写道：“这个女孩叫海伦。她听不见，也看不见，我们都为她感到悲伤。”

我说：“你为什么在黑板上写这些话呢？你跟他们说，难道他们听不懂吗？”

但是那位老师却说了一些如何正确造句的话，然后继续和海伦进行手语练习。

我又问那位老师：“那个写‘漂亮的新衣服’的小女孩是不是特别喜欢她的新衣服？”

“不，”她回答说，“我想大概不是。不过如果让孩子们写一些她们自己的东西，我想他们的进步会快一些的。”

天啊，这是一种多么呆板的教学方法啊！我真的太痛心了，觉得这些孩子实在是太可怜了！让一个还有听力的孩子一开始就说“我有一件漂亮的新衣裳”，而他们内心却对这些没有丝毫兴趣，这是多么的可悲啊！这种机械而简单的方法，怎么能启发孩子的聪明才智呢？和那些正在咿呀学语，说着“爸爸亲亲宝宝”之类简单语言的小宝宝相比，这些孩子的理解能力也有限，而老师却如此简单地让他们进行这种练习，这样做对他们理解和使用语言又有什么好处呢？我认为一点都没有。

我每个教室都看了一下，发现整个学校都普遍存在这样的问题。我看到每个教室的黑板上都写着阐明某种语法规则的句子，或者是说明某个单词用法的句子。这种方法在教育的某个阶段也许是必需的，但绝不是学习语言的最佳方法。我想，让孩子自由地说话，会比在黑板上练习造句更有利于提高孩子的语言表达能力。

我一直都认为，单纯地在教室教孩子规范而机械地说话，对孩子学习语言并没有什么好处，至少对失聪的孩子没有什么好处。我认为在学习语言的时候，应该让他像正常的孩子那样，处于无意识的状态，不知不觉地掌握语言；如有必要，允许他用单词说一些孩子气的话，而不管他是用手指还是用铅笔，只要他喜欢就可以，直到他的智力发展到能够用句子表达内心的想法。

语言不应该变成学校里漫长的课程，也不应该是令人郁闷或费解的问题，或者任何其他妨碍快乐的东西。孩子们最初学习语言时，表达意思所使用的单词和短语、句子都是我们平时交谈使用的那些，他们的语言都来自于他们在日常生活中听到的那些话，这些日常谈话不断重复，自然就会进入他们的记忆。当他们想表达自己的想法时，自然而然地就会从记忆库中把这些单词短语调出来。

事实上，所有孩子的语言都是这样形成的，他们的语言就是他们对平时听到的话的记忆；同样，受过教育的人的语言也就是对书本语言的记忆。

语言来自实际生活，生活的需要和经历促成了语言的产生。语言和知识是一个密不可分、互相依赖的整体。要想很好地掌握和使用语言，必须以真实的知识为前提。在教育海伦的过程中，我一直坚守这个原则。起初，海伦的脑海中一片空白，因为她生活在一个她无法了解的世界；但是，自从海伦知道了万物皆有名字，而且可以用手语表达之后，我对她的教育突飞猛进。

我从来没有把语言作为教育海伦的唯一目标。我认为只有将语言当做交流思想的媒介，把语言学习和传授知识结合在一起，才能达到更好的效果。要想熟练地使用语言，必须有丰富的经历和体验，这样自然就有话可说了。如果一个孩子的大脑什么东西都没有，那么即使再多的练习也无法让他学会轻松流利地使用语言，当然就更不用说和别人交流了。

刚开始的时候，我从不用条条框框把海伦限制起来。我总是努力找出她最感兴趣的东西，然后以此作为新课程的起点，而不管和它原来的计划课程有没有关系。

为了激发海伦的学习热情，扩大她的兴趣范围，我总是让她更多地接触大自然。房屋外面的花草树木都成了海伦学习的最好实物模型，激起了她学习和求知的欲望。我从都没有强迫海伦学习，因为她对一切都充满了好奇。

在最初的两年，我也没有要求海伦写什么东西，因为我觉得写东西要有一些智力上的准备。在自然愉快的写作之前，脑子里必须有知识储存，必须要有一定的生活体验。我想，在大多数情况下，孩子们总是在无话可写的情况下被强逼着去写东西。如果我们能先教会他们自由地思考、阅读、谈论，这样他们就会自然地去写，想控制都不行。

海伦之所以能够如此流利地使用语言，我想这主要是因为几乎她感兴趣的所有东西都是用语言作为媒介的。当然，除了她的天资聪颖之外，她阅读大量的优秀书籍也极为重要。

有些人认为，超越了人们生活、阅历的语言无法传递更多的信息，这或许有一定的道理。但是我发现，孩子们非常喜欢那些优美的、富有诗意的语言，而这样的语言我们原本以为他们不懂，以至于不愿意为他们讲解。

例如，我们常常会听到老师这样对学生说：“你们能理解的就这些了。”

但是孩子们却不这样想。相反，他们会这样说：“请您把剩下的也读给我们听，即使我们不懂。”因为他们能感觉到，并且喜欢那种美妙的韵律，虽然他们不能理解它的意思。

孩子们并不一定要懂得每一个单词之后才能读书。作为教育工作者，往往只需给孩子一些指导就可以了。海伦就是把那些一开始并不明白的语言保存在她的记忆里，直到她理解了它们，能够自然轻松地把它们运用到自己的谈话和写作中去。

我对海伦的教育完全没有经验可以借鉴，海伦是通过实践获得语言的，而不是靠学习什么规则、定义。语法中的分类、术语、词形变化等，统统被我从海伦的教育中剔除掉了。海伦的语言完全来自生活，她接触的都是真实的东西，她会在谈话中、在书本中不断地碰到。通过各种不同的途径反复接触，最后终于能正确地使用。

我相信，每一个孩子身上都蕴藏着极大的潜能，只要我们用对方

法，就能很好地激发它们，并且不断地成长。

我一直遵循这个理念对海伦进行教育。我认为，如果我们生硬地向孩子们的大脑灌输所谓的基础知识的话，那么他们就不可能得到更好的发展。数学无法教会他们去爱人，地理学也无法让他们学会欣赏地球上的美景。在最初的教育中，更应该引导孩子发挥天性，努力让他们从自然界中获得最大的快乐，在最自然的环境中开启他们的心智。这样的教育才会让孩子更有发展，更有创造性。

《名师工程》系列丛书

征稿启事

《名师工程》系列丛书是西南师范大学出版社策划、组织出版的大型系列教育丛书。丛书以新课程下的新教学为背景，以促进施教者的教育能力为落脚点，以提高教育质量、提升教师水平为宗旨。

丛书首批推出的“名师讲述”和“教学提升”两大系列共二十余品种，其余系列也将陆续出版。为了让广大教师有一个交流、借鉴的机会，同时也为了给广大教师提供更多、更好的图书，《名师工程》系列丛书编辑出版委员会特向全国教育工作者征集稿件。

稿件要求：

1.主题鲜明、新颖，有独创性。

2.主题以提升教育能力为主，也可适当外延。

3.主题要有一定规模、有典型案例支撑。

4.案例要贴近教育实际，操作性强。

5.文章、书稿结构清晰，语言精彩。

书稿作者在选题确定之后，请及时与我们做好沟通，具体事宜确定好之后再进行创作；也欢迎用已经完稿的稿件投稿。一线教师如希望参与图书案例的创作，可联系我社策划机构，由策划机构备案，在适合的图书中参与创作。

真诚欢迎各位教师踊跃投稿。

联系方式：

西南师范大学出版社高教分社

电话：023-68254356　　E-mail：zcj@swu.cn

西南师范大学出版社高教分社北京策划部

电话：010-68403096

E-mail：guodej@eyou.com

敬告作者

《大师讲坛系列》旨在为从教者或家长提供一个能够提升教育思想和教育能力的平台。选收的文章为古今中外大师们关于各种教育主题的经典论述。由于作者面广，选编者们经过多方努力，还是与一部分作者（译者）无法取得联系，敬请作者（译者）或著作权享有人予以谅解。

敬请作者（译者）或著作权享有人与我们联系，以便寄奉样书或支付稿酬。

联系人：任小姐

电话（传真）：010—68403097

西南师范大学出版社

《名师工程》系列丛书目录

系列	序号	书　　名	主编	定价
教育管理力系列	1	《名校激励管理促进力》	周　兵	30.00
	2	《名校安全管理执行力》	袁先澂	30.00
	3	《名校师资团队建设力》	赵圣华	30.00
	4	《名校危机管理应对力》	李明汉	30.00
	5	《名校校本研究创新力》	李春华	30.00
	6	《学校文化力建设策略》	袁先澂	30.00
	7	《名校长核心教育力》	陶继新	30.00
	8	《名校长高绩效领导力》	周辉兵	30.00
	9	《名校行政管理细节力》	杨少春	30.00
	10	《名校教学管理提升力》	张　韬　戴诗银	30.00
	11	《名校学生管理教导力》	田福安	30.00
	12	《名校校园文化构建力》	岳春峰	30.00
创新语文教学系列	13	《小学语文：享受对话教学》	孙建锋	30.00
	14	《小学语文：名师教学目标落实艺术》	刘海涛　王林发	30.00
	15	《小学语文：名师魅力教学设计艺术》	刘海涛　王林发	30.00
	16	《小学语文：名师魅力课堂激趣艺术》	刘海涛　王林发	30.00
	17	《小学语文：单元整体教学构建艺术》	李怀源	30.00
	18	《小学作文：名师情趣课堂创设艺术》	张化万	30.00
教师修炼系列	19	《班主任行为八项修炼》	杨连山	30.00
	20	《教师健康心理六项修炼》	李慧生	30.00
	21	《教师专业化五项修炼》	田福安　杨连山	30.00
	22	《课堂教学素养六项修炼》	刘金生	30.00
	23	《教师新师德六项修炼》	王毓珣　王　颖	30.00
教育细节系列	24	《名师最具渲染力的口才细节》	高万祥	30.00
	25	《名师最有效的沟通细节》	李　燕　徐　波	30.00
	26	《名师最有效的激励细节》	张　利　李　波	30.00
	27	《名师培养学生好习惯的高效细节》	李文娟　郭香萍	30.00
	28	《名师人格教育的经典细节》	齐　欣	30.00
	29	《名师营造课堂氛围的经典细节》	高　帆　李秀华	30.00
	30	《名师最有效的赏识教育细节》	李慧军	30.00
	31	《名师最有效的批评细节》	沈　旎	30.00

系列	序号	书　　名	主编	定价
大师讲坛系列	32	《大师谈教育心理》	肖　川	30.00
	33	《大师谈教育激励》	肖　川	30.00
	34	《大师谈教育沟通》	王斌兴　吴杰明	30.00
	35	《大师谈启蒙教育》	周　宏	30.00
	36	《大师谈教育管理》	樊　雁	30.00
	37	《大师谈儿童人格塑造》	齐　欣	30.00
	38	《大师谈儿童习惯培养》	唐西胜	30.00
	39	《大师谈儿童能力培养》	张启福	30.00
	40	《大师谈早恋与性教育》	闵乐夫	30.00
	41	《大师谈儿童情感教育》	张光林　张　静	30.00
教师成长系列	42	《学学名师那些事》	孙志毅	30.00
	43	《每天学点教育心理学》	石国兴　白晋荣	30.00
	44	《给新教师的建议》	李镇西	30.00
	45	《教师心灵读本：成为有思想的教师》	肖　川	30.00
	46	《教师心灵读本：教师，做反思的实践者》	肖　川	30.00
高中新课程系列	47	《高中新课程：教师角色转变细节》	缪水娟	30.00
	48	《高中新课程：班主任新兵法细节》	李国汉　杨连山	30.00
	49	《高中新课程：教学管理创新细节》	陈　文	30.00
	50	《高中新课程：更有效的评价细节》	李淑华	30.00
通用识书	51	《好心态成就好学生——学生心理问题剖析与对症教育》	李韦遴	30.00
	52	《教育，诗意地栖居》	朱华忠	30.00
	53	《好班规打造好班级》	赵　凯	30.00
教学新突破系列	54	《把教学目标落实到位——名师优质课堂的效率管理》	冯增俊	30.00
	55	《拿什么调动学生——名师生态课堂的情绪管理》	胡　涛	30.00
	56	《零距离施教——名师和谐师生关系的构建艺术》	贺　斌	30.00
	57	《一个都不能落——名师提升学困生的针对教学》	侯一波	30.00
	58	《让学习变得更轻松——名师最能吸引学生的情境设计》	施建平	30.00
	59	《让知识变得更易学——名师改造难学知识的优化艺术》	周维强	30.00
教学提升系列	60	《方法总比问题多——名师转变棘手学生的施教艺术》	杨志军	30.00
	61	《用特色吸引学生——名师最受欢迎的特色教学艺术》	卞金祥	30.00
	62	《让学生爱上课堂——名师高效课堂的引导艺术》	邓　涛	30.00
	63	《拿什么打开思路——名师最吸引学生的课堂切入点》	马友文	30.00
	64	《没有记不牢的知识——名师最能提升学生记忆效果的秘诀》	谢定兰	30.00
	65	《让学生的思维活起来——名师最激发潜能的课堂提问艺术》	严永金	30.00
名师讲述系列	66	《施教先施爱——名师讲述班主任的核心教导力》	杨连山　魏永田	30.00
	67	《在欢乐中成长——名师讲述最具活力的课堂愉快教学》	王斌兴	30.00
	68	《让学生做自己的老师 ——名师讲述如何提升学生自主学习能力》	徐学福　房　慧	30.00
	69	《引领学生高效学习 ——名师讲述如何提高学生课堂学习效率》	刘世斌	30.00
	70	《教育从心灵开始——名师讲述最能感动学生的心灵教育》	张文质	30.00

图书在版编目（CIP）数据

大师谈儿童能力培养/张启福主编. —重庆：西南师范大学出版社，2009. 4
（名师工程系列丛书）
ISBN 978 - 7 - 5621 - 4437 - 3

Ⅰ. 大… Ⅱ. 张… Ⅲ. 儿童 - 能力培养 - 文集
Ⅳ. G61 - 53

中国版本图书馆 CIP 数据核字（2009）第 052821 号

名师工程系列丛书
编委会主任：马　立　宋乃庆
总策划：周安平
策　划：李远毅　卢　旭　郑持军　郭德军

大师谈儿童能力培养
主编　张启福

责任编辑：张浩宇
封面设计：大象设计
出版发行：西南师范大学出版社
地址：重庆市北碚区天生路 1 号
邮编：400715　市场营销部电话：023 - 68868624
http：//www. xscbs. com
经　　销：新华书店
印　　刷：三河市明华印务有限公司
开　　本：787mm × 1092mm　1/16
印　　张：17. 5
字　　数：260 千字
版　　次：2009 年 5 月　第 1 版
印　　次：2022 年 4 月　第 4 次印刷
书　　号：ISBN 978 - 7 - 5621 - 4437 - 3

定　　价：58. 00 元